倭の女王国を推理する

高見勝則

海鳥社

倭の女王国を推理する◉目次

序

第一章　金印の謎

第二章　天照大御神・高御産巣日神

第三章　天之御中主神・出雲国

第八章　倭（共和）国の官と人物

第九章　女王国の素顔

序

1　記録に残された倭人

倭人《わじん》が歴史に登場する最初の時代は中国の周《しゅう》である。王充《おうじゅう》（二七―九一年）の『論衡《ろんこう》』に、「周の世は天下太平で越裳《えつしょう》が白雉《はくち》を、倭人が暢《ちょう》（鬯）草《そう》を献じた」と記されている。暢草は、正月のお神酒《みき》に混入される屠蘇《とそ》に似た芳香草であり、紀元前後の中国では粤《えつ》地方（今の広東省、広西省）の特産物と考えられていたようである。昔は、中国南部と気候が似ている九州北部の筑紫・筑後地方にも自生していたといわれ、これを倭人が献じたと記されている。

残念ながら、『論衡』の倭人に関する情報は少なく、この倭人が何処に住んでいたのかは不明である。

倭人が再び登場するのは、『漢書』地理志（班固《はんこ》：三二―九二年、班昭《はんしょう》：？―一一六年）であり、次のように記されている。

「楽浪《らくろう》海中に倭人有《あ》り、分《わか》れて百余国を為《な》す。歳時《さいじ》を以《もっ》て来《きた》り献《けん》じ見《まみ》ゆと云《い》う」

『漢書』は班固によって起草され、妹の班昭が続成した前漢（前二〇六―八年）の歴史書である。しかし、班昭は一一六年まで生存していた。もし、九年から一一六年までの間に、倭人社会で、例えば「百余国の間に大乱が発生し、その結果、強大な統一国家が創建され、大倭王が出現した」というような大異変が起きていたとすれば、当然、班昭は異なった表現をしたに違いない。また、考古学上も、福岡県前原市の三雲《みくも》遺跡、同県春日市の須玖《すく》岡本遺跡、同県福岡市西区の吉武高木遺跡、同県飯塚市の立岩堀田遺跡などに、王墓らしいものは散見されるが、二世紀以前に倭人社会の全域を統治するような大王の存在を示す遺跡は未だ発見されていない。

こうしたことを考えれば弥生時代の倭人社会では、小規模の戦争や政略結婚による統合が緩《ゆる》やかに進行していたと思われるが、少なくとも一一六年までは、『漢書』に記された状況と大差はなかったであろう。

『漢書』に記された倭人に関する文章は、わが国の古代史研究の原点であり、これに反するものは邪説である。

范曄《はんよう》（三九八－四四五年）の『後漢書』東夷伝には「倭は韓の東南大海の中に在《あ》り、山島に依《よ》りて居《きょ》を為す。凡《およそ》百余国なり」と記されている。また、陳寿（二三三－二九七年）の『三国志』「魏書」東夷伝には「倭人は帯方の東南大海の中に在り、山島に依りて国邑《こくゆう》を為す。旧《ふる》くは百余国なり」と記されている。倭人が住んでいた所は日本列島であるが、日本列島に住んでいた人々の全てが「倭人」と呼ばれたわけではない。

陳寿は「魏書」東夷伝において「女王国の東、海を渡ること千余里にして復《ま》た国有り。皆倭種《わしゅ》なり」と記している。

中国人が「倭人」と呼んだのは、倭人種のうちの「中国の朝廷に使節を派遣し、中国語が通じる人々」のことであり、倭人の住む所（以下、倭地と言う）に百余の国邑があったのである。

2　渡来人のルーツ

現代の日本人は、北は北海道から南は沖縄諸島に至るまで、全ての国民が金太郎飴《あめ》のように均質な同一民族であると自ら信じ、また、外国人もそう思っているようである。このため、弥生時代の倭人も全て同一の民族であるという錯覚《さっかく》に陥り易い。しかし、そうではなかった。日本を単一民族国家と考えるのは、少なくとも古代日本では誤りである。

紀元前に日本列島に渡来し、各地に割拠《かっきょ》した主要な民族の出身地と渡来径路の概要は、表1と図「諸民族の渡来径路」のとおりと推定される。

各章で詳しく説明するが、『古事記』に登場する天之御中主神《あめのみなかぬしのかみ》、高御産巣日神《たかみむすひのかみ》、神産巣日神《かむむすひのかみ》などは民族の代表神の名である。これら諸民族は生活様式（衣食住）をはじめ言語・祭祀を異にし、渡来した時期・規模にも差異があり、各地に雑然と住み分けていたのである。この状況を『漢書』は「分れて百余国を為す」と表現しているのである。

表1　諸民族の出身地など

民族（元祖）記号		民族（代表神）名		主な出身地	備考
A	Ⅰ	天之御中主神	耳	青州、徐州、幽州	主に春秋戦国時代に来日
	Ⅱ		耳 垂	徐州を中心に中国全土から	徐市（福）と三神山へ 垂は低平地に住む
B		高御産巣日神		幽州	檀君、箕氏、辰王
C		神産巣日神		江蘇省、浙江省、福建省、広東省	越・夷 阿曇（華僑）はこの一派
D		天照大御神（卑弥呼）		黄河下流域。安徽省、巴、韓を経由	伊都国王家の血筋 五斗米道の張魯と同族
E		熊襲（オロチョン）		シベリア東部	熊信仰をもつ アイヌと同祖
F		大物主神		インド	金官伽羅国王首露の妃（許后）が始祖
G		国樔		縄文時代からの先住民	山岳地に居住
A＋B＝X		和珥		黄海、渤海（仁川）	応神王朝の祖 箇之男命を祀る
C＋X		大国主神			筑豊、豊前、豊後、周防、山陰地方の王者
B＋E＋C		熊野			須佐之男命の祖

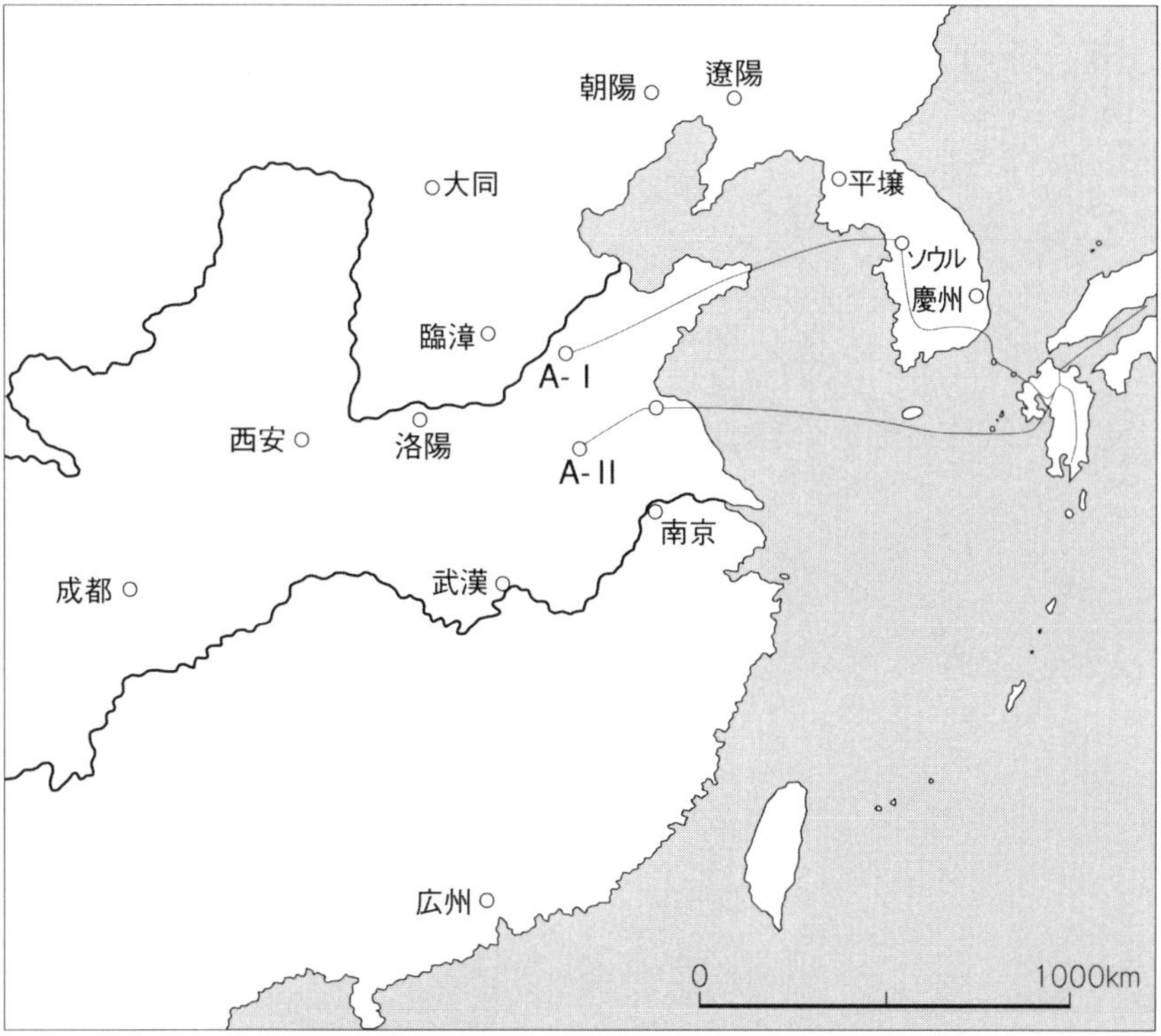

図１　諸民族の渡来径路（図中の記号は表１と符合）

倭地の百余国は、節季になると使者が貢物を持って漢の皇帝に謁見《えっけん》を願い出ていた。その見返りに漢の文化を吸収し、前漢鏡を入手して帰ったのである。

この年中行事は、少なくとも、中元二年（五七）に漢委奴国王に金印が授与されるまでは続いたものと思われる。

それまでは倭地の百余国は同等の資格で朝貢したのである。前漢鏡が九州北部の各地でかなり多量に出土している事実がこれを裏づけている。

五七年の金印授与以降は、印文の「漢委奴国」（以下、委奴国という）が中国との外交・貿易の統制を行うようになり、委奴国と他の諸国との間に格差が生じたが、委奴国が百余国を征服したり統治したりしたわけではない。百余国を統治する大王は存在していなかったのである。

弥生時代の倭人、倭地に関する主要な文献は表2のとおりである。

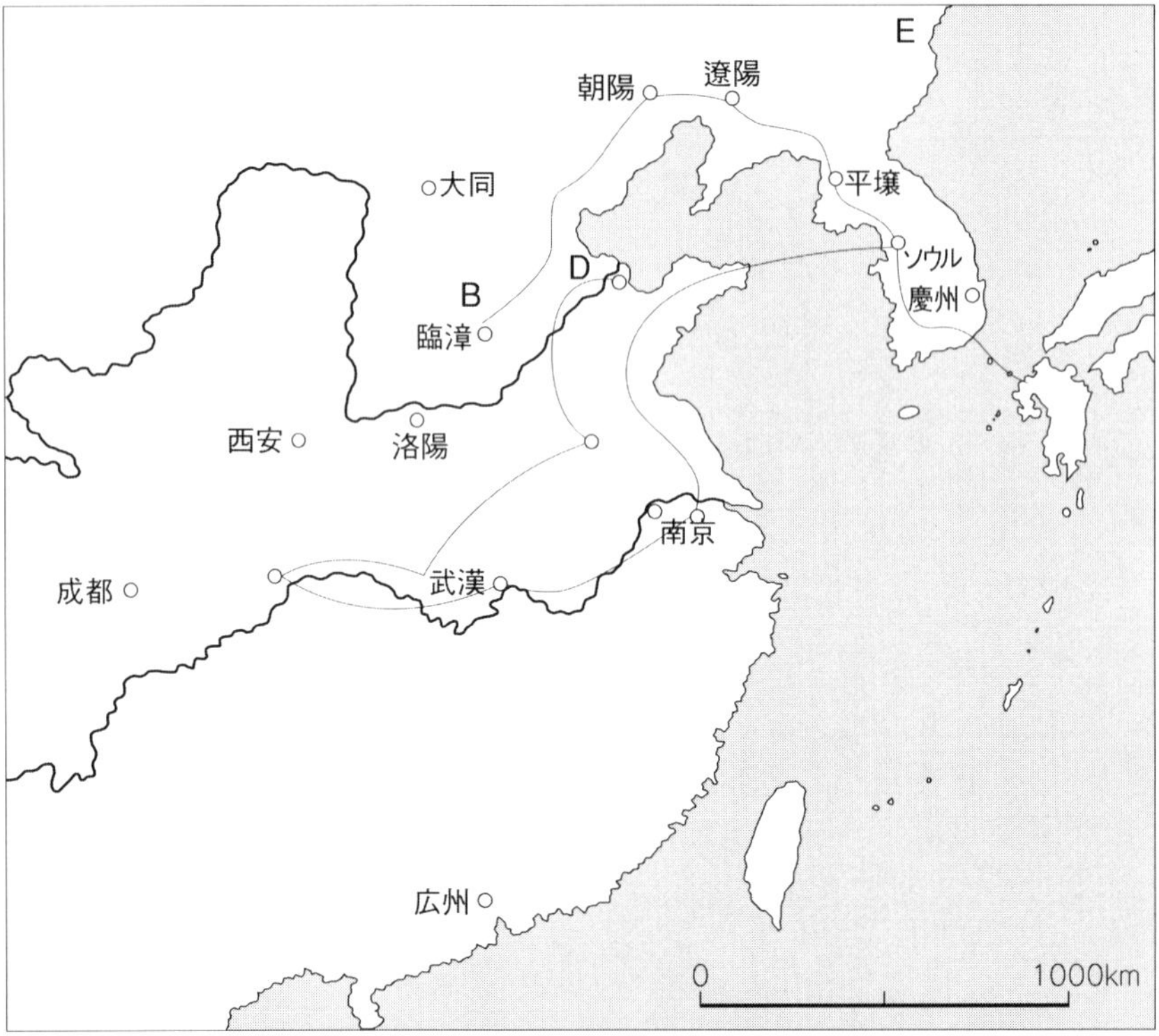

図２　諸民族の渡来径路（図中の記号は表１と符合）

この表のなかの『後漢書』東夷伝と『三国志』「魏書」東夷伝には、二世紀中葉以前に、倭地に統一国家と大倭王が存在していたかの如き表現をしている箇所がある。これらは『漢書』の記事と大きく相違しており、また、発見された遺跡の状況とも合致しておらず、明らかに誤りである。

3　古代文献の過誤

古代の文献に見られる過誤の原因には二つのタイプがある。錯覚《さっかく》型と作為《さくい》型とである。

①錯覚型

百年以上も昔の事件を調査したり、情報不足の外国の事件について考察したりする場合、状況証拠にもとづいて推定しなければならないことが多くなる。このようなとき、先入観や思いこみというものがあると誤りに陥り易い。そして「少

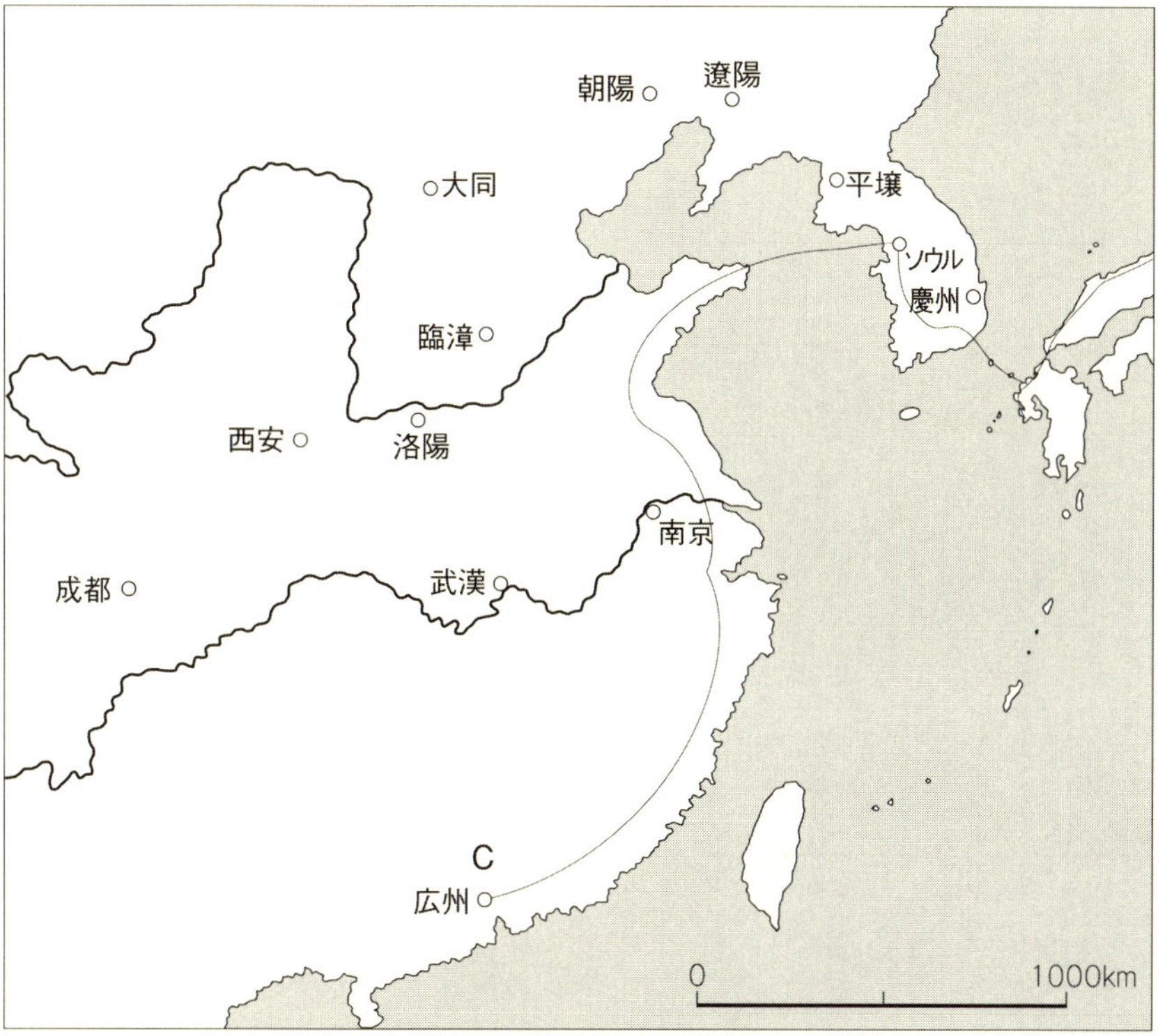

図3　諸民族の渡来径路（図中の記号は表1と符合）

し怪しい」、「不自然」と感じたとき、労を惜しまず再調査すればよいのだが、つい、浅智恵で姑息《こそく》な辻褄《つじつま》合わせをすると、次々と連鎖的に誤りを積み重ねてしまい、真実への道は閉ざされてしまう。

　このような場合はせめて「○○であろう」、「○○であると思う」というような推定であることを示す表現を用いておれば、後世の研究者に徒労を強《し》いずにすんだであろう。

②作為型

　史家といえども人間である。つい、時の権力者の意向に迎合《げいごう》し保身《ほしん》を図ろうとするのが人情である。たとえ、独り真実を貫こうとしても、生涯をかけた労作が廃刊《はいかん》の憂き目にあってしまうおそれがあるので、史家のみを責めるわけにはいかない。一般的な手法としては、時の権力者の功績を捏造《ねつぞう》したり、誇大に宣伝する。あるいは、時の権力者にとって不都合な

表2　弥生時代の倭に関する著名な文献等

中国：朝代	中国：文献	中国：著者	著者（生没年）	中国：記事	日本	韓国
秦以前（〜前205）	『史記』	司馬遷	前145〜87	・徐市（三神山）		
前漢（前206〜）	『漢書』地理志	班固	32〜92	・倭地の百余国の状況		
		班昭	?〜116			
新（9〜）						
後漢（25〜）	『後漢書』東夷伝	范曄	398〜445	・倭奴国朝貢 ・金印授与	『古事記』 『日本書紀』 『翰苑』残巻 志賀島の金印	『三国史記』 『三国遺事』
	『翰苑』	張楚金	650〜660	・倭面上国王朝貢	（同上）	（同上）
三国（魏）（220〜）	『三国志』「魏書」東夷伝	陳寿	233〜297	・倭国朝貢 ・金印授与	『古風土記』	

事件は削除するか、ぼかしてしまう、などである。

古代文献の一部に過誤があるからといって全てを否定するのは愚者の選ぶ道である。紙背《しはい》を通して正邪を明らかにする眼力《がんりき》を備えた賢者でありたいものである。

4 陳寿と范曄の錯覚

この項では陳寿と范曄が犯した錯覚型の過誤についてのみ言及し、作為型については各章で説明する。

陳寿は「魏書」東夷伝において「……旧《ふる》くは百余国。漢の時朝見する者有《あ》り。今、使訳通ずる所三十国なり」と述べている。

このなかの「漢」については、福岡県福岡市志賀島で出土した金印文「漢委奴国王」と同様に、前漢と後漢との区別はされていないらしい。また、「今」は三十か国によって構成された共和制の倭国（以下、倭〈共和〉国という）の女王卑弥呼が、難升米《なしめ》らを魏に派遣して朝貢した景初二年（二三八）頃を指していると思われる。この文面によると、陳寿は、「漢のときに倭地にあった百余の国邑の全てが統合されて倭（共和）国になった」と認識（錯覚）していたと考えられる。すなわち、原出雲国＝面上国（第三章及び第六章参照）の存在を知悉していたとは思えない。

とにかく陳寿は、中元二年（五七）の委奴国の遣使朝貢と、永初元年（一〇七）の倭地の某国（以下、倭地の某国という）王の朝貢の事件を漠然《ばくぜん》と承知していたと推定できる。

つまり、委奴国、倭地の某国、倭（共和）国の三つの国を同一視しているようである。すなわち、委奴国→倭地の某国→倭（共和）国というように発展拡大していったと思いこんでいる節《ふし》がうかがえるのである。

このことは、「魏書」東夷伝の次の記事が物語っている。

「其の国、本亦《もとまた》男子を以て王と為す。住《とど》まること七、八十年にして倭国乱れ、相攻伐《あいこうばつ》して年を歴《ふ》。乃《すなわ》ち共に一女子を立てて王と為《な》し、名づけて卑弥呼《ひみこ》と曰《い》う。鬼道《きどう》を事《こと》とし能《よ》く衆《しゅう》を惑《まど》わす。年已《すで》に長大なるも夫壻《ふせい》無し」

「其の国」とは倭（共和）国のことであり、本《もと》男子を以て王と為したのは、倭地の某国のことを指していると考えられる。実際は、これらの三つの国は全く別々の国なのであるが、陳寿が同一の国と思いこんだのが過誤の始まりである。さらに、

①後漢の桓帝（一四七－一六七年）の時代に倭地に大乱が発生し、霊帝（一六八－一八四年）の時代に終結した。

②卑弥呼は倭（共和）国の女王に共立された。

③卑弥呼は（二三八年には）歳すでに長大であった。

④卑弥呼と同様に宗女《そうじょ》（伊都国王家の聖骨《せいこつ》の血統の女性）である壹与《いよ》は、十三歳で第二代の女王に共立された。

という、相互の関連性がうすい四個の情報を得た陳寿は、仮に、一八〇年に大乱が終息し、同年に卑弥呼が共立されたものとして、表3の二つの算式を考え出したのではあるまいか。そして次のように誤断した。

倭地の某国王が七十－八十年という信じられないほどの長い年月、王位にとどまっていたと記している。しかし、前漢の高祖から後漢の献帝に至るまでの二十八代の皇帝らについての在位年数は、表4のとおりである。平均は約十五年、記録的に長いのは前漢の武帝の五十四年間のみである。倭地の王のみが七十－八十年間も王位にいるのは不自然すぎる。これが第二の誤断である。

また、算式Bにおいては、卑弥呼は景初二年（二三八）、すでに七十一歳となるから、死亡によって退位した二四七年では八十歳（在位六十七年間）になり、これも不自然である。これが第三の誤断である。

現代の日本人の平均寿命は世界のトップクラスであり、女性の場合は八十歳を超えるに至った。しかし、戦国武将の織田信長の時代では、彼が好んで歌った謡曲《ようきょく》の一節にあるように「人世五十年」であったようである。

平均寿命は時代が古くなるほど短くなる傾向にあるから、弥生時代の平均寿命は四十五歳以下であったと思われ

表３　陳寿が想定した大乱終結前後の年紀（算式）

A	永初元年　男王の在位年　大乱終結時 １０７年　＋　７３年　＝　１８０年
B	景初２年　年長大　共立年齢　大乱終結時 ２３８年　－　（７１歳　－　１３歳）　＝　１８０年

る。

平均寿命を超えた者の年齢はすでに長大である。仮に、景初二年（二三八）における卑弥呼の年齢を五十歳とし、共立されたときの年齢を十五歳とすれば、倭（共和）国成立、女王共立の年代は次の算式で計算できる。

２３８年－（５０歳－１５歳）＝２０３年

私は倭（共和）国の成立を二〇三年とするのは妥当なものと考えているが、陳寿が推定したと思われる一八〇年との差異は何が原因で発生したのであろうか。

その根本原因は、まず第一に、委奴国、倭地の某国、倭（共和）国の三か国が、その版図《はんと》や構成する民族などについて大同小異であろうというような曖昧《あいまい》な認識と思いこみに立脚してしまったところにある。

このことは、「魏書」東夷伝において、倭（共和）国を構成する三十か国のなかに奴国が二か国も記されていて、倭（共和）国と奴国との関係が説明のしようもないほど混乱していることが如実に証明している。

第二の原因は、以上のため桓帝・霊帝の間に生起した大乱の遠因や関係した諸国（または地域）に関する認識が極めてずさんなもの（または、皆無）となり、さらに、霊帝の末期に大乱が終息したとき共立された女性は卑弥呼であると勝手に決めてしまったことである。

結論的に述べれば、実際には、「倭国大乱」と通称されるのは、委奴国

表4　漢・新代皇帝の在位年数

朝代	皇帝名	在位年数
前漢	高祖	12
	恵帝	7
	少帝恭	3
	少帝弘	5
	文帝	23
	景帝	16
	武帝	54
	昭帝	13
	宣帝	25
	元帝	16
	成帝	26
	哀帝	7
	平帝	5
	孺子嬰	3
新	王莽	14
	淮陽王	2
後漢	光武帝	33
	明帝	18
	章帝	11
	和帝	19
	殤帝	1
	安帝	19
	順帝	19
	沖帝	1
	質帝	1
	桓帝	20
	霊帝	23
	献帝	30
	平均	15

（福岡市の博多と春日市を中心とする地域）と、その東西の二つの連盟体からなる連合軍との戦争であって、「筑前大乱」と呼ばれるべきものだったのである。そして、霊帝の末期に共立された女性は、卑弥呼ではなく、東側諸国連盟体の長に共立された伊耶那美命《いやなみのみこと》なのである。

この大乱の結果、委奴国王家が滅亡し、東西の連盟体によって筑前地方に共和国（伊耶那岐命《いやなきのみこと》を盟主とする倭〈共和〉国の前身）が成立し、一時的に戦乱は終息した。

しかし、間もなく、伊耶那岐命と伊耶那美命とが勝勢に乗じて全倭地の制覇《せいは》をもくろんだため、さらに、筑紫、筑後、筑豊にまたがる広い地域に戦火が拡大し、やがて、二〇三年頃に倭（共和）国成立、卑弥呼共立という展開になるのである。

さて、范曄は陳寿の「魏書」東夷伝を下敷きとして『後漢書』東夷伝を編集したため、陳寿の誤謬《ごびゅう》も全て踏襲《とうしゅう》したが、彼は、さらに過誤を増幅《ぞうふく》させてしまった。このことは、次の三つの文章を見れば一目瞭然《いちもくりょうぜん》である。

A「倭は韓の東南大海の中に在り、山島に依りて居を為す。凡《およそ》百余国なり。武帝朝鮮を滅して自《よ》り、使訳を漢に通ずる者は三十許国なり。国皆王を称し世世伝統す。其《そ》の大倭王は邪馬臺国に居す」

B「建武中元二年、倭奴《わな》国奉貢朝賀す。使人自ら大夫《たいふ》と称す。倭国之極南界也。光武賜《たも》うに印綬《いんじゅ》を以《もっ》てす」

C「安帝永初元年、倭国王帥升等、生口百六十人を献じ、請見を願う」

Aにおいては、前漢の武帝が朝鮮を平定し四郡を置いた前一〇八年には、すでに約三十か国をもって構成される倭（共和）国が存在し、それらの大倭王が邪馬臺国に住んでいるかのように記している。明らかに『漢書』に反しており、さらに、「魏書」東夷伝さえも改竄《かいざん》した内容になっている。

Bにおいては、倭（共和）国の三十分の一でしかない小さな倭奴国に金印が授与されたかのように記されている。中国王朝が、大（倭）王をさしおいて部下に金印を授与したという例は皆無である。また、倭奴国は倭国の極南界であるとしたのは、「魏書」東夷伝のなかに登場する三十か国の末尾にも奴国があり、これを倭奴国と思いこみ、かつ、最後に登場しているから倭（共和）国の最南端にある国と誤断したものであろう。この責任の大半は陳寿にあるとはいえ、ここまでくればもはや噴飯《ふんぱん》ものである。

Cにおいては、范曄は大倭王の存在に対する妄信があり、かつ、倭は通常、大夫を派遣して朝貢するものという先入観があった。

このため、「倭の面上《めんじょう》国有《あ》り。王升等《しょうら》を帥《ひき》いて至る」という史料を読んだとき、真実を理解できず、「倭国王帥升等」という意味不明の文章に改作してしまうという大失態を犯してしまったと推定する。

以上のような陳寿と范曄が犯した過誤は、弥生時代の倭地における戦乱の歴史を混濁《こんだく》させ、研究を不毛なものにした。しかし、もはや迷宮《めいきゅう》入りかと思われていた暗黒の歴史界に、一条の光芒《こうぼう》が射しこんだ。

その一つは、天明四年（一七八四）、福岡市の志賀島で偶然に出土した金印に陰刻《いんこく》された「漢委奴国王」の五文字と出土状況である。

二つめは、大正六年（一九一七）、福岡県の太宰府天満宮宮司西高辻家の蔵書のなかから発見された『翰苑《かんえん》』残巻に記された「安帝永初元年、有倭面上国、王師升至」という文章である。

本書は、これら化石のような二つの証言を深い洞察にもとづいて徹底的に解明し、また、最近顧《かえり》みられることの少ない『古事記』などの古代史料の再検討を行うとともに、歴史学と考古学、諸科学との結合を進めるなど、総合的、かつ、具体的な調査研究によって、戦乱を中心とする弥生時代の実相を明らかにするものである。

5　銅鐸の謎の解明と倭（共和）国の比定

当初の主題であった倭国の大乱に関する調査研究に伴って、二つの貴重な副産物を得た。

その第一は銅鐸《どうたく》の謎の解明であり、第二は倭（共和）国の比定である。

紀元前の倭地の百余国は、諸民族の割拠によって形成されたものであることは前述のとおりである。これら諸民族のなかの天之御中主神《あめのみなかぬしのかみ》を代表神名とする民族（以下、「耳族《みみ》」と仮称する）は、来日の時期も比較的に早く、また、渡来者数も一括大量であって、日本の農村人口に占める比率も軽視できないほどのものであった。

肥前、筑後を起点として日本全国に展開した耳族は、文化的、政治的に各地に大きな衝撃を与えたばかりでなく、そのなかには神武天皇という初代天皇までも輩出《はいしゅつ》した。

八世紀初頭の日本は独立を堅持するために国内を統制、団結させる必要に迫られる状況にあった。また、その中心となる天皇の権威を安定強化させるために、天皇の神聖化と神権化を図ることが要請された時代であった。このような背景のもとで、日本は鎖国に近い外交政策をとることを国是《こくぜ》とした。したがって、天之御中主神と同義語である徐市《じょふつ》（福）が天皇の祖先にあたることを白日のもとに公表することはタブーとされたのである。

八世紀初頭に編纂された『古事記』の序において「……稗田阿礼《ひえたのあれ》が所誦《よめ》る勅語《みことのり》の旧辞《ふること》を撰《えら》び録《しる》して献上《たてまつ》らしむ者《とい》えれば、謹《つつし》みて詔《みことのり》の随《まにま》に、子細《こまやか》に採《と》り摭《ひり》いぬ」と述べている。これは皇命により海外の諸民族と関係する全ての記事を原案から削除、または、不透明にしたものであることを暗示している。

しかし、この民族には、その人名や地名に「耳《みみ》」、「天《あめ》」、「安《やす》（野州《やす》、夜須《やす》）」などの名を付ける習性があり、この糸を手繰《たぐ》って展開の径路や活動の状況を調査する過程で、銅鐸の製造、移出入、信仰、埋蔵を行った人々の主体が耳族であったことが判明したのである。

その細部は第四章で述べるとおりである。

第二の倭（共和）国の比定については、本書の起草の段階では全く企図していなかったものである。倭国大乱の舞台となった筑前、筑紫、筑後、肥前などの弥生時代の古戦場を調査したり、『翰苑《かんえん》』の「面上国《めんじようこく》」を追究する間に、「延喜の制の郡《こおり》と倭（共和）国の諸国との間には、極めて酷似する例がある」ことを発見した。これを弥生の古戦場の各地に当てはめてゆくうちに、いつの間にか女王国をはじめ倭（共和）国の三十か国を全て比定することになってしまったのである。

その細部を第八章と第九章に提示することができたのは、まさに望外の成果であった。

なお、特定の場所を示すにあたって現在の地名表示を用いた。弥生時代に県・郡などの制度があった訳ではないが、当時の地名が不詳のためであり、了承のうえ判読願いたい。

第一章
金印の謎

1　志賀島の金印

天明四年（一七八四）三月二十三日、筑前国那珂郡《ちくぜんのくになかのこおり》、（福岡市東区志賀島）南端の叶の浜の南ノ浦岬（通称、叶崎《かなのさき》）において、百姓の嘉平と秀治が農地補修作業中、偶然に土中の金印を発見し、地主の百姓甚兵衛が黒田藩に届け出た。

この金印は純金製で蛇鈕《だちゅう》がある。高さは二・二三六センチメートル。重さは一〇八・七二九グラム。印面は二・三四七平方センチメートル（後漢初期の一寸平方）である。印文に「漢委奴国王」の五文字が陰刻《いんこく》されていたため俄《にわか》に脚光を浴び、その真贋《しんがん》をはじめ印文の読み方や、なぜ志賀島で発見されたのかなどについて論争が重ねられてきた。

昭和六年（一九三一）、国宝に指定され、昭和五十三年、黒田家から福岡市に寄贈された。現在は福岡市美術館に展示されている。

志賀島は現在は福岡市東区に属し、海の中道と繋《つな》がる陸繋島《りくけい》である。弥生時代は離島であり委奴国（後には奴国）に属していた。福岡市那《な》の津《つ》の北西にあたり、福岡湾の入口を扼《やく》す位置を占め、委奴国にとって海上交通と防衛上の重要な島であった。

志賀島で最高の眺望をもつ場所は東部の潮見《しおみ》公園であり、北、東、南の三方向が見渡せる。弥生時代においては外敵の侵入《しんにゅう》や海上交通（貿易）の監視、及び潮流や魚群の探知を行った所である。

その少し南に火焔塚《かえんづか》がある。弘安の役（一二八一年）のとき高野山の僧侶《そうりょ》が外敵退散の祈禱《きとう》をした所であるが、弥生時代においては、潮見の監視所の通報を受けて烽《とぶひ》をあげ、委奴国王に非常事態の発生を急報していた跡である。

志賀島の要津《ようしん》は東南端にあり、志賀海《しかうみ》神社がこの港に面する小高い場所にある。

金印が出土した志賀島叶崎は志賀海神社の西南方約一・四キロメートルの所である。現在は金印公園として整備され、その入口の傍に「漢委奴国王金印発光之處」の碑が立っている。碑の右側の石段を登った所が金印出土地点である。ここに立てば福岡湾越しに能古島《のこのしま》と福岡市街を一望できる。

出土地点は天明四年（一七八四）には農地になっているが、叶崎と呼ばれるとおり波打際《なみうちぎわ》に近い急傾斜面であって、水利の便が悪い土地である。金印発掘当時は周辺には住居がなく祭祀遺構《さいしいこう》なども発見されていないのであるから、金印を埋めた弥生時代では全く人工の施設がない人里《ひとざと》離れた岬の斜面の林に過ぎなかったであろう。

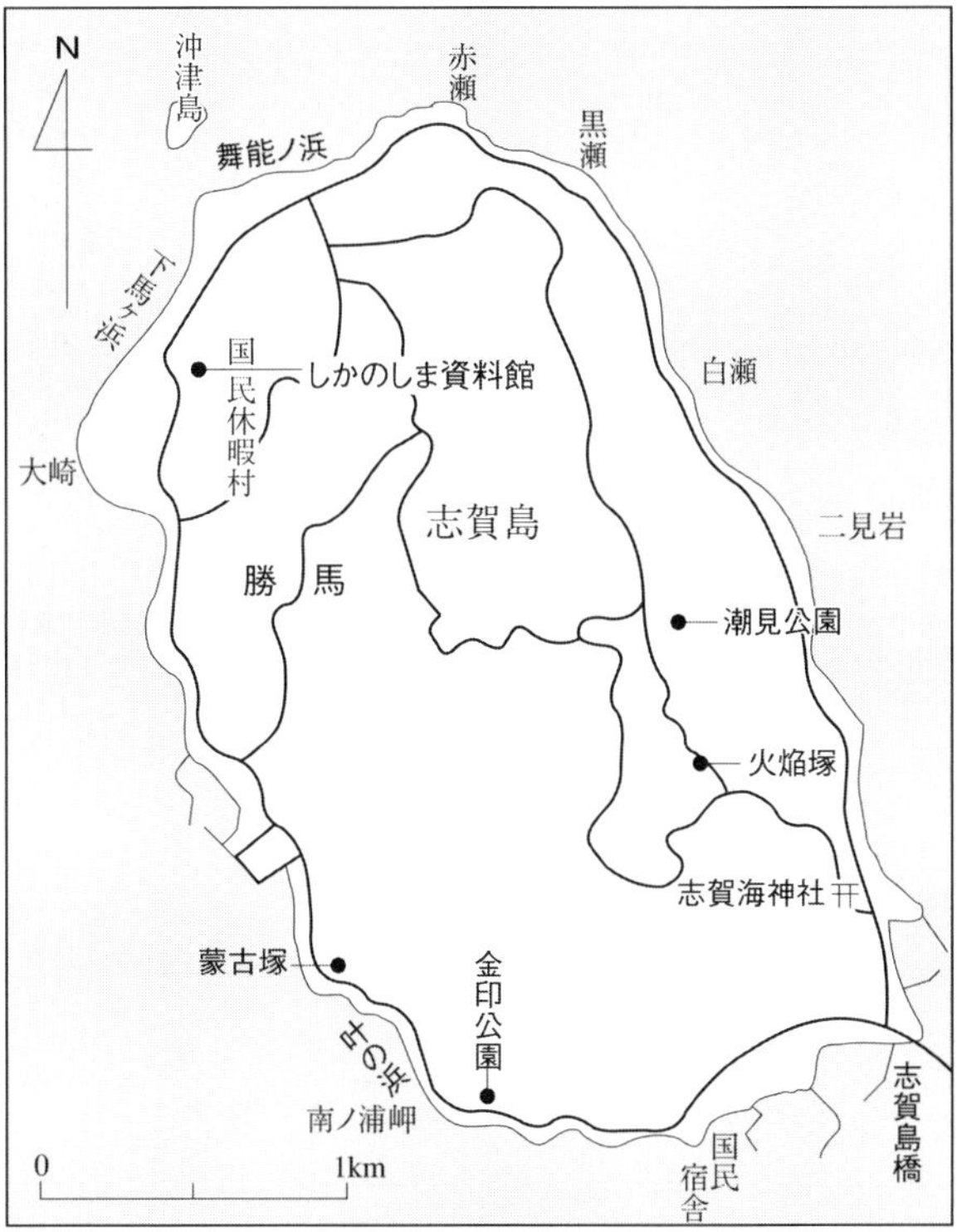

図４　志賀島略図

2　奴国

以上の説明は、「奴《な》国は、現在の福岡市の中心部とその南の春日市である」という通説に立ってのものである。

一概に奴《な》国といっても三つある。

その一つは范曄の『後漢書』東夷伝に「建武中元二年（五七）、倭《わ》奴《な》国奉貢朝賀す。使人自ら大夫《たいふ》と称す。倭《わ》国之《の》極南界也《なり》。光武賜うに印綬を以てす」とある奴国であり、かつ、金印文の「漢委奴国王」の委奴国でもある。

二つは陳寿の『三国志』「魏書」東夷伝の倭人伝（以下、「魏書倭人伝」と言

志賀島南浦岬の金印公園にて能古島を望む

う）に登場する二個の奴国である。伊都《いと》国（福岡県前原市と二丈町）の東南百里にあると記された奴国（以下、「前出の奴国」と言い、特記しない場合は、この前出の奴国を指す）、ならびに列記された「其《そ》の余《よ》の旁国《ぼうこく》」の末尾に記された奴《ぬ》国（以下、「末尾の奴《ぬ》国」と言う）とである。「委奴国」と「前出の奴国」とは、権力者こそ一新されたもののその版図は同じと考えられるので、ここでは同一のものと見做《みな》して考察することにした。

なお、「末尾の奴《ぬ》国」は、福岡県宗像郡津屋崎町大字奴山《ぬやま》を都とした国である。もちろん金印を授与されるほどの大王がいるような大国ではなく、倭（共和）国の辺境（女王の境界の尽《つ》くる所）である。当時、隣接する玄海町は女王の境界外の国であり、大山津見神《おおやまつみのかみ》の娘の神阿多都姫《かむあたつひめ》（別名、木《この》花之佐久夜姫《はなのさくやひめ》）が治めていた。

「奴国＝福岡市（博多）周辺説」の根拠としては次のものがあげられる。

①「魏書倭人伝」によれば、奴国は伊都国の東南百里の所にあると記されており、福岡市中心部と春日市がこれに相当する。

②福岡市中央区には「那《な》の津《つ》」があり、また、福岡市の中央部を「那珂《なか》川（那《な》の川）」が貫流している。

③『日本書紀』の仲哀紀には「儺県《なのあがた》の橿日宮《かしひのみや》」のことが、宣化紀には「那津《なのつ》の宮家《みやけ》」のことが記されている。

④福岡市と春日市からは、奴国が栄えた時代（前一世紀―二世紀中葉）の青銅器などが大量に出土している。

⑤さらに、「漢委奴国王」の印文をもつ金印が福岡市志賀島から出土し、この説の信憑性《しんぴょうせい》を飛躍的に高めた。

私もこの説に賛成である。

なお、「那《な》」の字には「大きい。美しい。西方の異民族の国の名」の意味があり、委奴国の人々は「那」を好んで用いたが、漢王朝はそれに、「しもべ。下男下女」を意味する「奴《な》」の字をあてた。

3　志賀海神社

志賀海《しかうみ》神社の主祭神は、底津綿津見神《そこつわたつみのかみ》、仲津綿津見神《なかつわたつみのかみ》、表津綿津見神《うわつわたつみのかみ》の三柱《みはしら》の神である。綿津見の「綿《わた》」は、「海、または海を渡る」という意味である。「津《つ》」は「港」である。「見《み》」は「見張《みは》る（監督する）」という意味である。したがって綿津見神は、東シナ海、黄海、対馬海峡などを渡海するための要津を管理する神なのである。

本来、底津は対馬（比田勝港など）を、仲津は壱岐（勝本港など）を、表津は博多の那《な》の津《つ》を指していたものであるが、志賀海神社においては、志賀島北方の沖津島《おきつしま》の沖津宮《おきつのみや》に底津綿津見神を、志賀島北部の勝馬《かつま》の舞能《まいのう》ノ浜《はま》の仲津宮《なかつのみや》に仲津綿津見神を、志賀海神社本社に表津綿津見神を祭っている。

『古事記』上巻《かみつまき》に、「此三柱《このみはしら》の綿津見神者《は》、阿曇連等《あづみのむらじら》之《の》祖神《おやがみ》と以《も》ち伊都久《いつく》神也《かみなり》。故《かれ》、阿曇連等者《は》、其《そ》の綿津見神之《の》子、宇都志《うつし》日《ひ》金析命之《かなさきのみことの》子孫也《うみのこなり》」と記されている。

この三柱の綿津見神は、『古事記』によれば天照大御神《あまてらすおおみかみ》よりも先に生まれた神であり、古くて由緒《ゆいしょ》正しい神である。この神を祭る（斎《いつ》く）委奴国の人々は阿曇《あづみ》族なのである。

「宇都志《うつし》」は「現《うつ》し」（顕《うつ》し）であり、目に見えるように存在することである。「日《ひ》」は「霊《ひ》」である。「金析《かなさき》」は「叶崎《かなのさき》」のことである。したがって、宇都志日金析命は生前の叶崎命《かなさきのみこと》のことである。委奴国の阿曇族はその子孫であると『古事記』は明示しているのである。

実は、この叶崎命こそが金印の埋蔵や筑前大乱の真相を解く鍵を握っている人物なのである。

ところが志賀海神社では、祖神《おやがみ》である叶崎命を、その本名では祭っておらず、別名の穂高見命《ほたかみのみこと》として祭っているのである。穂高見命は和珥《わに》氏の娘の豊玉姫《とよたま》と玉依姫《たまより》の弟にあたるとしている。『古事記』によれば、豊玉姫は穂《ほ》々手見命《でみのみこと》の妃であり、王依姫は鵜葺草不葺合命《うがやふきあえずのみこと》の妃であり、かつ、神武天皇の母である。

和珥氏は同じ海人族の仲間であるが、かなり、こじつけの感じは否めない。

何故、志賀海神社は『古事記』に明記されている祖神の叶崎命を本名で堂々と祭らないのであろうか。

これには志賀島の阿曇族にとって長くて悲しい歴史があり、自己防衛のために心ならずも、そうせざるを得なかった事情があったことを理解しなければならない。そして、この裏に金印埋蔵と筑前大乱の謎を解く鍵が潜んでいることを洞察しなければならない。それは、徳川幕府の厳しい弾圧を受けた隠れキリシタンが、キリスト像を変形させたり隠したりして密《ひそ》かに信仰を続けたのに似ている。

志賀島では、後漢の桓帝の時代に筑前大乱が勃発《ぼつぱつ》してから倭（共和）国女王卑弥呼に金印が授与されるまでの間、占領軍による苛烈《かれつ》極まる弾圧が続いたのである。この間、叶崎命の霊《みたま》を拝《おが》んだり、命《みこと》の名前を口にする者は、反逆者と見做《みな》されて容赦なく逮捕され、金印の行方を厳しく追及されたうえ処刑されたのである。

志賀海神社の主要な祭日は、正月十三日から十五日までの歩射祭《ぶしやさい》と、旧二月十五日の山誉種蒔狩《やまほめたねまきかりすなどり》猟 祭《まつり》である。

正月十四日、舞能ノ浜で沖津宮と仲津宮の各綿津見神《わたつみのかみ》に対して、当年の外洋における航海安全を祈願して舞能を奉納する祭事は、阿曇族にとって最も根源的で神聖な神事であったと思われる。また、正月十五日、志賀海神社で行われる舞能は近海における安全と豊漁を表津綿津見神に祈願する祭事であり、志賀島漁民にとって暮らしに直結する大切な神事であったろう。

志賀海神社は、御神徳として、「①御塩を授け給ひ、②海外渡航を守護せらるによりて古来、裏参宮或いは島参宮などと称し庶民の信仰極めて篤し」をあげている。

①は、叶崎命が健在であった頃までは、博多の那の津などから舟で志賀島に渡って綿津見神にお参りし（島参宮）、お目あての御塩を入手して（裏参宮）帰った習慣が、今に伝えられていることを指しているのであろう。櫛田《くしだ》神社

の祇園山笠《ぎおんやまがさ》行事のなかの「お汐井《しおい》とり」もこの名残《なご》りであろう。
②は、二世紀中葉までは、志賀海神社が現在でいう出入国管理事務、及び密貿易の取締りを行っていたことの証《あかし》であろう。

4　阿曇族

阿曇《あづみ》の「阿」には「河川の隈《くま》や入江《いりえ》。または、大きい」の意味がある。「曇」は「津見《つみ》」である。また、博多の倭人は「西方の異民族の国」を意味する「那《な》」を好んで用いた。「西方の国」とは、故国である長江下流域を指すものと思われる。

これらからみて、阿曇族とは中国の長江下流域に住み、渡船場で水運業や商業を営んでいた人々であったと推定される。

紀元前二二〇〇年頃、長江の中・下流域から黄河にかけて記録的な大洪水が発生し、土地家屋が水没流出して、この地域では人は住めなくなった。このため阿曇族も流民となって四散したが、その一派が博多地方に移住し定着したものと思われる。さらにその後、呉越《ごえつ》の確執《かくしゅう》による長い戦乱を逃れて渡海してきた人々もいたことであろう。平《ひら》たく言えば華僑《かきょう》である。シナ海を乗り越え東南アジアで雄飛した博多豪商の血は、ここに根ざしているのであろう。

博多は弥生時代から商業中心の都市である。もちろん青銅器、鉄器、織布《しょくふ》の製造などの軽工業や漁業、農業も行っていたが、彼らにとっては、これも商品の生産にすぎなかった。

同族の叶崎命に対する委奴国王の信任は極めて厚く、海外貿易、海運、出入国管理、密貿易の取締り、海上の監視通報など海に関することは全て一任し、これらの事務に必要な金印も委託していたと思われる。

叶崎命も王の厚遇に応えるべく忠節を誓い、万一の場合は金印を死守する覚悟を堅めていたと思われる。

5　隠された金印

甚兵衛が黒田藩に金印を届け出たときの出土状況に関する「口上書」は次のとおりである。

「私抱田の地、叶《かな》の崎《さき》と申す所。田境の中溝、水行悪しく御座候につき、先月二十三日、右之溝形を仕直し申すべしとて岸を切り落とし居り申し候ところ、小さき石段々に出で申し候うち、二人持ち程の石これあり、かなてこにて掘り除け申し候ところ、石の間に光り候ものこれあるにつき、取上げ、水にてすすぎ候上、見申し候ところ、金の印刻のようなるものにて御座候」

これによれば、積まれていた小石の下に二人で持ちあげるくらいの石があり、これを金梃子《かなてこ》で掘り除いたところ、その下から金印が出てきたということである。

なお、口上書には周辺からの出土品について一切述べられていないから、金印以外は全く出土していなかったと考えられる。以上のような出土状況は何を物語るのであろうか。

志賀島から金印が出土した原因については、隠匿説《いんとく》、遺棄説、漂着説、紛失説、墳墓説、隔離説、磐座説《いわくら》などの諸説がある。

私は隠匿したものと考えている。そして、隠匿の前後の情景を次のように描いている。

二世紀中葉のある年の正月十五日、志賀海神社では恒例の舞能の神事もめでたく終了し、社殿で直会《なおらい》の宴が開かれた。宴も酣《たけなわ》になって人々が酩酊《めいてい》した頃、突如、奇襲攻撃を受けた。筑前大乱の発端である。奇襲の目的は金印の奪取にあった。

奇襲隊は社殿を包囲し回りながら弓矢で一斉に射かけた。社殿内はたちまち大混乱に陥った。そのとき豪胆沈《ごうたんちん》着《ちゃく》な叶崎命はとっさに金印に走りより、懐《ふところ》にしっかり抱きこんだ。

叶崎命は包囲網の一角を突破して西南に向かって疾走した。一息ついた所は叶崎《かなのさき》であった。

博多に渡るための舟を探してみたが、当時この辺りは人里離れた岬であり舟は見当たらない。やがて奇襲隊に追いつかれるであろう。生捕りにされれば金印を奪われる。

「とりあえず金印を隠すしかない」と決断した叶崎命は、叶崎の急斜面をはい登り、林のなかに穴を見つけた。その穴に金印を埋め、傍にあった二人持ちの石を転がして塞《ふさ》ぎ、さらに周辺の小石をかき集めて大石の上にかぶせて隠した。

懐に小石を入れて斜面を降り、少し西方の叶《かな》の浜《はま》（現在は海水浴場）に至ったとき、追手の姿が見えた。迫りくる追手に向かって懐中《かいちゅう》から取り出した小石を高々《たかだか》とかかげ、さも金印を握っているかのように見せかけて、「金印ここにあり。叶《かな》うものなら奪《と》ってみよ」と大音声《だいおんじょう》に叫んで、その小石を沖に向かって投げこんだ。

小石を金印と思いこんだ追手は我先《われさき》に群がった。叶崎命はこれを塞《さえ》ぎって勇敢に戦い、叶の浜で討死《うちじに》した。追手は必死になって冷たい海底を捜索《そうさく》したが、金印は当然発見できなかった（奇襲の場面は第七章で詳細に検証する）。

6　志賀の皇神

志賀海神社境内に、「ちはやぶる鐘の岬を過ぎぬともわれは忘れじ志賀の皇神《すめがみ》」という万葉歌碑がある。鐘の岬とは、福岡県宗像郡玄海町の鐘崎を指しているというのが通説である。しかし、私はそうは思わない。何故かといえば、これでは意味が不明であり、また私の心に響くものが全くないからである。

元の歌では平仮名で「かなのみさき」とあったのを、後世「鐘の岬」と改作したのではあるまいか。

もしも、これが「叶《かな》の岬《みさき》」であったならば、この歌の趣《おもむ》きは全く異なったものになる。「ちはやぶる」には「①二世紀中葉まで海の皇神《すめがみ》と畏敬された志賀島の綿津見神の栄光と、②特に、金印を死守して壮烈な最期をとげた忠節の勇将叶崎命の姿」の意味があると思われる。

福岡湾を航行する舟の上から、涙で霞《かす》む叶崎を伏し拝《おが》んだ詠者《えいじゃ》は、最近、祖神《おやがみ》の恩を忘れ去り目先《めさき》の権力と金力とにこびる風潮を嘆《なげ》いて、「私は祖神である叶崎命の忠節と武勇を誇りに思っています。止むを得ず他国に亡命していますが、志賀島を離れても、その御恩と阿曇族の栄光は永久に忘れません」という心境を詠《よ》んだものであろう。

これでこそ私の心を強くゆさぶる、すばらしい歌としていきいきと蘇《よみがえ》るのである。

7 亡国の安曇族

「魏書倭人伝」によれば、伊都《いと》国には、①祭祀組織を統轄する伊都国王の爾支《にき》（いわば神社庁。以下、（ ）内は現在の役所名をあてた）、②行政府（出張所）の長官の柄渠觚《へごこ》（対外的な全権を委任された外務大臣官房）、③郡使が常駐する迎賓館《げいひんかん》、④文物を捜露《そうろ》し密貿易を取締る泄謨觚《せもこ》（税関）、⑤租賦《そふ》を収める邸閣《ていかく》（屯倉《みやけ》）、⑥市場の交易を統監《とうかん》する大倭《だいわ》（通産省）、⑦諸国を検察する一大率《いちだいそつ》（陸海軍）など、重要な官署が集約されている。

これにひきかえ筑前大乱に敗れた委奴国は、王家が抹殺《まっさつ》されたのみならず、二万余戸という巨大商業都市の博多に集中していたであろう重要な官署は全て廃止され、跡には兕馬觚《しまこ》と卑奴母離《ひなもり》のみが設置された。

兕馬觚の「兕」には「①野牛に似た一角獣。その皮は堅厚《けんこう》で鎧《よろい》（兕甲《しこう》）になり、角は大きな杯《さかずき》（兕觥《しこう》）に作られる。②長期間出征している兵士の嘆き」の意味がある。また「兕觥」には「①大きい。②兕牛《しぎゅう》にかたどった酒器。③七升入りの杯で罰杯《ばっぱい》に用いる」などの意味がある。「觚」には「①儀式用の杯（縦に稜線があり、中国の二升が入る）。②木札。③法《のり》」の意味がある。

これらから判断すれば、「兕」は鎧甲《よろいかぶと》で武装し長期間出征している兵士。「馬」は軍馬。「兕馬」は志賀島。「觚」は証明の木札を発行し法を執行する官署、ということになる。したがって、兕馬觚は志賀島に進駐し軍政をしいている占領軍司令部（または、憲兵隊本部）を指したものと思われる。

金印を奪取できなかった奇襲隊は、筑前大乱後も占領軍となって、あらゆる手段を用いて金印を追求した。少しでも不審な者は容赦なく逮捕して自白を強要し、期待したように答えない者に対しては毒杯《どくはい》を飲ませたものと思われる。

この後、志賀島から亡命する阿曇族が急増し、四国、中国、近畿、中部の各地に安住の地を求めて移住したと考えられる。彼らの代表的なものは長野県南安曇郡穂高町大字穂高字宮脇の阿曇氏である。

志賀海神社では、古くから旧二月十五日に山誉種蒔狩猟祭を行ってきた。志賀島には豊かな漁業資源があり、山には鹿が群れ遊んでいた。さらに海の中道で作られ奉納される大量の塩は志賀島の財政を潤《うるお》してきた。この住み心地のよい島の生活に満足し、神に感謝するのがこの祭りである。このようなすばらしい島を捨てて、長野県の山奥に、誰がすき好んで移り住むだろうか。軍政が如何に厳しく耐え難いものであったかをうかがい知ることができよう。

長野県穂高町の穂高神社においても、叶崎命の本名では祭らず、別名の穂高見神の名で祭っており、彼らの用心深さと阿曇族の連帯感の強さが感じられる。

8 「漢委奴」をどう読むか

中国の国内で皇帝から黄金印を下賜されるのは、皇太子、丞相、大将軍、諸侯王、列侯などの身分の高い家臣に限られていた。委奴国の場合は金印に「国王」と陰刻されているので、外臣としては最高の地位にある者として遇されたのである。

印文の五文字は「漢《かん》の倭《わ》の奴《な》の国王」という読み方が通説となっているが、はたして、これが正しいのかどうか以下検討してみよう。

「漢」については前漢と後漢の区別はされていないことは前述のとおりである。この場合は後漢に相当するという説に異論はない。ただし、この印文が奇数の五文字で成り立っているためか、最も右側の「漢」の字が、続く四

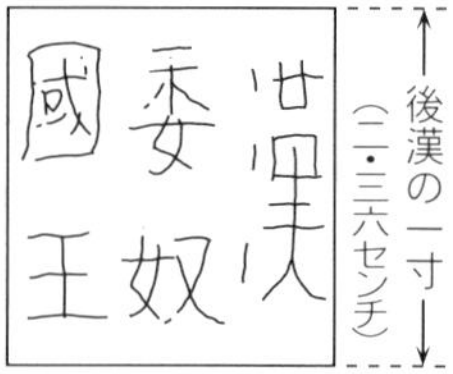

金印の印文

文字に比べて、縦長に二倍の大きさになっているのが目を引く。授与する側の中国と、奉貢朝賀までして金印を有り難く押し戴く側の委奴国との立場の差及び国力の相違を考えれば当然のこととも言えるが、それにしても「滇《てん》王之印」の例に比べて主従の関係を強調しすぎているように感じるのは私だけであろうか。

漢の皇帝としては、委奴国王に対し、皇帝の家臣の立場で倭地の百余国に対する漢朝の外交・貿易の事務の一部を代行させるという意図があることを暗示していたのではないかとさえ思えてくる。日本でも中央省庁の事務の一部を県に委任しているが、それと同様のものなのかも知れない。

「奴」の字については、漢代の黄河流域の中国にとっては倭人の「な」音に該当する文字がなかったため、「な」音に最も近い「の」音にあたる「奴」の字が採用されたという説があるが、奴は「しもべ。下男下女」を意味する文字であるから、前述の印象をさらに深くする。

「委」の読み方が最も問題となっている。

「漢書注」を著《あら》わした唐の高名な歴史学者である顔師古（五八一―六四五年）は、「（委は）此音（倭に）非也、倭音一戈反、今猶有倭国」と注し、委と倭とは音が異なるから混同して使うべきではないと主張している。

中国人の大学者が漢字の「委」と「倭」とは違うと言っているのに、日本の学者が勝手に「委」は「倭」の略字であると決めつけているのはまことに奇妙なことである。

このような曲解を生じさせた原因は『後漢書』の次の記事にある。

「建武中元二年、倭奴国奉貢朝賀す。使人自ら大夫と称す。倭国之極南界也。光武賜うに印綬を以てす」

范曄が、建武中元二年（五七）には倭地に統一国家である倭国があり、大倭王が存在したと誤認して「倭奴国」と記したために、印文の委奴国は倭奴国のことであるということになってしまったのである。范曄の錯覚については序で述べたとおりである。

私は委奴国は福岡市（博多）周辺の国であると信じているが、「委」と「倭」とは全く別の文字であり混同すべきではないと考えている。「委」はおんなへんの五画であり、「倭」はにんべんの八画であって分類が異なり、文字の成り立ちが根底から違うのである。

また、辞典では「倭」を「イ、またはヰ」と読むことはあっても、「委」を「ワ」と読むことは絶無なのである。『新漢和辞典』（大修館書店）の「委」と「倭」の説明は次のとおりである。

委 ― 音は「イまたはヰ」。意味は「㈠①ゆだねる。②くわしい。③すなお。したがう。④まげる。かがめる。⑤積む。⑥すてる。⑦しおれる。⑧すえ。おわり。㈡官にたくわえておく米。㈢物のさま」。女が意符。禾《カ》（転音イ）が音符で稲穂がしなやかに垂れさがっている意を表す。原義は女が従順な意。引いて他に委《ゆだ》ねる意に用いる。

倭 ― 音は「㈠イまたはヰ。㈡ワ」。意味は「①柔順なさま。②うねって遠いさま。③みにくい」。

「委」と「倭」とは意味において少し似ているところもあるが、全く別の字なのである。

9　中国のルールで印文を読む

古田武彦氏は中国の古代の印文の実例を調べ、印文の国名などの表記法には一定のルールが存在することを発見した（古田武彦著『失われた九州王朝』〈朝日新聞社〉参照）。

それは「最初に印を授与する側の中国の国名を書く（ただし、授与される側が大国の場合は書かないこともある）。次に授与される側の国名を書く」というように国名を二段に記すというルールであり、「漢《かん》の倭《わ》の奴《な》」のように三段に記すことはなく、（少なくとも金印に関しては）例外はないということである。印文解読上の効果的な研究成果であり、私もこれを支持する。

このルールに従って印文を類型化すると表5のようになる。

表5　印文の類型による区分

類型	授与する側の国名	術語	授与される側の国名	術語	官位等名	印章等の文字
A型	漢	帰義	胡		長	
	晋	帰義	羌		王	
※	漢	委	奴		国王	
B型	魏		烏丸	率善	佰長	
	魏		鮮卑	率善	仟長	
	晋		匈奴	率善	佰長	
	晋		烏丸	帰義	侯	
C型	新		匈奴		単于	章
※	漢		委奴		国王	
D型			匈奴		単于	璽
			滇		王	之印

※は仮設の印文を示す。

なお、この表のなかの「帰義」は「味方し忠義を尽くす」を、「率善」は「すすんで善行を行う」を意味する術語である。

このようにしてみると、委奴国はA型（※印）の「委《い》（なる）奴《な》国」か、またはC型（※印）の「委《い》奴《な》国」かの二つの場合しかないわけである。

弥生時代の倭地には「いな」と呼ばれる大きな国は存在していなかった。

百歩譲って奴を「ぬ」、または「ど」と読んだとしても、「いぬ」、「いど」に該当する国もなかった。なお、伊都国の「都」は「と」または「つ」であり、これも当てはまらない。

以上の考察の結果、「委」は「①従順である。②漢朝より事務の一部の代行を委任された者」を表わす術語だったということになる。凶暴な匈奴に困り果てていた漢王朝にしてみれば、自ら進んで奉貢朝賀し、「歳時を以て来り見ゆる」贈賄《ぞうわい》が得意で律儀《りちぎ》な委奴国は、まさに「委なる国」であった。

したがって、委奴国王に対する信頼の強さは、金印授与にみる厚遇として表わされており、漢朝が滅亡するまでの間、百余国もあった倭地の他のいかなる国王にも金印を授与していない事実からもうかがい知ることができる。

結論として金印文は「漢《かん》の委《い》（なる）奴国王《なこくおう》」と読むべきである。

10　金印の効用

印鑑の本質は証明のための用具であるが、叶崎命が身命を賭《と》して守った金印には、どのような効用があったのであろうか。

漢王朝の立場からすれば、第一には将来漢王朝に敵対する可能性がある東夷諸国と倭地の百余国とが結託しないようにするために、倭地の中心勢力である委奴国が強く望んでいる金印を授与して漢王朝の陣営にとりこみ、ひき留めておきたい。

第二には、出入国管理のための身分証明書及び密貿易を防止し、租税を確保するための交易許可証などの官札《かんさつ》発行事務の一部を、倭地の百余国の代表者に委任することにより、行政経費を節減したい。

前一〇八年に朝鮮を平定した漢の武帝は楽浪《らくろう》、玄菟《げんと》、臨屯《りんとん》、真番《しんばん》の四郡を設けたが、財政窮乏に陥ったため、経費の割りに収益が少ない辺郡《へんぐん》を廃止せざるをえなくなり、前八二年に、まず真番郡を廃止したという経緯があったからである。

第三には、極遠絶海の倭地の地での複雑なもめ事の処理は、委奴国王の統制能力に期待し、極力火中《かちゆう》の栗《くり》は拾わないようにしたい。

この前例は、すでにあったのである。『後漢書』韓伝には光武帝の建武二十年（四四）に「韓人、廉斯《れんし》の人、蘇《そ》馬諟《まし》ら、楽浪に詣《いた》り貢献す。光武、蘇馬諟を封じて漢の廉斯の邑君《ゆうくん》と為す。楽浪郡に使属し四時朝謁せしむ」と記されている。

「廉《れん》」には「清く正しい。取調べる」の意味がある。「諟《し》」にも同様の「治める。是正。つまびらかにする」の意味がある。蘇馬諟は正邪を明らかにして争い事を調停し丸く治める実力者だったのであろう。

蘇馬《そま》は、馬韓の全羅北道益山郡付近と言われている。この地は忠清南道扶余郡松菊里《すんくくり》（遺跡）とは錦江を挟んで南岸にあたる。断定はできないが、蘇馬諟は馬韓の月支《げつし》国の臣濆沽《しんふんここく》国に治した辰王《しんおう》であったと思われる。

「牛肉は牛の脂肪《あぶら》で焼くのが一番美味《おい》しい」。厄介《やっかい》な馬韓のもめ事は馬韓人によって治めさせるのが最も賢明な統治政策である、という漢の対外政策の一端を知ることができる。

以上考察したように、委奴国王に対する金印の授与は漢王朝の政策に合致していた。そのうえ節季になると朝貢する律儀にして贈賄好きな委奴国は、漢王朝の役人にとっても好ましい存在であり、その体制の維持は役人の利益にも合致するものであった。

それでは委奴国の立場からすると、どうであったろうか。

第一には、倭地の百余国の中国との外交・貿易に関する統制権者であることを示す象徴として、黄金の輝きを放つ印章である。強大な漢王朝の威光を背にして百余国に実質的に君臨できる。

第二には信用の保証である。委奴国人の主体は阿曇族であり、長江の渡津《としん》に住んでいた頃から、その生業は商業、貿易と海運業が中心である。この商業立国の基盤をなすものが金印という信用なのである。

第三は、統制に名を借りた貿易の独占による富の蓄積である。

金印こそは委奴国の生命である。いかなることがあろうとも、絶対に死守しなければならない宝であった。

11　筑前大乱への道

漢の武帝が前一〇八年に真番郡を設けたとき、最も素早く朝貢したのが委奴国であったろう。しかし、前漢の時代では倭地の大部分の国も朝貢して青銅器などの文物を入手してきており、委奴国と極端な差はなかった。委奴国の興亡は漢王朝の盛衰に正比例している。新の時代になったとき、委奴国王朝内では王莽《おうもう》を信奉する若手の改革派の役人と保守派の長老との間で対立が起きた。

二五年に後漢の光武帝が即位したことにより、以前から漢王朝と密接な関係を維持してきた保守派が再び主導権を握った。この時から周辺諸国に対する委奴国の態度がにわかに傲慢《ごうまん》、高圧的になった。五七年に金印が授与されてからは、さらに委奴国の覇権活動は公然となり、周辺諸国との抗争が激化し、時として局地的な戦闘が起こることもあった。

最も被害が大きかったのは、西方では室見川流域（福岡市西区）の吉武高木を中心とする伊邪《いや》国及びその宗主国である伊都国である。東方では、御笠川及び多々良川水系流域の面《めん》国、及びその後見人ともいうべき福岡県旧嘉穂郡の原出雲国《げんいずものくに》（第三章及び第六章参照）であった。これらの国々が被《こうむ》った損害の内容と程度に若干の差はあるものの、総じて次のようなものである。

①直接的には、領土を侵略された住民は他地域への流移をよぎなくされた。

②間接的には、中国文化の摂取を妨害され祭祀用具までが不足したり、委奴国との物々交換比率を悪化（低下）させられた。

③この結果、委奴国に富が集中して貧富の差が拡大し、周辺国では王の威信の低下を招き治安悪化が起こるに至った。

かくして、このときから「筑前大乱」のエネルギーは底流となって着実に蓄積されていったのである。

第二章
天照大御神・高御産巣日神

1　天照大御神と卑弥呼

天照大御神《あまてらすおおみかみ》は、三重県伊勢市の皇大神宮に祭られている皇室の祖神として有名である。第二次世界大戦中までは日本のほとんどの家の神棚《かみだな》に祭られていた神であり、年配《ねんぱい》の人々にとっては忘れられぬ存在であるが、若い人々にとっては身近に感じられなくなっている。

しかし、最近では邪馬台国ブームにのってテレビなどで天照大御神と「魏書倭人伝」に登場する倭（共和）国女王の卑弥呼《ひみこ》とが同一人物であろうなどとする説が紹介されているために、有名になっている面もある。天照大御神と卑弥呼とは同一人物であるという説の根拠となる状況証拠について、簡単に説明しておこう。

その第一点は、両者は同年代の人物であろうということである。

明帝の景初二年（二三八）卑弥呼が魏に遣使朝貢したことが「魏書倭人伝」に記されているので、彼女が活躍した年代はほぼ明らかである。

一方、天照大御神の場合はどうであろうか。『古事記』、『日本書紀』の記事については絶対的な紀年が不明であるために推定に頼らなければならない。この推定方法については、安本美典氏がその著書『卑弥呼の謎』（講談社）及び『卑弥呼と邪馬台国』（ＰＨＰ）において詳述している。私は安本氏の古代の紀年推定のアプローチの手法（数理文献学）とその結論に賛成するものであるが、ここでは結論のみを説明することにする。

①一世紀から四世紀までの間における王の平均在位年数は、中国では一〇・〇五年、西洋では九・〇四年、世界全体では一〇・五六年である。

②五世紀から八世紀までの間における王の平均在位年数は、日本（天皇）では一〇・八八年、中国では一〇・一八年、西洋では一三・二二年、世界全体では一一・五七年であり、古い時代ほど王の平均在位年数が短いことがわかる。

③『古事記』、『日本書紀』のなかで、即位と退位の紀年について信頼できる日本の天皇は、第三十一代の用明天皇（五八五―五八七年）以降である。

④以上のことから、用明天皇より三十代前にさかのぼる天皇に神代《かみよ》の五代を加えた三十五代前の天照大御神の即位年は、二二四・三年と推定される（平山朝治氏の最小自乗法による推定値）。

私が序において述べた、卑弥呼の推定即位年の二〇三年との間に約二十一年の差があるが、三世紀前半に活躍した人物であるという点において卑弥呼と同年代であり、おおむね許容範囲内にあると言えよう。

第二点としては、卑弥呼と天照大御神とは、「魏書倭人伝」と『古事記』、『日本書紀』との間において次のように類似点が多いことが先学によって指摘されている。

①両者は共に女王である。卑弥呼は倭（共和）国の女王であり、天照大御神は高天原《たかまのはら》を統治した女性で皇室の祖神である。

②両者は共に宗教的権威者である。卑弥呼は「鬼道《きどう》を事《こと》とし能《よ》く衆《しゅう》を惑《まど》わす」シャーマンであり、天照大御神は大日孁貴《おおひるめのむち》と称された日の神の（太陽信仰をもつ）巫女王である。

③両者には共に弟がいて、治世をたすけた。卑弥呼の場合には「男弟有《あ》りて佐《たす》けて国を治む」とある。天照大御神の場合には月読命《つきよみのみこと》（または月弓命、月夜見命）がいて、夜の食国《おすくに》（天領地）を治めた（行政を担当した）。

④両者は共に夫をもたなかった。卑弥呼の場合は、「年已《すで》に長大なるも夫壻《ふせい》なし」とある。天照大御神の場合には、『古事記』、『日本書紀』に夫と実子に関する記事が皆無である。

⑤両者には共に「戦う相手」がいた。卑弥呼の場合には、「狗奴国《くなこく》の男王卑弓弥呼《ひくみこ》と素《もと》より和せず……相攻撃する状《さま》を説く」とある。天照大御神の場合は天安河《あめのやすのかわ》をなかに置いて建速須佐之男命《たけはやすさのおのみこと》と戦っている。

⑥両者の死後共に国内が乱れ、女性の後継者が出現して国が治まった。卑弥呼の場合には、「卑弥呼以《もっ》て死す。大いに冢《ちょう》を作る。……更に、男王を立てしも国中服さず、更に、相誅殺す。時に当《あた》りて千余人を殺す。復《ま》た卑

弥呼の宗女《そうじょ》の壹与《いよ》、年十三なるを立てて王と為し、国中遂に定まる」とある。

天照大御神の場合には、須佐之男命の乱行により天石屋戸《あめのいわやと》にさしこもった（死亡した）ため、高天原と葦原《あしはら》・中国《なかつくに》は暗黒となり、万《よろず》の神の声はうるさいほどの苦情となって天下に満ち、万の妖《わざわい》はことごとく起った。祭事の後「汝命《いましみこと》に益《ま》して貴き神（霊継《ひつぎ》の女性）」が現われて、高天原と葦原・中国に明るさがもどった。そして須佐之男命は追放された。

⑦両者共に「倭」に深い関係を有する。卑弥呼は倭（共和）国の女王である。一方、天照大御神の神裔《しんえい》とされる神武天皇の諱《ただのな》は神倭伊波礼毘古命《かむやまといわれびこのみこと》であり、共に倭に関係がある。なお、諱の「神《かむ》」は九州に居た時の神代の時代のことである。「倭」は倭（共和）国と大和《やまと》の両方を指している。また「伊波礼《いわれ》」は磐余《いわれ》＝邑分《いわれ》＝余戸《よど》＝分国のことである。したがって、諱は九州の倭（共和）国の分国を大和（奈良県）の余った土地に建国した王という意味である。

以上のとおり天照大御神と卑弥呼とは同一人物と推定されるので、本書では以下、同一人物として取扱うことにする。

2　卑弥呼の故国と流転

卑弥呼の先祖は倭人の源流の一つである。その歴史は極めて古く、中国の伝説時代といわれる三皇のなかの黄帝の時代にまでさかのぼる。

この部族は、前二二〇〇年頃までは黄河下流域南岸の莱《らい》州地方に住んでいた。「莱」は「荒れ地」を意味する字である。この地方はしばしば黄河の氾濫《はんらん》に見舞われた。洪水のときにはたちまち泥海と化し、水がひいて乾燥すれば不毛《ふもう》の河原となるという状況が繰り返された。

彼らは、中華の人々から「東夷」と卑しめられた九夷のうちの方夷である（風夷という説もある）。孔子にいわせれば中原の漢民族よりも「仁」と「義」を重んじた礼儀正しい部族であり、山東省の竜山《ろんしゃん》文化圏に属していた。因みに九夷とは、畎夷、方夷、于夷、黄夷、白夷、赤夷、玄夷、風夷、陽夷を言う。

大皡《たいこう》と小皡が九夷を分割して統治していて、方夷は大皡に属していた。「皡」は「白い。明らか。天」を意味する字であるから、太陽信仰をもっていたものと思われる。

前二二〇〇年頃、長江と黄河の下流域に記録的な大洪水が発生して、田畑・家屋は水没したまま長期間水が引かなかったため、この地域の住民は難民となって流浪した。

蚩尤《しゆう》に率いられた長江下流域の難民と、大皡と小皡に率いられた黄河下流域の難民は、安住の地を求めて黄河中流域へ向かって移動した。その結果、黄河中流域の先住民族との衝突は避けられず、ついに戦争に発展してしまった。

黄河中流域代表の黄帝は、大皡、小皡、蚩尤を殺して勝利し皇帝となったが、あとに残された多数の難民を放置したままでは治安を回復できず、これら難民を中国各地に配分して住まわせることにして一応平静に戻った。

このとき方夷に割り当てられた地域は、山東省南部の徐州《じょしゅう》から安徽《あんき》省北部の淮南《わいなん》にかけての華北平原であった。

この地域は、

①やや低湿地が多いものの、泰山《たいざん》によって黄河の洪水はせきとめられる。

②湖沼という洪水の緩衝《かんしょう》地帯が多く、また旱魃《かんばつ》にもたえられる。

③徐州と呼ばれるように、河川の流れが緩やかである。

など、まことに住み心地のよい土地であった。

方夷は以降この地域に約九百年間住むことになったが、この愛すべき国を流れる淮河《わいが》の支流には「泗水《しすい》」、「渦水《かすい》」、「潁水《えいすい》」などと命名し、良質の土地は「固始」、「固鎮」とたたえ、「宿州」、「宿遷」などでは夏の啓《けい》王の家臣の孟塗《か》を迎えて祭祀を行い、満ち足りた生活を送ることができることを神に感謝した。

方夷は当初「方族《ほう》」を名乗ったが、渦水の流域では「巴族《は》」を名乗るものもあったようである。

方族は前一三〇〇年以降、流転の旅に出たのであるが、彼らは行く先々の土地にも同じく潁水（川）、泗水（川）の名を付けた。

潁水には、「堯《ぎょう》の時代の隠士の許由が、この川のほとりに住み、堯が許由に天子の位を譲ろうと言うのを聞いて、汚れたことを聞いたと潁水の水で耳を洗った。このことを聞いて隠者の巣父《そうほ》は、自分の牛にその水を飲ませることをやめ、上流に行って飲ませた」という伝説がある。潁水は汚れを洗い清める聖なる清流だったのである。

後年、この地方から倭地に渡来した人々も好んで潁川《えかわ》と名づけた。

「潁（えい。よう）」は弥生時代になって「潁《えい》」の字が多用されるようになったが、本来は別の字である。「穎」には「稲穂。さき。すぐれる」などの意味があり、「潁」は俗字である。

後年、あて字として「江《え》」、「恵《え》」などが用いられた。

方族の「方《ほう》」については、秦の徐市《じょふつ》（福）の場合のような「方士《ほうし》」という使い方がある。方士は呪術《じゅじゅつ》（陰陽術）や易占をはじめ、天文地理、医薬、医術に通暁《つうぎょう》し、神仙の術にもたけた人々であった。この方士によって処方《しょほう》された中国（漢）の薬が「漢方薬」である。方族と徐市らとの血縁関係は不明であるが、少なくとも地縁関係は深いと思われる。

3　第二の流転

方族が安住の地の華北平原を放棄して、流移を余儀なくされたのは、前一三〇〇年頃のことと思われる。

黄河の東北方の森林地帯に、狩猟を主な生業とする狄族《てき》（ツングース）が住んでいた。狄族の湯王《とう》が黄河の南岸に侵入し、夏《か》を滅ぼして殷《いん》を建国したのは前一七五〇年頃といわれている。

さらなる勢力拡大を目指す殷は、さかんに南方を侵略した。方族も強大な殷に対して必死に抵抗し善戦したが、ついに敗北の時がきた。前一三〇〇年頃、殷の盤庚《ばんこう》は河南省と安徽省を征服して、商丘に都し大いに勢いをふるった。方族は止むを得ず湖北省の漢水の中流域に流移したが、あくまでも殷と戦い続けた。

この頃には方族は巴《は》族と名乗っていたようである。巴には「①象《ぞう》を食う蛇。②蛇の渦巻《うずまき》。③流水の文様」などの意味がある。

巴族は湖北省西部の平野で農業を主とする竜信仰の伏羲《ふっき》族と、四川省東部の三峡地域で焼畑農耕や狩猟・採集を生業としていた白虎信仰の廩君《りんくん》族という、生活様式や環境が著しく異なる二つの部族で構成される、緩やかな共和制（または同盟）の民族であったようである。「伏義」と言えば、中国の伝説時代の初代皇帝と同名である。伏義皇帝は易占・暦法に精通し人面蛇身であったといい、この点でも巴族に似ている。

巴族の特徴の一つに舟型棺墓がある。日本で出土する舟型木棺は、この一型式と考えられるので、卑弥呼の冢《ちょう》についても参考にすべきであろう。

この竜信仰をもつ伏義族が「象（殷帝国）を食う蛇（竜）」であって、殷との局地戦においてはしばしば勝利していたらしいが、殷の武丁王によって征伐され、三峡地区の入口にあたる宜都県《いいとうけん》に逃げこんだようである。この宜都は倭（共和）国の伊都《いと》（国《こく》）と音がよく似ている。

稲作と養蚕《ようさん》の文化を摂取した伏義族は山岳地帯での生活になじむことができず、再び流移の旅に出た。その時期と径路は定かでない。おそらく長江を下って江西省の竜虎山を経て、山東半島から朝鮮半島の忠清道に渡って辰国《しんこく》を作ったものと思われる。さらに洛東江支流の南江の南岸一帯に分国の伽羅《から》を設け、次いで倭地にも分国の伊都国を作ったと推定している。

伏義族が作った辰国は、他に例を見ない宗教（祭祀）秘密結社（カルト集団）である。通常の国家の概念では律し切れない特異な組織体である。

一方、三峡地域から四川省東部にかけて定住した廩君族は、前一〇二〇年頃、陝西《せんせい》省の周《しゅう》の武王の「殷の紂《ちゅう》王を倒すための戦争」に積極的に参加して軍功をあげ、周王族の姫を迎えて親族関係を結んだ。

その後、巴蜀《はしょく》文化と融合して栄え、秦代以降は大巴山脈の山中に入って雌伏《しふく》していたが、三国時代になると五斗《ごと》米道《めどう》の教祖として再び歴史上に頭角《とうかく》を現わしている。

五斗米道の組織や理念と辰国の態様《たいよう》とが完全に同一というわけではないが、若干、参考になる点があるので、五斗米道について簡単に説明しておこう。

4　五斗米道教団

『三国志』の「魏書」張魯《ちょうろ》伝、及び「蜀書」劉焉《りゅうえん》伝に見られる五斗米道教団の概要は、次のとおりである。

五斗米道は、一四二年に四川省成都の西方の鵠鳴《こくめい》山において教祖の張 陵《ちょうりょう》が天啓《てんけい》を受けて悟《さと》りをひらき布教を始めたものである。教義は、「①誠実、②人格の尊重」であり、多くの信者を集めた。特に怪しい点は見当らない。あえて挙げれば、神の前で懺悔して病気を治すくらいのことであるが、現在の日本にも同様の治療法を用いる教団はある。

教主は、張陵（天師）→張衡《ちょうこう》（嗣師）→張衡の妻（女師）→張魯（係師）と継承された。そのあとは「正一道」と改称して、江西省の竜虎山において張氏の子孫が継いでいる。

一八八年に益州牧（地方長官）となった蜀の劉焉は五斗米道を重視した。一九〇年に張魯を漢中（漢水上流の渓谷）に派遣して漢中の征服に成功した。

張魯は漢中に五斗米道の共和国を作り鬼道《きどう》を布教し、自ら師君《しくん》と号した。

この教団においては、一般の信徒は「鬼率《きそつ》」と呼ばれ、教義の学習と実践を積んで多数の信者を獲得した者は昇進させて「祭酒」となし、教会の支部（治）を作る資格を与えた。また、各支部（治）には宿泊所（義舎《ぎしゃ》）を設けて他国から来た浮浪者を収容し、無料で食物を与えた。新興宗教にしばしば見られる理想郷の実現を目指したものであろう。

この教団には官吏を置かず、二十四個の支部（治）による共和制によって秩序を維持したようである。劉焉は張魯が漢中にとどまって帰らず、思い通りに働かないので、張魯の母を殺してしまった。

二一五年、漢中に夏侯淵《かこうえん》を進駐させた魏の曹操《そうそう》は、カルト集団である五斗米道教団のもつ不気味な底力を高く評価し、張魯及びその五人の子を侯《こう》に封じ、さらに張魯の娘を自分の息子の曹宇《そうう》の嫁にするなど厚く遇して蜀《しょく》の側背を脅かす布石とした。

五斗米道の張氏と倭地の伊都国王家とは、伏羲《ふっき》族と廩君《りんくん》族との同盟時代以来の独特の情報網があったらしく、「魏の曹操が鬼道を重んじ張氏の一族を侯に封じたうえ、親戚《しんせき》にまでなった」という情報が、伊都国王家の娘である卑弥呼の耳にも届いた。

このことが、卑弥呼が景初二年（二三八）に魏に遣使朝貢する主な動機になったものと思われる。また魏の明帝から「親魏倭王《しんぎわおう》」と呼ばれたのは、「魏王家の親戚筋にあたる倭の女王」という親しみをこめた言葉であったと素直に理解するのが妥当であろう。

五斗米道教団は辰国より後年に創立されたものであるが、辰国の理念や組織を類推するうえで参考にすべきことは、次の諸点である。
①鬼道を布教した。
②草の根（鬼率《きそつ》）の自律、自治を重視した。
③実績に応じた昇進制度を採用し、次々に支部を増設して組織を拡大した。
④官吏（役所）を置かず全支部の共和制を行った。
⑤各支部に流浪者の無料宿泊所（義舎）を設けた。
ただし、義舎は犯罪者をも匿《かくま》う治外法権の社会であったかどうかは不明である。

5　高御産巣日神の祖先

高御産巣日神《たかみむすひのかみ》の祖先の主体は、狄族《てき》（ツングース）である。

狄族は河北省、山西省、遼寧省、吉林省の森林地帯に住んでいた。彼らの生業は、①狩猟、②河沼の漁、③焼畑農業（主に麦、粟、稗《ひえ》、黍《きび》）、④養豚、⑤採集、⑥交易などである。狄族が商人でもあったことは、狄の字が「易」や「糴《てき》」と同音であることからも理解できる。

狄族が霊鳥《れいちょう》として崇拝したのは、佐賀県の県鳥と同一の鵲《かささぎ》である。

前一七五〇年頃、山西省及び河北省西部に住んでいた狄の部族は、黄河を渡って河南省に侵入して殷を建国した。

一方、河北省及び遼寧省南部に住んでいた狄の一派で韓族と自称する部族が、前一五〇〇年頃から朝鮮半島北部に移住し、檀君王倹《だんくんおうけん》のときに大同江流域に祭政一致の部族国家「朝鮮」を建国したという伝説が残っている。

韓族は無文《むもん》土器及び青銅器の文化、ならびに初期の農業文化を有していたようである。

韓族が朝鮮半島に移住するずっと以前から、この地方には櫛目文《くしめもん》土器文化を有するオロチョン族が住んでいた。

オロチョン族は別名オロチ（大蛇《おろち》）族とも呼ばれ、アイヌ族とは同祖であり、熊襲《くまそ》の遠祖にあたる民族である。

オロチョン族の起源は定かではないが、前三〇〇〇年から前二〇〇〇年頃にかけて、シベリア東部やアムール河流域から豆満江《とまんこう》、鴨緑江《おうりょくこう》を越えて朝鮮半島各地の比較的高地に住みついたようである。現在でも慶尚《けいしょう》北道の漆《ちる》（オロチ）谷《ごく》、亀尾《くみ》（熊）、大邱《てーぐ》（天狗《てんぐ》）などの地名のなかに、その片鱗が残っている。

オロチョン族は、さらに九州の福智《ふくち》山、英彦《ひこ》山、九重《くじゅう》山、阿蘇、中央山地ならびに東北地方の山間部などに移り住んだ。

オロチョン族の主な生業は、①狩猟、②河沼の漁、③採集などである。

当然ながら、遅れて来た無文土器文化人の韓族と、先住者である櫛目文土器文化人のオロチョン族との間に衝突が起きた。

『三国遺事《さんごくいじ》』は、この間の事情を次のように記している。

「天帝桓因《かんいん》の庶子桓雄《かんゆう》が天下を治めたいという意志を抱《いだ》いていた。桓因が下界を見ると、三危太伯が弘益人間の地であることを知り、天符三個を授けて下界を治めさせた。その時、熊と虎が一つの洞穴に住み、常に人間になれるようにと桓雄に祈った。桓雄は彼らにつむき一にぎりとにんにく二十個を与えて、これを食べて百日間日光を避ければ人間になれるだろうと教えた。熊は三十七日間忌して女になったが、虎はこれを守れなかったので人間になれなかった。女になった熊は婚姻の相手がいなかったので、常に神檀樹の下で子をはらみたいと祈った。桓雄が人間の姿に化けて結婚して子を生んだ。名づけて檀君王倹といった」

この説話は韓族の酋長《しゅうちょう》の桓雄が、「人間らしい豊かな農耕文化を希望して自発的に山岳の洞穴（要害《のみ》）から平野に降り、韓族に服従する女酋の熊族（熊野族であり、須佐之男《すさのお》命の遠祖にあたる）」に対しては結婚による同化政策を採り、抵抗を続ける大同江地方のオロチョン族の男酋（虎族）は虐殺、駆逐したことを物語っている。

前一〇二〇年頃、陝西省の周が殷を滅ぼし周の同族の燕《えん》が北京に進出した際、遼寧省の哈喇沁左翼《ハルチンツオイー》に住んでいた殷王の親戚で殷の三仁（三賢人）の一人と言われた箕子《きし》が朝鮮王に封じられた。しかし箕子の側では、燕に服属したとは思っていなかったようである。

箕子の部族は先住の檀君朝鮮を併呑し、遼河から大同江にかけての地域に連盟国家を作り、箕子がその王となった。このとき遼河と遼東の地域には辰韓人が、鴨緑江から清川江の地域には弁韓人が住んでいたという説もある。

前三三四年、燕が強盛になって遼東に進出したため、辰韓人と弁韓人は南下した。

前二〇〇－前一八〇年頃、箕子の後裔の準王も衛満に攻撃されて漢江流域に亡命したと言われている。

このように、紀元前に中国から北朝鮮を経由して漢江流域や錦江流域に流移した可能性がある部族としては、①オロチョン族、②狄系の檀君朝鮮と箕子《きし》朝鮮、③周と同系の燕の諸部族、などがある。このほか、秦の亡（命）人、山東省から渡海した斉人、などもある。

このうち、いずれが主となり従となったか詳細は不明である。おそらく、これらの諸部族が相互に作用しあった後、忠清道（後には錦江流域）において伏羲《ふっき》族が作った辰国に合流（臣従）し、辰王《しんおう》となった氏族が高御産巣日神《たかみむすひのかみ》の祖先であると考えられる。

6　箕子の末裔と辰王及び和珥

辰王となった氏族や、辰《しん》国に関係がある文献とその内容は次のとおりである。

A「殷が衰えたとき、箕子《きし》は去って朝鮮に行き、その民に礼儀、農業、養蚕、織物を教えた。楽浪郡の朝鮮の民には八か条の禁制を適用した。八か条は、①人を殺した者は代償としてその場で殺される。②人を傷つけたときは穀物をもって償わせる。③盗んだときは、男は自由を失い相手の家の奴隷《どれい》にされ、女は女奴隷にされる。自由を買い戻すには、一人五十万銭を要する。それで解放されて自由の民となっても、世間はこれを恥として結婚話に応じる者はいない。このため民は決して盗みをせず、門戸を閉めるということはない。④婦人には貞操観念を強くもち、慎み深くするよう求めた」（『漢書』地理志）

B「辰韓は古《いにしえ》の辰国なり。……辰王は月支国に治す。……侯準《こうじゅん》既に僭号《せんごう》して王と称す。燕の亡人衛満《えいまん》の為に攻奪せられ、其の左右の宮人を将《ひき》いて走りて海に入り、韓地に居りて自ら韓王と号す。其の後は絶滅するも、今韓人になお其の祭祀を奉ずる者あり。……耆老《きろう》伝世して自ら言う。古《いにしえ》の亡人秦役《ぼうじんしんえき》を避け韓国に来適《いた》る。馬韓、其の東海の地を割《さ》きて之《これ》に与うと。……弁辰の韓は合わせて二十四国……其の十二国は辰王に属す。辰王には常に馬韓人を用いて之に作《あ》て世々相継ぐ。辰王は自ら立ちて王と為《な》ることを得ず」（「魏書」東夷伝）

C「其の（韓王箕準《きじゅん》の）子及び親《みうち》の留まりて国に在《あ》る者は、因《よ》りて姓韓氏を冒《おか》す。準《じゅん》は海中に王たり。朝鮮と相往来せず」（『魏略』）

D「(辰王が自ら立って王になれないのは)其の流移の人たること明らかなるが故に、馬韓の為に制せらる」(『魏略』)

E「(朝鮮王衛氏は)未《いま》だ嘗《かつ》て入見せず。真番《しんばん》の旁《かたわら》の衆(辰)国、上書して天子に見《まみ》えんと欲すも、又、擁閼《ようあつ》して通わさず」(『史記』朝鮮伝)

F「(衛《えい》氏朝鮮の末、王険城に都する衛右渠《えいゆうきょ》の宰相の歴谿卿《れきけいきょう》が)東して辰国に之《ゆ》く。時に民の随《したが》いて居を出ずる者二千余戸。また、朝鮮、真番と相往来せず」(『魏略』)

G「(後漢光武帝の建武二十年)韓人、廉斯《れんし》の人、蘇馬諟《そまし》ら、楽浪に詣り貢献す。光武、蘇馬諟を封じて漢の廉《れん》斯邑君《しゆうくん》と為す。楽浪郡に使属し四時朝謁せしむ」(『後漢書』韓伝)

古来、巷間に箕子の子孫が辰王になったという説がある。箕子の末裔やその一党が、その後どのような道を辿《たど》ったのか、また辰王との関係はあるのか、ということについてみると、Aでは、箕子が楽浪郡の民に礼儀や産業を教えたり、八か条の禁制を適用して道徳の向上と社会秩序の維持を図ったことがわかる。Bでは、箕氏の最後の王(自称)である準は一族郎党を率いて海に入り韓王を名乗ったが、直系は絶滅し、一族は韓地で祭祀を継続していると記されている。Cでは、準はBと同様に海中の王となり、一族は韓に住んでいると記されている。

A、B、Cからみて、箕子の直系の子孫は「海中の王」となった可能性が大きく、辰王になった形跡は全く見当らない。ただし一族は韓国に居住し祭祀を続けている。

前二世紀初頭、燕から亡命した衛満によって平壌を攻奪された箕子の末裔の準王は、京畿道の仁川港付近まで逃れた。そこで渤海と黄海の海人達の仲間に入り、後に海人族の王に推戴《すいたい》されたと思われる。この海人族とは王《おう》氏を中心とする部族であり、後に和珥《わに》と称した。

「和」には「①王羲之《おうぎし》の略称。②暦法をつかさどった氏《うじ》の名。③一緒になる。④和《やわ》らぐ」などの意味がある。王義之は中国の書道の達人で筆聖《ひっせい》と称された人物である。また、暦法をつかさどった氏《うじ》としては伏羲《ふっき》があり、ともに山東省の出身者である。

　王姓は山東省及び渤海沿岸に多く、長江下流域に移住した一族もある。王氏は儒教を深く信じ、特に「仁《じん》」と「義《ぎ》」を重んじる。また和《わ》を貴び謙譲《けんじょう》を美徳とすることも特徴の一つである。王氏の部族は王羲之のほか、宰相、名医、儒学者など多数の賢人を輩出している。

『後漢書』循吏列伝に、「前二世紀に琅邪《ろうや》郡不其《ふき》県（青島市付近）に王仲という人物がいて道術を好み天文に明《あか》るかった。前一七七年、済北王の興居が漢の文帝に対して叛乱を起したとき、王仲に相談したが、王仲は戦争の巻き添えになることを避けて、東海を渡り楽浪山中の詽邯《だんかん》県に住みつき、その子孫は土地の有力者になった」ことが記されている。このことは王氏の特性や北朝鮮に王氏が多いことを裏づける好例といえる。

「珥《に》」は「耳玉《みみだま》」のことであるが、王と耳からなる字である。「耳」は、渤海と黄海を上空から俯瞰《ふかん》すれば人体の右の耳の形に見えるところから、山東省出身の神の名に付けられるようになった。

神武天皇は日向《ひゅうが》（宮崎県）の耳川《みみかわ》を発《た》って東征したと言い伝えられており、目的地の大和《やまと》（奈良県）の山に耳成《みみなし》山と命名した。さらに子供の二人には、神八井耳命《かむやいみみのみこと》、神沼河耳命《かむぬなかわみみのみこと》と名づけた。神武天皇の祖先には天之忍穂耳《あめのおしほみみ》命《のみこと》があることなどが、その例である。彼らは山東省から来日した者の子孫であろう。

『古事記』に表記される丸邇《わに》の「邇《に》」は渤海に流入した埴《はに》のような黄河の泥水を指している。渤海の黄河河口には、往古、鰐が住んでいたという伝説がある。海の王者の鰐に因《ちな》んで和珥《わに》氏を称したとも思われるが、「王仁《おうじん》」と書けば、「仁《じん》」を重んじた王《おう》氏を表し、また応神《おうじん》と同音となる。おそらく、後世、倭の五王として極東アジアを震《しん》撼《かん》させた応神王朝の祖先であろう。

　さて、前一〇八年、前漢の武帝が王険城の衛右渠を陸海から攻撃し朝鮮を平定した作戦において、和珥氏は軍の海上輸送に協力し、衛満の子孫に報復したものと思われる。この時点の和珥氏は、錬成された職業軍人からなる海軍を保有するまでには至っていなかったと考えられる。

後漢の霊帝の中平元年（一八四）に黄巾《こうきん》の乱が発生し、群雄割拠《ぐんゆうかっきょ》と後漢の衰乱の時代に突入した。霊帝は和珥氏に対して渤海の治安を委任し、その徴《しるし》として「中平□年」銘の金象眼の五尺刀を授与した。この刀は、和珥氏の本拠地である奈良県天理市櫟本《いちのもと》の東大寺山の前方後円墳（四世紀後半の築造）から出土している。

二三八年、司馬懿《しばい》は遼陽城の公孫淵《こうそんえん》を攻撃し秋には攻略した。魏軍の別動隊である和珥の海軍は山東半島から黄海を渡って朝鮮半島に上陸し、楽浪郡と帯方郡の公孫氏を征服した。この頃には、和珥氏は海軍を保有していたと思われる。

魏の明帝が卑弥呼を倭（共和）国の女王として公認したとき、和珥氏は卑弥呼（天照大御神）や高御産巣日神を海軍の立場で積極的に支援する方針を固めたものと思われる。このことは、和珥氏（事代主神）が天孫の降臨を積極的に支持したり、豊玉《とよたま》姫や玉依《たまより》姫を妃に送りこんだことに始まって、神武東征の支援や神武王朝の九代の天皇に妃を送り続けたことに表れている。

和珥氏は阿曇《あづみ》氏にとって代って、対馬、壱岐及び西日本の諸港を経略し、筒之《つつの》男命《おのみこと》を祭ったが、箕子の遺訓の教化にも努めた。

私は昭和三十年に対馬の鰐浦で下宿していたことがある。当時、鰐浦では道路に面して木製の蔵を建て、大切な家財を保管していたが、盗人が皆無のため蔵に施錠することは全くなかった。箕子の八か条の遺訓が対馬にも伝わり厳存していることを痛感したものである。なお、鰐浦の大地主の扇さんは私の先輩（陸士五十三期）であるが、「扇《おうぎ》」は「王羲《おうぎ》」または「王城《おうき》（村）」のあて字であろう。福岡県内にも応神王朝の厳存の跡である扇（祇）神社が散在している。

7　辰国と月支国

前記の文献Bを読んで、意味が素直に理解できる人は少ないであろう。

「辰」には「①たつ。方位では東南東。月では陰暦三月。時刻では午前八時。動物では竜。②十二支の総称。③時刻。④日。⑤朝。⑥日や月のやどり。⑦日・月・星。⑧星座の名」などの意味がある。

「馬」には「①うま。②月の精。③かずとり。④大きい。⑤のしる。⑥わるい」などの意味がある。

「弁」は「辨《べん》」の略字であり、次の意味がある。「①わける。②わかれる。③わかち。④わきまえる。⑤あきらか。⑥しらべる。⑦おさめる。⑧ただす」

辰国の位置はどこであろうか。

文献EとFは前二世紀の衛氏朝鮮のことを記したものであるが、Eによれば辰国は真番郡（京畿道）の南と考えられ、Fによれば王険城（平壌）の東（東南東）にあたると思われる。すなわち、忠清北道、忠清南道である。

Eの『史記』朝鮮伝では「真番の旁の衆国」と記されているが、『漢書』では「真番の辰国」と書かれている。前一〇八年に前漢の真番郡が置かれて、次第に韓地の情報を入手できるようになったが、『史記』の著者の司馬遷（前一四五－八七年）は、まだ辰という国名の存在を認知しておらず、真番の傍（南）にある衆国（多数の国の意）というように認識していたのであろう。『漢書』の著者の班固（三二－九二年）の場合には忠清道に辰国があることが知られるようになったので、「真番の（に朝貢する）辰国」と書き改めたものと思われる。

文献Fにおいても辰国と記されているが、『魏略』の著者の魚豢《ぎょかん》は、さらに後世の人物である。

おそらく、紀元前後に月支国という行政府の諸国が出現（分離）するとともに、政が祭よりも優位に立つようになって、行政の長を辰王と称するようになったものと思われる。

忠清道の西北西（辰《たつ》の反対の方角）には平壌や遼寧省の哈喇沁左翼があるので、辰王の祖先はこの地域から流移した部族（箕子の一族か）であることを辰の字が暗示しているように思われる。

時代がくだって光武帝の時代には、後漢に圧迫された月支国は、忠清南道から「月の精」である馬韓の北部（錦江南江の全羅北道益山郡付近）まで南下していることが、文献BとGから推測できる。Gの蘇馬諟《そまし》は第1章で述べたとおり益山郡の月支国に治した何代目かの辰王であろう。

なお、後漢の光武帝から「漢廉斯邑君《かんのれんしのゆうくん》」の銅印を授与されたと思われる蘇馬諟が楽浪郡に使属し、四時朝謁して漢の家臣に準ずる取扱いを受けているところをみると、「漢委奴国王」の金印を授与された委奴国王も漢の上級の家臣に準ずる取扱いを受けた可能性は大きい。

漢江の南岸から錦江の北岸にかけての地域には、竜仁、竜浦、竜獐、竜山、青竜、竜頭、竜新などの「竜」の字がつく地名が多い。これらは、竜をトーテムとする伏羲氏が住みついた地域であると推定できる。

中国の黄河下流域を起点として長い放浪の旅に出た伏羲氏は、淮河流域、湖北省西部（宜都）、江西省（竜虎山）、朝鮮半島と、中国大陸を逆時計回りに、ほぼ一周して忠清道に辿《たど》りついたようである。

伏羲氏は忠清道に、後の五斗米道に現出したような理想郷の建設を企図した。それは祭政一致の秘密結社であり、名称は不明である。辰国《しんこく》の前身であるから「神国《しんこく》」と仮称することにする。

忠清北道には天原郡があり、同郡に聖居がある。

天原郡は『古事記』、『日本書紀』に登場する高天原《たかまのはら》のひな型である。聖居には伏羲氏の「女系の女性」である聖骨が住んでいた。

聖骨のなかから選ばれた巫女王（天皇）が神国の最高位者であり、高天原で天神を祭り、また、鬼神も祭り鬼道に事《つか》えたと思われる。

忠清南道扶余《ふよ》郡松菊理《すんくくり》（遺跡）には、五斗米道の義舎に似た蘇塗が営まれていた。この遺跡の住居跡の古いものでは、炭素年代で前八四五年のものが出土している。

前八四五年頃、伏羲氏は京畿道南部から忠清北道と忠清南道にかけての地域に祭祀秘密結社の神国を作った。この組織と理念は後の五斗米道教団とかなり類似したものであり、通常の国家の概念では説明し得ない特殊なものであった。

この頃の韓地には、先住者のオロチョン（熊襲）族が山岳部に住み、沿岸部には中国の百越地方から渡海した漁撈民（神《かむ》産《む》巣《す》日神《ひのかみ》）が住んでいたが、農業が未発達のため平野部の居住者は散見される程度であり、ほとんど空地に近い状況であった。伏羲氏は建前として韓地の全ての平野部を所有する神国の王であったと思われる。

そして、忠清北道を高天原とし、忠清南道を蘇塗とする狭義の神国を作った当初の頃は官署もなく役人もいなかったと思われる。

前一〇八年に前漢の武帝が真番郡を置いた頃から、政治的、経済的、軍事的な対応を迫られるようになり、行政を分離して忠清南道南部に月支国を設け、行政の長を辰王と呼んだが、間もなく、月支国は全羅北道益山郡に南下した。

月支国の「月」は日（太陽）を祭る高天原に対応するものである。「支」は「分れる。ささえる」という意味である。月支国は祭政一致の高天原から分離して、行政の面で高天原を支援する行政府の国であり、「月の精」である馬韓に作られたのである。

倭（共和）国では、天照大御神が高天原を治《し》らし、弟の月読命が（行政を担当して）夜《よる》之《の》食国《おすくに》を治めた。

伏羲氏が作った神国及びその分国の組織の概要は、図5のとおりと推定する。以下、これを参考として読んでいただきたい。

なお、忠清北道の高天原は、遅くとも三世紀には益山郡の月支国に編入されている。

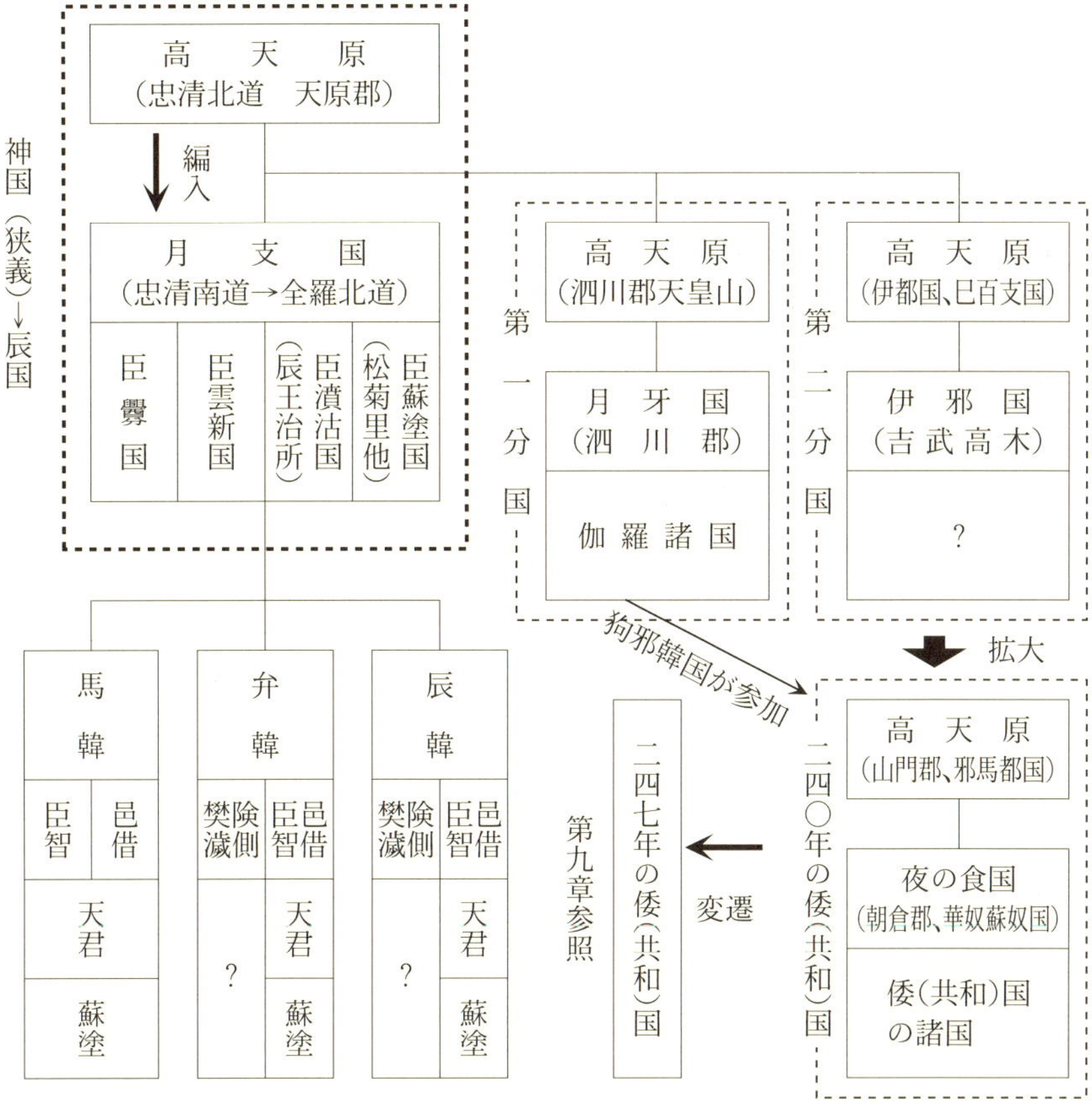

図5　神国（含分国）の組織概念図

8　聖骨と天皇

伏義氏が韓地に作った理想郷の神国（仮称）の初期の理念（国是《こくぜ》）は、

①天を敬い、罪《つみ》、穢《けがれ》を祓《はら》い清める。このため天神を祭り、鬼道《きどう》に事《つか》える。

②人を愛し、自治と和を尊ぶ。このため祭政一致の共和制をとり官吏を置かない。また、蘇塗を設けて政治的難民や経済的難民を救済する。

③稲作と養蚕をもって国を興《おこ》す。

というものであったと思われる。

しかし時代がくだって政治的環境が大きく変り、

①政を分離して、行政府の月支国を作る。

②蘇塗は治外法権地域とし、犯罪者であっても無条件に収容し、引渡し要求には応じない。

などの変更が行われたようである。

高天原における第一の祭祀は天壇《てんだん》を設けて天の神を祭る儀式である。天神の最高位の神が天皇であり、その象徴が日（太陽）である。

「皇」の字は「（天を）白《しら》す（知《し》らす。統治する）王」であり、「白」は「百」である。天皇とは「天の全ての神の王」のことである。後には、地上の化身である巫女王をも天皇《てんこう》と呼んだ。

神国の天皇に関する文献は見当らないが、神国の第一分国である慶尚南道泗川部の穎川東岸には天皇山があり、第二分国である伊都国王家の女《むすめ》の卑弥呼の子孫が天皇を名乗っている。

太陽は全ての生命の源泉であり、人類に健康や豊作などの幸福を授ける至上の神である。天皇に共立された巫女王は斎戒沐浴《さいかいもくよく》して天神を祭り、神国全体の天下泰平、無病息災、豊作豊漁などを祈った。具体的には、①戦争や地震が起らないこと、②伝染病が流行しないこと、③旱魃《かんばつ》・洪水・冷害・虫害が起らないこと、などである。このために、障害（神の怒りの原因）となる社会の罪、穢を祓い清める祭儀を行ったのである。ときには犠牲《いけにえ》を供《そな》えることもあったようである。

天神を祭る儀式は、中国においては「封」といい、泰山《たいざん》において天子のみが行うものとされたが、伏義氏は始祖の大皞以来の伝承文化である暦（天体の運行による国家の重大事に関する判断）、易（八卦による運勢判断）、卜占（亀甲、鹿骨、粥《かゆ》による行事・農事の吉凶・豊凶の判断）などを基盤とした氏族であったから、韓地の忠清北道天原郡で天神を祭ったものと思われる。

第二の祭祀は鬼神を祭る儀式である。ただし、この場合の司祭者は天皇である必要はなく、所要の霊能を有する巫女であれば誰でもよく、また、どこでもよかったから、韓地や倭地の国邑で盛行した。

鬼神の祭祀は主に個人や家（戸）に対するものである。死、病気、怪我《けが》、火災などの不幸（鬼がもたらす災厄《さいやく》）

の原因や憑依《ひょうい》した動物霊の正体を悟って、邪気を逐《お》って厄を払い、あるいは悪霊を除霊するものである。

「巫（ふ。ぶ。む）」には「①みこ。かんなぎ。舞楽をして神がかりの状態になり、神意を知り、これを人に伝えるという女。②医師。③でたらめ」の意味がある。「巫」の象形は、両袖で舞って神おろしをする者の形にかたどったものである。

災厄の原因を知る方法としては、巫女が祖神の霊を降霊させて、これと交霊し、巫女に憑依した祖霊が巫女の口を借りて託宣《たくせん》を伝えたのである。

また、巫女が祈禱《きとう》して鬼神に対して憑依した動物霊の正体を問えば、憑依した人物が急に飛び跳ねて動物の生態を演じる。これによって憑依霊の正体を悟るわけであるが、人々は奇跡が起きたと感じてしまう。「魏書倭人伝」に「(卑弥呼が) 鬼道を事とし、能《よ》く衆を惑《まど》わす」とあるのは、このような情景を指しているのではないだろうか。

なお、「鬼」には「①死者の霊魂。②不思議な力をもち、人に害を加えると信じられているもの。③もののけ。④いかめしい」などの意味がある。

天皇になりうる候補者としての資格を有する者が、「聖骨」である。聖骨は、伏羲族の宗家の家系を享《う》け継《つ》ぐ歴代の女性群のことである。

この宗家では、常に婿《むこ》を迎えて聖骨を生み維持した。入婿は匹《ひつ》（＝疋《ひき》）夫《ぶ》と呼ばれた種馬《たねうま》的男性であって、祭祀はもとより、政治の表舞台に立つことを許されなかった。宗家においては女性のみが家長や司祭者になりえたのである。

月支国の辰王の骨品は「真骨《しんこつ》」である。真骨になりうる候補者の資格は、①中国、朝鮮などから神国へ流移した馬韓人であること、②聖骨と結婚した男性であること、である。

因《ちな》みに平民の骨品は「凡骨《ぼんこつ》」と言い、現代の日本では、役に立たない故障品や人物を指す。

文献Bの「辰王には常に馬韓人を用いて之《これ》に作《あ》て世々相継ぐ。辰王は自ら立ちて王と為ることを得ず」及びDの

「(辰王が自ら立って王になれないのは) 其の流移の人たること明らかなるが故に、馬韓の為に制せらる」という記事は、以上の骨品の制度を若干歪曲している面もあるが、この間の経緯を記したものである。

すなわち、聖骨以外の者は「自ら立って天皇になること」は許されず、また、辰王になるには聖骨と結婚することという制約があったのである。

「魏書倭人伝」のなかに、伊都国王に関する次のような記事がある。

世有王皆統属女王国

この文章を「世々王有りて、皆女王国に統属す」と読む学者もいる。しかし、この読み方であれば、当然すぎて特記する意義がない。これを「皆女王国を統属す」と読んで、初めてこの文章の存在意義が生じるのである。

神国は比類なく奇妙な祭祀組織(カルト)であるから、中国の常識人である陳寿では完全には理解することができず、その文章の表現も不正確なものとなり、誤解を与えたことは否めない。

もちろん、伊都国王が倭(共和)国の女王を政治的に統属することなどはありえない。実際は、伊都国王家(宗家)の聖骨群の代表者であり、かつ、倭地の祭祀組織の統括者である天皇が、聖骨の一員である卑弥呼や壹与を女王国に派出して、倭(共和)国の祭祀を行わせ、その祭祀に限って監督(官庁は爾支)していたのである。

したがって、この文章の「王」は「天皇」であり、「女王国」は「女王国の祭祀組織」と理解するのが妥当である。

卑弥呼が死んだ後、男王を立てたが、国中(の八百万《やおよろず》の神々が)服従せず、互いに誅殺《ちゅうさつ》しあい、一時に千余人を殺すこともあった。そこで、卑弥呼の宗女の壹与《いよ》(十三歳)を立てて王と為《な》し、国中がようやく定まった、と「魏書倭人伝」に記されている。

「宗(そう。しゅう)」には「①みたまや。祖先の廟屋。②分かれ出たもののもと。祖先。本家。本源。③むね。

おもだったもの。長。人の仰ぎ尊ぶ者。族長。④世嗣《よつぎ》。⑤一つから分かれ出たもの。同姓。同族。⑥たっとい。⑦まみえる。⑧おもむく。⑨あつまる」の意味がある。宗は「宀」（家）と「示」（神）との合字である。

「卑弥呼の宗女壹与」というのは、卑弥呼の本家（実家）の女性である壹与、という意味であるから、卑弥呼も壹与も共に伊都国王家の聖骨であることを示しているのである。壹与は十三歳であったから、おそらく未婚の巫女であったろう。

倭地における高天原と聖骨の制度は、五世紀初頭に、伊都国王家が神功皇后と武内宿禰《たけのうちのすくね》に滅ぼされたときに消滅してしまった。

降臨した天孫や歴代の天皇は、政治・軍事をも担当した真骨の男王であって、聖骨とは言えないのである。

二世紀になって月支国の辰王の権力が衰退したのに伴って、泗川郡の第一分国（以下、「月牙国《たるあこく》」と仮称する）の伽羅諸国に対する統治力も弱体化し、一二三年には斯盧国《しろこく》が、一六二年には金官駕洛国《きんかんからこく》が独立した。

金、朴、昔の三姓による連盟体であった斯盧国初期の時代においては高天原は見当らないが、蔚州郡と密陽郡との境に天皇山（一一八九メートル）があり、また、神国の聖骨や真骨に準ずる骨品制度が認められる。

先住部族の金氏の女性が聖骨に準じて取扱われ、朴氏と昔氏の男性は金氏の女と結婚してはじめて三部族連盟体の長である居世干《きよぜかん》（骨品は真骨。後には尼師今《にしきん》）になりうる候補者としての資格を得ていたのである。

9　月支国と三韓諸国

「魏書」東夷伝によれば、三世紀の馬韓の諸国のなかに月支国に関係があると思われる国が見うけられる。それは臣釁国《しんさんこく》、臣濆沽国《しんふんここく》（別名、臣幘沾国《しんさくせんこく》）、臣雲新国《しんうんしんこく》（別名、遣支報《けんしほう》）、臣蘇塗国《しんそとこく》の四か国である。

これらの国名に冠している「臣《しん》」は、大臣が所管する国という意味であろう。

臣釁国の「釁《さん》」には「①ちぬる（いけにえの血を器に塗って神を祭る）。②罪。③とがめ」などの意味がある。

これからみて、この国では、①牛馬などのいけにえを供えて雨乞いの祈禱《きとう》や呪詛《じゅそ》の秘法を行う祭祀の部門（いわば神社庁長官所管）と、②犯罪者に対する裁判所や刑務所のような司法の部門（いわば法務大臣所管）があったものと思われる。

①の祭祀は忠清北道天原郡の高天原で行っていたが、北方の燕人や漢などの圧迫をうけて維持できなくなり、錦江流域に南下（後退）して、馬韓の月支国の司法部門に、その機能を編入、統合したものかも知れない。なお、これに伴って天皇が行っていた天神の祭祀も、三韓の各国邑の天君が行うようになったものと思われる。

臣濆沽国の「濆《ふん》」には「①岸。②なぎさ。③みぎわ」などの意味があり、「沽《こ》」には「①商人。②売る。③買う」などの意味がある。したがって、臣濆沽国は錦江に面した市場の国（いわば通産大臣所管）であり、辰国という祭祀秘密結社の財政の一部を支えた組織であったと思われる。

別名である臣幘沾国の「幘《さく》」には「①ずきん。②とさか」などの意味があり、「沾《せん》」には「①うるおす。②ぬれる」などの意味がある。したがって、この国は四個の臣国のなかの筆頭の国（いわば総理大臣官房）であり、錦江南岸の全羅北道益山郡熊浦付近にあって、辰王が統治していた国と思われる。

臣雲新国の「雲」には「①遠い。②多い」の意味がある。また、別名の遣支報《けんしほう》の「支《し》」には「①分れる。②支《ささ》える。③支払う」などの意味がある。これらからみて、臣雲新国は遠く離れた多くの新しい入植地（辰韓、弁韓など）に官吏を派遣して、治安、経済、祭祀の状況を把握し辰王に報告するとともに、借地料を滞納《たいのう》している邑借《ゆうしゃく》や臣智《しんち》に対する調査、取立てを行っていた国であろう。

古く前九世紀頃は、馬韓、辰韓、弁韓、伽羅の全ての土地の所有権は神国の天皇にあると考えられていた。

因みに日本の天皇の場合は、土地だけでなく人民をも所有しているという理念に立っていたから、百姓や公民を「おおみたから＝王の御宝《みたから》」と呼んでいたのである。各地方の君《きみ》、臣《おみ》、造《みやつこ》などは占有権のみを有し、土地と人民を直接支配（うしはく＝大人治《うしは》く）していて、所有権（知《し》らす。白《し》らす）者の天皇に対して、土地代に相当する産品や役務を上納していたのである。

古くは、神国に流移した難民は、ひとまず忠清南道扶余郡松菊里《すんくくり》の蘇塗に居留させ、やがて、三韓の土地を貸与して入植させた。その国邑に代官を置いて管理させ、地代としての産品を上納させていた。また、各国邑には天君を置いて天神を祭り、別邑の蘇塗を設けて難民を収容するとともに鬼神を祭った。

文献Bに「古《いにしえ》の亡人秦役《しんえき》を避け韓国に来適《いた》る。馬韓、其の東海の地を割《さ》きて之《これ》に与うと。……弁辰の韓は合わせて二十四国……其《そ》の十二国は辰王に属す」とある。

秦の始皇帝の過重な役務を避けた難民が韓地に流移したのは、衛満が朝鮮、真番の地を侵略する以前の前三世紀末のことと思われる。この頃には、まだ月支国や辰王は出現していなかったと考えられるので、忠清南道の松菊里に流移した難民を、神国の天皇が東南東（辰《たつ》）の辰韓の地（慶尚北道月城郡など）を貸与して入植させたのであろう。

文献Bの「辰韓は古の辰国なり」とある辰国は、正確に言えば神国のことであろう。

「魏書」東夷伝によれば、三世紀においては、馬韓には臣智《しんち》と邑借《ゆうしやく》の二種類の代官があり、辰韓と弁韓には臣智、険側《けんそく》、樊濊《はんわい》、殺奚《さつけい》、邑借の五種類の代官があった。

このなかの邑借が管理した国邑が、最も古くて基本的な行政組織であったと思われる。月支国が出現してからは、辰王をはじめとする各大臣が、三韓に難民を入植させて自らの知行地とした国邑に、大臣の代官を置き管理させた。これが臣智（大臣が知らすという意味）である。やがて、弁韓と辰韓の約半分の国邑（十二国）が辰王らに属するようになったのであろう。

なお、「樊濊《はんわい》」は先住民のオロチョン族に安堵《あんど》された居住地の代官であると思われるが、「険側《けんそく》」と「殺奚《さつけい》」については不明である。

二四五年、幽州刺史毋丘倹《ぶきゆうけん》が韓地を制圧したとき、部帯方従事の呉林が、辰韓の八か国を割《さ》いて楽浪郡に与えるよう提案した。

鉄礦山などの既得権益の侵害に激怒した臣幘沾国の辰王は、帯方郡を攻撃し大守弓遵《きゆうじゆん》を戦死させた。しかし、まもなく楽浪、帯方二郡の軍によって討伐され、辰王と月支国は、ついに消滅の道を辿った。この事件は、二四五年には洛東江東岸に辰王の臣智国が存在していたことを物語るものである。

10 蘇塗

蘇塗は五斗米道の義舎と同様に、本来は難民の救済を目的として発足した伏羲氏特有の制度であり、神国においては国是の一つである。臣蘇塗国は辰国全体の蘇塗を監督する官署（言わば厚生大臣所管）がある国である。

「魏書」東夷伝は蘇塗について次のように記している。

「諸国各別邑《おのおの》有《あ》り、之《これ》を名づけて蘇塗と為す。木を立て、鈴鼓を縣《か》け鬼神に事《つか》う。諸亡《しよぼう》逃れて其の中に至れば、皆之《これ》を還《かえ》さず」

蘇塗は人種、性別、年齢、信条、前歴など一切を不問のまま無条件に受け入れ、無料で宿泊・給食を提供する治外法権の施設であり、鬼神を祭ったようである。「蘇」には「①よみがえる。②困苦を逃れて休む。③あやまち。④門の鳥の尾」などの意味があり、「塗」には「①どろ。②ぬる。③ぬかるみ。④けがれる。⑤かざる」などの意味がある。

蘇塗の入口の門柱には鳥の尾の飾りをつけた。入所の儀式として、成人については剃髪《ていはつ》させ、幼少年者については白粉《おしろい》状（半練り）の酥《そ》（蘇と同音）を額や鼻筋《はなすじ》に塗った。蘇塗の名はこれより始まったものと思われる。現在の日本においても、仏門に入る稚児《ちご》や祭りの山車《だし》を引く幼少年者に白粉を塗る習俗として名残りをとどめている。

最古で最大の蘇塗は忠清南道扶余郡の松菊里（遺跡）であろう。この地域は、中国東北部から南下する難民と山東半島を経由して朝鮮半島に渡海する難民とが合流する要衝にあたる。

戦火、天災、苦役を逃れる流浪の民は、まるで吹《ふ》き溜《だま》りのような松菊里に身を寄せて、オアシスのような蘇塗で蘇《よみがえ》った（黄泉《よみ》＝地獄《じごく》のような生活環境から生き還《かえ》った）のである。初期における寄留期間は一年以内程度であり、天皇から割り当てられた新天地の邑借に向かって旅立って行ったようである。

松菊里から三韓や伽羅へ、さらに倭地へと巣立って行ったことは、彼らが残した遺跡が如実に物語っている。すなわち、松菊里遺跡と馬韓、伽羅西部、倭地（糟屋郡江辻）の各遺跡の住居の様式（掘立柱や家屋中央床の凹穴の配置、形状）が極めて似ていることが考古学的に検証されている。

徐州の連雲港などから直接、海を渡って倭地に渡来した徐市《じょふつ》（福《ふく》）一行である天之御中主《あめのみなかぬし》神《のかみ》の部族を除けば、倭地に渡来した人々のほとんどは松菊里における生活や鬼神の祭祀を体験している。このため、倭地には松菊里に関する地名や神名などが深く根づいており、現在なお多くのものが見うけられる。

松菊里はあて字であり「祭《すん》」と「巫（ふ→くっ）」と「国《くる(り)》」からなる言葉である。祭は鬼神の祭祀を、巫は巫堂《むうだん》の「巫女」を、国は祭祀を行う「蘇塗の里」を意味しているのである。

これらの音を持つ漢字が倭地の地名や神名に用いられている例は次のとおりである。

①地名の例

Ⓐすく（すん・くっ・くるの略）
須玖《すく》、宿《すく(しゅく)》

Ⓑすくの転訛
鷺《さぎ》〔田《た》〕、次《すい》〔田《た》〕

Ⓒくっ・くり
久喜《くぐ》〔宮《のみや》〕

Ⓓくり（る）

栗《くり》〔原《はら》〕、栗《くり》〔田《た》〕、久留《くる》〔米《め》＝女《め》＝巫女〕

②神（人）名の例

Ⓐくっ・くり

菊里《くくり》〔姫〕…白山比咩《はくさんひめ》神社の祭神

Ⓑすく

少《すく》〔名彦名《なひこな》〕、宿《すく》〔禰《ね》＝根〕

Ⓒす（さ）ん

〔須《す》〕佐《さん》〔之男《のお》〕、〔素《す》〕戔《さん》〔嗚《のお》〕…司祭《すす(さ)ん》王《おう》

11　伽羅の成立

神国の天皇が作った第一号の分国は、洛東江の支流の南江の南岸及び諸島からなる伽羅《から》（耶《や》）である。その時期は不明であるが、祭政が分離したのは月支国と同様に前一世紀後半以降のことと思われる。

この国は泗川郡、固城郡、巨済郡、晋陽郡、咸安郡、義昌郡、南海郡、金海郡の八郡からなり、中心は泗川郡である。泗川郡には、高天原と月支国に準ずる月牙国《たるあ》（仮称）が作られたものと思われる。

泗川郡には、泗川《さちょん》、穎川《えちょん》、天皇山、月牙山など伏羲氏特有の地名がまとまって現存している。

建国の初期には泗川流域の所谷里《そしり》、月城から始まり、次第に北方の穎川流域に発展し、耳谷《くいしる》の天皇山を高天原とし、月牙山の将軍堂に月牙国軍の駐屯地を置いたものと思われる。「牙（が。げ）」には「①歯。②きば。③武器。④かむ。⑤天子、または将軍の旗（竿の上部に象牙の飾りをつけた）」などの意味がある。

当初、泗川郡以外の七郡は分国の天皇の天領地（食国《おすくに》）だったようである。この地域は多数の蘇塗からなり、邑借などは存在していない。

伽羅（耶）というのは、天領として月牙国に「つけ加えた国」という意味と思われる。羅も耶も国のことである。一六二年には金海郡の金官国が独立した。また、一六〇年代に、南江の南西岸の諸郡の複数の蘇塗（竜城国、正明国、琓夏国、花厦国など）が竜城国（馬山、鎮海）を中核とする多婆那《たばな》国を作った。朝鮮半島南東部に斯盧《しろ》国、金官伽羅《きんかんから》国、多婆那国などの独立国が相ついで起ったのは、後漢王朝の衰退に伴う辰王の統治力の低下と無縁ではあるまい。

多婆那の「婆《ば》」は娑婆《しゃば》（法衣を着た老婆＝尼。または義舎《ぎしゃ》の場《ば》を縮めた舎場《しゃば》）のことである。「那《な》」は国のことである。

この頃すでに、月牙国の伏羲氏は倭と称していたようである。

多婆那国は二世紀末に月牙国に統合されて狗邪韓国《くやかんこく》が建国された。そして、興隆する斯盧国と斯盧国の聖骨の金氏の官《かん》を自認する金官伽羅国に対抗して社稷《しゃしょく》を保つために、狗邪韓国は倭地の諸国との同盟の道を選んだ。

12　伊都国、斯馬国、巳百支国、伊邪国

神国の天皇は九州の西北部に第二号の分国を作った。入植を開始した時期は、考古学的にみれば前四世紀初頭と思われる。

当然のことながら、辰王系の氏族である高御産巣日神《たかみむすひのかみ》も福岡県西北部に渡来してきた。その国は伊都国《いとこく》、斯馬国《しまこく》、巳百支国《しはきこく》、伊邪国《いやこく》などである。当然、対馬や壱岐に移住した人々もいたであろう。

伊都国を王家の聖骨が住む聖居とし、巳百支国を天神と鬼神を祭る高天原とし、伊邪国に辰王に準ずる行政王の高御産巣日神が治するようになったのは、韓地の状況から類推して前一世紀末頃のことと思われる。

なお、斯馬国には伽耶からの渡来者が多く住み、故国を偲んで、この地の山に可也《かや》山と名づけた。

伊都国の「伊《い》」は「尹（天下を治める）」と「人」とからなる字である。

伊都国は伏羲氏の女系の聖骨が居住した前原市を中心とする地域（怡土郡《いとのこおり》）である。

遺跡のうちの代表的なものは、

①南部朝鮮の習俗を伝える碁盤《ごばん》型支石墓《しせきぼ》、朝鮮製石鏃《せきぞく》、丹塗《にぬ》り磨研《まけん》大形甕棺《かめかん》を出土した前四世紀の志登《しと》支石墓群。

②大量の前漢鏡などを出土した前一世紀後半の三雲《みくも》遺跡群。

③一世紀中葉の井原鑓溝《いはらやりみぞ》遺跡。

④割竹《わりたけ》形木棺（舟型棺の一型式）、多量の銅鏡などを出土し、卑弥呼の墓に擬《ぎ》せられる三世紀中葉の平原《ひらばる》遺跡。

などである。これらは歴代の伊都国王家の墓であろう。

爾支《にき》をはじめ諸官署については第一章において概説したとおりである。詳細は第八章にゆずる。

巳百支国の「巳《し》」には「①蛇。②火。③はじまる。④平らぐ。⑤守る」などの意味があり、「百《は》」には「①壱百《いっぴゃく》。②多い」などの意味があり、「支《き》」には「①支《ささ》える。②防ぎとめる。③わかれる」などの意味がある。

これらからみて、多数の支隊からなる委奴国方面に対する防衛隊の駐屯地（または要塞）の国であり、常に警戒監視して伊都国などに急報する烽《とぶひ》もあったと思われる。現在の福岡市西区長垂の毘沙門天《びしゃもんてん》は監視所と烽の跡であろう。

その場所は、竜が逆さに海に突入したような形をしている福岡市西区の長垂丘陵を中心とする地域である。東部は十郎川西岸の小戸《おど》、山門《やまと》であり、西部は今宿である。南部は高祖《たかす》山（怡土《いと》城）に連なっている。このため、往時の長垂の海岸は通行不能（断《た》ち）の岬（鼻《はな》）であった。このような地形を指して橘（たちはな。立花）と呼んで要塞として利用されたのである。

この地域には小戸《おど》や今宿青木《あおき》という地名がある。また、高祖《たかす》山の東南には日向《ひむか》峠もある。三雲《みくも》遺跡からは日出《ひので》の方角にあたるので日向《ひむか》と名づけられたと言い伝えられている。日向峠は、長垂海岸が通行不能であった弥生時代においては、伊都国と伊邪国とを結ぶ重要な往還《おうかん》の峠道だったのである。

以上のように、この地域は『古事記』にいう「筑紫《つくし》の日向《ひむか》の橘《たちばな》の小戸《おど》の阿波岐原《あわきはら》」の条件を満足している。なお、阿波岐原は「大きい（阿）百支《はき》（波岐＝波打際《なみうちぎわ》の岬である長垂岬、または巴《は》族の城《き》）の原（生《いき》の松原など）」を指す。

ただし、この「橘（立花）」のような場所は福岡県内に四か所あって、弥生時代では一般名詞だったのであり、伊耶那岐命《いやなきのみこと》が禊祓《みそぎ》をして天照大御神などの諸神を生んだ所は、ここではなく巳百《しは》と同音の朝倉郡杷木《はき》町の「志波《しば》」に面した筑後川の河原である。

巳百支国の高天原で、伊都国王家の聖骨が天神を祭ったときに唱えた祓《はらい》の祝詞《のりと》を、聖居から各地に出向した巫女たちが慣用句として用い広めたものであろう。

斯馬《しま》国は現在の福岡県糸島郡志摩《しま》町であるが、東部は福岡市西区に編入されている。弥生時代には、伊都国とは狭い水路によって隔離された離島であった。

伊邪国の「邪」には「①よこしま。わるい。②ななめ。傾斜。③かたよる。④斉《せい》の琅邪郡《ろうや》」などの意味がある。

彼らの故地琅邪郡は、都の洛陽《らくよう》からみれば泰山《たいざん》を越えた東方にあたる。この意味で、伊都国三雲から高祖山と飯盛山を越えた東方にある室見川流域の福岡市早良区及び西区東部は、伊都の邪《や》にあたる。

室見川西岸の吉武高木《よしたけたかき》地区が伊邪国《いやこく》の中心であり、辰王系の行政王である高御産巣日神が治した所である。

吉武には、前三世紀前半から近世にかけての、東西六〇〇メートル・南北一三〇〇メートルという広大な遺跡群がある。なかでも高木地区は遺跡の甕棺や木棺から、朝鮮製銅鏡、青銅武器（剣など）、玉の三種の神器がまとまって出土しており、また、遺跡全体の構成から王家の墓域と考えられる。

高御産巣日神は前四世紀から室見川下流域の有田《ありた》環濠集落に住んで水田耕作をしていた先住者と抗争のすえ、前三世紀前半に室見川流域の覇権を掌握したようである。

高御産巣日神の「高」は小高い土地（馬《ま》）を指す。河川の中流の河岸から丘の麓までの間の小高くて、若干の起《き》伏《ふく》（邪《や》）はあるものの、全体としては平野に見えるような地形の土地であり、室見川西岸はこれにあてはまる。黄河の氾濫に苦しんだ伏羲氏の体験に学んで、このような邪馬《やま》の土地に好んで住んだのである。

「御」は「尊い。または水《み》」のことである。「産巣」は「国土を開拓し、水田や家屋を作る」ことである。「日」は「太陽、または樋《ひ》」のことである。吉武の樋渡《ひわたし》地区は室見川の水を樋《ひ》で引きこんだ水路のある集落である。

高御産巣日神というのは、高木に治した歴代の行政王（分家を含む）の称号である。このなかには、二世紀中葉から三世紀初頭にかけて活躍し倭（共和）国の土台を築いた伊耶那岐命《いやなきのみこと》（伊邪国の男王の意。那は国、岐は男性を指す）がある。次の代の月読命《つきよみのみこと》は分家の出身であるが倭（共和）国の初代の行政王となった。さらに、本家の高木神がその後継の行政王となった。

伊都国や伊邪国は中国・朝鮮の地理や内情に精通しており、辰王というコネもあるし中国語を話せる者も多い。また、朝鮮半島経由で中国王朝に朝貢するにも優位な場所を占めている。したがって、中国の先進文化の吸収や祭祀用、武器用の青銅器の入手も容易であった。

高御産巣日神にとって最大の関心事は、部族を扶植《ふしょく》させるための水田の獲得であった。

早良区吉武の東方の樋井《ひい》川中流域にも樋《ひ》（水路）を引いて水田を開拓した高木氏族は、さらに福岡市南区の那珂川東岸の高木地区にまで入植した。

前一〇八年、漢の武帝が朝鮮半島に真番郡を置いたとき、博多湾岸の委奴国は、いちはやく朝貢して漢王朝の信認を得、倭地百余国の代表者として認定され、にわかに強大になっていった。そして漢王朝を後楯《うしろだて》として周辺諸国に対して高圧的な態度をとるようになり、抗争が続発しはじめた。

那珂川東岸に分村を作った高木氏（分家であり、後に月読《つきよみ》氏となる）は、二万余戸を有する強大な委奴国に抗することができず、紀元前後に追い出されて、春日市、大野城市、筑紫野市を経て、筑紫、筑後、肥前方面に流移した。

一般的に氏族が闘争して敗北した場合、首長一党は亡命するが、後に残された氏子たちは首長の名を表に出さずに「地祿《じろく》の神」として密かに祭祀を続けることがある。地祿神社が散在する那珂川中流域と御笠川東岸下流域は、このケースにあたると思われる。

13　ウシどん

福岡市南区の那珂川流域の高木地区などから流移した高木氏の分家（以下、月読氏という）は、もと朝鮮半島南部で無文土器を使用し、その後、対馬の比田勝町付近に集落を形成し、さらに伊邪国を経て高木地区に分村を作った氏族であると思われる。

月読氏が北部九州でも使用した朝鮮系無文土器は、前三世紀から紀元前後にかけて朝鮮半島南部で流行した後期無文土器に極めてよく似ている。

この土器は胎土《たいど》・色調などは北部九州の弥生土器とほぼ同じである。甕、壺、鉢などが主であるが、甕が最も多く、口縁部に断面が円形または三角形の粘土帯を巡《めぐ》らしているのが特徴である。また、壺の胴部に一対の牛角形の把手がついているものがあり、牛をトーテムとする氏族であった可能性が大きい。

月読氏は「ウシどん」と呼ばれた。ウシは、牛及び大人《うし》を意味している。

ウシどんの流移の歴史は、「ウシどんの足跡」という佐賀県の巨人伝説として残っている。その径路上の各地には牛の字がつく地名が多い。

「朝日山（一三二・九m。現鳥栖市朝日山公園）と東方の夜須町にある花立山《はなたちやま》（城山《じょんやま》ともいう）は、いずれも三郡変成岩帯に連なる古生代の山で、形もよく似ていることが知られています。この二ケ所の山は、もともと兄弟山であったのを、ウシどんという巨人が『もっこ』でかついで運ぼうとしていた途中、現在の位置にころげ落ちたものだという伝説が残っています。そして、ころんだはずみにウシどんの足が土中深くめり込んだ跡が古野町八坂神社西側の堀と秋葉町三やき酒場裏の堀だとも伝えられています。しかし、現在はどちらも埋めたてられてしまっています」（朝日山公園の鳥栖市教育委員会の掲示板より）

この伝説の原型は次のとおりである。

「むかし、筑紫の山にウシどんとよばれる大男がいた。ある日、この大男が山をかついで歩いていた。基養父《きやぶ》をひとまたぎしようとして、ついよろけて足をすべらしたとたん、その山を落としてしまった。落ちた山は、まっ二つにわれて、かた方は市内の朝日山になり、もう一方は夜須の花立山になった（「佐賀の伝説」から）」（朝日山公園の説明板より）

基養父というのは、佐賀県基山町と鳥栖市養父（郷）のことである。

この伝説は佐賀県のものであるから、ウシどんは筑紫の山から来たことになっているが、その元は福岡市南区から流移したものである。

流移の径路の概略は次のようなものであったと思われる。

福岡市南区高木→大野城市牛頸《うしくび》→筑紫野市→小郡市（津古→三沢《みつさわ》）まで南進したところで、先住民の激しい抵抗にあって南進を阻まれ、二隊に分れた。そして一隊は東南の夜須町（東小田→安野→四三島→城山）へ、他の一隊は西南の基山町→鳥栖市（牛原→朝日山）に辿りついた。

この間、「もっこ」を担ぎ汗を流して開拓もしたであろう。しかし、先住民との間に衝突が起り、激戦と妥協を繰りかえしたであろうことは間違いない。弥生時代は平和な稲作の農耕社会であるかのように思われがちだが、実際は部族の生き残りをかけた凄絶《せいぜつ》な闘争の連続の時代だったのである。

ウシどんが大野城市の牛頸に至ったとき、牛頸には敵対する部族はいなかったが、丘陵地帯の小盆地であり、多数の部族民を養うほどの田畑はなかった。因みに、頸は「奇火《くひ》」であり、土器製造の里である。

やむを得ず、ウシどんは南下して筑紫野市に出た。筑紫野市は狭義の筑紫《つくし》の国である。筑《つき》は「都支《つき》」であり、伊都国から分れた国を意味し、筑紫は「月文《つくし》」であり、これは「月支国」のことを意味する。

14　筑紫の先住民

筑紫のなかで、ウシどんと関係がありそうな遺跡や地名は、次のとおりである。

A　筑紫野市大字二日市《ふつかいち》字峰畑《みねはた》の二日市峰遺跡
B　太宰府市大字通古賀《とおのこが》（地名）
CのⅠ　筑紫野市大字杉塚《すぎづか》の埴安《はにやす》神社古墳
CのⅡ　筑紫野市大字杉塚の唐人塚《とうじんづか》遺跡
CのⅢ　筑紫野市大字杉塚の剣塚《けんづか》遺跡
D　筑紫野市役所と二日市温泉周辺の次田《すいた》及び鷺田《さぎた》川（地名）
E　筑紫野市大字塔原《とうのはる》（地名）
FのⅠ　筑紫野市大字武蔵《むさし》の飯盛高木《いいもりたかき》古城跡
FのⅡ　筑紫野市大字武蔵の道城山《どうじょうやま》遺跡
FのⅢ　筑紫野市大字武蔵の原口古墳
G　筑紫野市大字牛島（地名）
H　筑紫野市大字永岡の永岡遺跡
I　筑紫野市大字天山《あめやま》
J　筑紫野市の隈・西小田地区遺跡
K　筑紫野市大字朝日（地名）

ウシどんが紀元前後に進出した筑紫には、二つの系列とみなされる先住民がいた。

その第一の系列に属するのは、A、H、Jである。

この三つの遺跡に共通するのは、いずれも弥生時代中期を中心とするものであること、及び、中期後半に突如として祭祀が跡絶えていることである。

また、これらには委奴国の衛星的な国ではないかと考えられる点がある。

Hの永岡遺跡では中期の甕棺一五二基、木棺墓二十基、土壙墓十基が出土した。そのなかの成人用甕棺がほぼ南北に二列に整然と並んでいた。この墓制は春日市上白水《しろうず》字門田《もんでん》・辻田の遺跡の状態に似ている。また、このなかには銅剣の先端の刺さった人骨二体があり、その一体には石剣先も刺さっていた。このことは、委奴国とウシどんとの妥協を許さぬ闘争の延長線上に永岡の死闘があったのではないかと推測させる。

Jの隈・西小田地区遺跡の第七地点（光ケ丘団地）からは、約二千年前に製作された中細形銅戈二十三本が出土した。茎《なかご》に鹿の絵を陽刻したものもあるから祭祀用の銅戈であろう。おそらく、この地区の戸主（大家族の長）が豊作を祈る祭器として保有していたが、迫りくる凶暴な侵略者のウシどんに対抗して国邑を守るために、地区の結束の盟約のしるしとして提出し、一括して斜面に埋納し祈禱したものと思われる。

このような銅戈の一括埋納の例としては、紅葉《もみじ》ケ丘《おか》（春日市大字小倉）の二十七本、原町（春日市原町）の四十八本、西方（春日市大字小倉）の十本、片野山（太宰府市）の十一本などがあり、春日市と深い関係がある。

なお、隈・西小田地区の周辺ではニュータウン計画事業の進展に伴って大量の甕棺が出土している。このなかの十七基から石剣、石戈、銅剣の切っ先や石鏃などが発見されており、戦闘の激しさをうかがわせる。

15　徐市一行

前二二〇年、秦の始皇帝の命を受け、東方海中の三神山にあると伝えられる不老不死の霊草を求めて、徐州を出航した斉人徐市《じょふつ》（福）の一行数千名は、筑後川河口に到着して平原沼沢に住みつき帰らなかったと『史記』に記されている。

この徐市こそ『古事記』に登場する天之《あめの》御《み》中主神《なかぬしのかみ》（耳族）であり、神武天皇の祖神である。徐市一行の一部は、その後、筑紫野市付近まで北上し定住した（詳細は第三章参照）。

この耳族が第二の系列の先住者であり、関係がある遺跡や地名は、B、C、E、F、Iである。

耳族が行ったウシどんに対する対応の仕方は、FのⅡを除き、第一の系列とは異なり妥協と共存の道を選んだようである。

Bの通古賀《とうのこが》は、「唐《とう》（または陶《とう》）の子河《こが》（御笠川の支流）」であり、Eの塔原《とうのはる》は「唐《とう》（または陶《とう》）の原《はる》（村）」である。御笠川支流の鷺田《さぎた》川の流域で甕棺などの土器を製作していた中国からの渡来人の里であったのである。

その人々の祭祀の跡はCのⅠの埴安《はにやす》神社古墳や、CのⅡの唐人塚遺跡において、見ることができる。なお、埴安というのは山城国の椿井《つばい》大塚《おおつか》山において、崇神王朝に対する謀叛《むほん》を起したとされる埴安彦と同系の人々であり、神武天皇の子の神《かむ》八《や》井《い》耳命《みみのみこと》の子孫にあたる。

筑紫野市杉塚の埴安神社

CのⅢの剣塚《けんづか》遺跡は後期の前方後円墳の下の前期方墳（五基）のさらに下の遺跡である。弥生時代前期の甕棺十八基を出土しており、耳族のものと思われる。

FのⅡの道城山遺跡は前期の木棺（五）、土壙（二）、甕棺（十）、前期末の住居跡、貯蔵穴、中期後半の甕棺（一一二）、箱式石棺（二）などを出土している。そのなかには、イモガイ製貝輪、鉄戈、鉄矛があった。

道城山遺跡の甕棺は「道城山型《どうじようやまがた》」甕棺と呼ばれている。おそらく、CのIの埴安が製作し、福岡県嘉穂郡桂川町土師《はじ》の十三塚遺跡や飯塚市立岩堀田遺跡（一〇号甕棺）にも供給されたのであろう。後に埴安の土器製作技術者が桂川町土師に移住した可能性もある。道城山遺跡の人々はウシどんと徹底抗戦のすえ壊滅《かいめつ》したが、土師の八王寺遺跡の同族を頼って亡命した者もあったであろう。

FのⅢの原口古墳は最古式の前方後円墳であり、三角縁神獣鏡三面を出土している。今日なお、この地区の綾《あや》氏が祖先の耳族の祭祀を守り続けている。

おそらく、道城山遺跡を征服したウシどんがFのIの飯盛《いいもり》高木（伊邪国の飯盛山の高木に因んだ命名）という城を構えて栄えていたとき（一―三世紀）には、密かに祖霊を祭っていたが、神武王朝の時代（三世紀末）になって、いち早く耳族の祭祀を回復させて盛大に祭るようになったのであろう。この点では埴安神社古墳も似たような経過を辿って祭祀を復活させたものと思われる。

Iの天山《あめやま》には不老宮（給《きゆう》）跡などの遺跡がある。中期後半にウシどんに滅ぼされたが、子孫の不老氏は今なお祭祀を続けている（詳細は第三章参照）。

ウシどんは筑紫で侵略ばかりしていたわけではない。Gの牛島やKの朝日には激戦の痕跡《こんせき》は認められていないので、汗を流して池を作り開拓したものと思われる。

なお、筑紫におけるウシどんの祭祀の中心地は、Cの杉塚やDの次田、鷺田川付近であったと思われる。これらの地名は松菊里を縮めた「すく」が転訛（すく→すぎ。すく→さぎ。すく→すい）したものであろう。

ウシどんが小郡市の津古、三沢地区に進出したとき、再び米作りをしていた先住民と激突した。小郡市大字三沢ハサコの宮の丘陵上の遺跡の土壙墓のD一六とD一七からは石剣片が出土している。また、大字三沢北牟田の丘陵上の遺跡の木棺墓のD一二の棺外から銅剣の鋒が、甕棺のK一五からは石鏃が出土している。

この地区の北牟田、横隈山、三国の鼻、横隈鍋倉、みくに東、横隈狐塚、三沢蓬《ふつ》ケ浦《うら》の七遺跡から朝鮮系無文土器が出土しており、ウシどんが定住したことを示している。ただし、この土器は三沢地区の丘陵の先住者である一《ひとつ》口《くち》という部族のものという説もある。

この地域では戦闘だけではなく妥協も行われたのであろう。徐市《じよふつ》の名に因む「蓬《ふつ》」の名がつく三沢蓬ケ浦遺跡の地名が残っているから、先住民が全滅してしまったわけではないようである。

これから南方の小郡市域と鳥栖市では、文化の進んだ耳族の勢力が強大であり、ウシどんは共存共栄の道を選んで、西南方の丘陵地帯を進行したものとみられる。鳥栖市北西部の牛原を経て朝日山及びJR肥前旭駅付近に至ったが、この間には戦闘の跡らしいものは見あたらない。

一方、東南方の夜須町に向かった一隊は、宝満川東岸の石橋氏とは妥協融和の政策をとった。石橋というのは徐市一行のなかの主要な氏族の姓であるが、石橋の地名が現存していることから推定できる。

石橋の東方の夜須町大字東小田字峰《おだみね》の遺跡は、委奴国の衛星的な国としては最南端のものである。この遺跡は弥生中期の甕棺墓四二〇基以上で、竪穴住居跡二百軒以上を出土し、規模は大きい。その中心をなすのは王家の墓域とみられる長方形墓壙であり、そのなかの王墓と目される一〇号甕棺から、前漢鏡二面、鉄剣一、ガラス製璧（再利用品）一、鉄戈一、鉄製毛抜一などが出土した。このように、王墓としては、三雲、吉武高木、須玖岡本、立岩堀田に次ぐものである。

また、西南部にある最古の台状墓からは板付Ⅱ式の小壺三個を出土しており、委奴国の衛星的存在であることを裏づけている。

ウシどんにとっては不倶戴天《ふぐたいてん》の敵である委奴国の仲間とあっては、妥協の余地はなく、激戦のすえ征服したものと思われる。昭和初期までは、この周辺で散乱している鏃《やじり》が見うけられたと伝えられているほどである。

安野を経て四三島《しそじま》（古くは、よみしま）に至ったとき、再び激戦が起きた。夜須町大字四三島字城山の遺跡の土壙墓からは石剣の鋒と石鏃とが出土している。

四三島は、伊邪国の分家の月読命が三世紀初頭に治した「夜の食国《おすくに》」の中心地であるから、完全にウシどんの支

（上）夜須町大字東小田の峯遺跡
（下）同町大字四三島の焼の峠古墳

配下に入ったものと思われる。

　城山の南方には、甘木市、三輪町、大刀洗町の一部からなる強大な国（一《ひと》木国《つぎのくに》と仮称する）があったため、ウシどんは、これ以上の南進はできなかった。

第三章

天之御中主神・出雲国

1　徐市来日

前二二一年、秦《しん》王の政《せい》（前二五九―前二一〇）は、中国の天下を統一して皇帝を称した。全国を三十六郡に分けて郡県制をしき、度量衡《どりようこう》を制定した。また、万里の長城を築き、さらに長江と黄河とを結ぶ大運河を通すなど、その功績は大きなものがあったが、焚書《ふんしよ》・坑儒《こうじゆ》の暴挙によって、彼は暴《ぼう》虐《ぎやく》の皇帝と非難された。

人間は必ず死ぬ。絶対的な権力者といえども例外ではあり得ない、と半《なか》ば諦めつつも、皇帝政は、迫りくる死の影に人一倍おびえるようになった。不惑《ふわく》の年齢《とし》になってから一層激しくなったのは皮肉なことである。ついには無《む》謀《ぼう》にも本気で死から逃れたいと願い、そのためには如何《いか》なる財貨や犠牲《ぎせい》でも払おうと決意したことが事件の発端となった。

政の心の弱みにつけこみ便乗《びんじよう》したのが、道士《どうし》や方士《ほうし》と称する面々である。方士とは、暦《れき》法、易《えき》、占《せん》、医薬（術）などに精通し、神仙の術を心得た人のことである。斉《さい》国（江蘇省贛楡県金山地区徐阜村の徐福社・石橋社）の人、徐市《じよふつ》（福《ふく》）も方士の一人である。

徐市は「東南海中に不老不死の薬草が生《は》えている三つの島があり、仙人《せんにん》が棲《す》んでいる。沢山の童男丱女や宝物を捧げれば薬草を与えてくれる」と政に吹きこんで騙《だま》し、多数の童男丱女、五穀の種子、牛馬、百工《ひやくこう》を舟に乗せ、九州の有明海沿岸に移住しようともくろんだ。

徐市のこの行動は自分の利益のみを考えてのことではなく、秦の重い税や賦役《ふえき》にあえぐ貧しい国民の若い男女を救出することが主な目的であった。このことは、贛楡県金山郷の古老が、子や孫達が徐市に厚遇されたことを感謝し、その幸福な生活がさらに続くようにと、毎年一回、海岸ではるか東南に向かって座り、手をついて三拝する習慣が、今も続いていることが示しているのである。

徐州には、徐、張、王、韋の姓が多いが、徐市一行に参加した人々のなかには、鄭、陳、陶、高、蒋などの姓の者もいたようである。倭地に定住した後、石橋、野口、安武、白石、不老、多（太）などと改姓した人もいる。

徐市が有明海沿岸を目指した理由の第一は、次のとおりである。

太古の時代、東シナ海は、山東省、江蘇省、浙江省と朝鮮半島、九州島、南西諸島、台湾などに囲まれた湖に近い状態であったと言われている。この地域の住民は互いに往来していた仲間であったが、何時の頃か、この地域は沈降海没し、一部の高山のみが島となって残ったため、相互の交通が困難になってしまった。

また、金山地区の海岸は有明海に似た遠浅《とおあさ》である。このように、かつて親交があり、環境、気候の似た土地を移住先に選んだのは自然ななりゆきである。

第二は、前二二〇〇年頃、長江から黄河にかけて大洪水が発生し、難民が四散したとき、その一部が有明海沿岸にも流移した。さらに、春秋戦国時代に戦火を逃れて亡命する人々が後を追って移り住んだ。

それらの移住者がその後、平和で豊かな生活を送っているらしいという噂が伝聞されて、徐州の民衆の間では東南海中に蓬萊《ほうらい》という神仙国《しんせんこく》があると信じられるようになってきたという経緯がある。

第三としては、方士の徐市が有明海から徐州に帰ってきた漁師などから地理の詳報《しょうほう》を入手し、天体航海を行えば、かなり確実に渡海できるという自信を得ていたものと推定される。さもなければ、前二二〇年と前二一〇年の二回にわたって数千人の童男丱女の生命をあずかって大海に出航することはできなかったであろう。

司馬遷（前一四五―前八六年）の『史記』巻六の始皇帝本紀第六は次のように記している。

「既已《すでに》して、斎《さい》人徐市等《ら》が上書して言うには、海中に三神山《しんざん》有《あ》り。各《おのおの》蓬萊《ほうらい》、方丈《ほうじょう》、瀛州《えいしゅう》と曰《い》い僊人《せんにん》が之《これ》に居る。請《ねが》わくば斎戒《さいかい》して、童男丱女を与えて之《これ》を求めんと。是《ここ》に徐市を遣《つか》わし、童男丱女数千人を発《た》たして、海に入り僊人を求めしむ」

徐市は河北省塩山県千童鎮の北方の丱兮《かんな》城において、徐州をはじめ各州から集めた数千人の童男丱女の訓練と航

佐賀県諸富町大字寺井津の搦角バス停

海の準備を行った。そして前二一〇年、海中の神仙島に不老不死の霊草を求めると称して舟出した。

その後、徐市からは何の連絡もないまま数年間が過ぎた。

方士に騙《だま》されて莫大《ばくだい》な浪費をした政を儒者《じゅしゃ》が非難したことを理由に、政は前二一三年に焚書令《ふんしょれい》を発し、詩・書など百家の書を焼きすてさせた。さらに、翌前二一二年、儒者や方士ら四百六十余人を穴埋めにしてしまった。

2　徐市の入植

さて、前二一〇年、徐州を出航した徐市の船団は、一部が五島列島などに漂《ひょう》着《ちゃく》したものの、主力は佐賀県白石町の竜王崎を経て、筑後川下流の佐賀県諸富町大字寺井津の搦《からみ》（別名、浮盃江《ふばいえ》）に上陸した。この町の搦角《からみかど》という地名は、徐市を「唐皇帝《からみかど》」と尊称した名残《なごり》である。後に、皇帝《みかど》という名称は天皇などの権力者から「僭号《せんごう》する者」として睨《にら》まれ易いので、隠語《いんご》の搦角に改めたのである。

上陸した一行は北方の佐賀市金立町の金立山《きんりゅうざん》に到達した。この金立山というのは、徐市の故郷の「金山」地区に似た所に「立った」という感慨《かんがい》を込めて名づけた地名である。

とりあえず住む所は定めたものの、数千名が入植《にゅうしょく》する土地を見つけるのは容易ではなかった。先に述べたように、青《せい》州、徐《じょ》州、揚《よう》州、幽《ゆう》州などから流移した「蓬莱《ほうらい》島の先住者」がいて、恰好《かっこう》の場所を占拠《せんきょ》していたのである。

先住者は福岡県の①甘木市大字中寒水《なかそうず》を中心とする小田《おだ》地区、②小郡市、③朝倉郡三輪町大字経田《きょうで》及び旭ノ下《ひのした》、④久留米市山川町字池巡《いけめぐ》り及び西神代《くましろ》などを占有していた。

中寒水からは桃氏剣《とうしけん》が、小郡市からは春秋戦国時代の銅戈破片が、三輪町と山川町からは多量の丹《に》塗《ぬ》り磨研《まけん》土器が出土しており、この事実を裏づけている。寒水《そうず》（＝双水《そうずい》、草水《そうずい》）というのは耳族が祭祀を行った小川（少水《しょうずい》）である。

なお、①の甘木市及び③の三輪町などの先住者が作った国が、第2章で述べた一木国《ひとつぎのくに》（仮称）である。

徐市一行は先住者との競合・対立を避けるためには、有明海沿岸の干潟《ひがた》を干拓するか、他の土地に移住するか、しなければならなかったのである。以来、有明海沿岸の歴史は干拓の歴史となった。

佐賀県千代田町詫田西分《たくたにしぶん》の遺跡は、城原《じょうばる》川と田手《たで》川の間の標高三―四メートルの自然堤防上にある。付近一帯は縄文時代晩期から弥生時代中期の貝塚が多く、代表的なものがこの遺跡である。弥生時代中期前半の井戸跡からは鐸《たく》形土製品（高さは六・四センチメートル）が出土したほか、木製の農業・工作・狩猟・祭祀などの用具も出土している。

東大理学部の植田信太郎助教授（人類学）が、山東省臨淄の遺跡の出土人骨と、同時期の弥生時代の詫田西分遺跡の出土人骨のDNAを分析したところ、「遺伝子の配列が特定の部分で同じ人がいることを確認した」と、日本人類学会・日本民族学会連合会で発表した。このことは、両者は少なくとも遺伝学的に祖先は近いことを学術的に証明するものである。

なお、使用されたサンプルは、詫田西分遺跡の甕棺墓の九体、土壙墓の十七体と、臨淄の土葬十六体の歯の細胞内小器官、ミトコンドリアのDNAである。このうち、甕棺墓の八体、土壙墓一体の遺伝子の塩基配列が臨淄出土のものと特定の部分で同一であることが判明したのである。

以上からみて、山東省からの移住者の多くは甕棺葬と銅鐸の風習を有していたものと考えられる。

徐市は携行した資器材や技術者（百工）の能力を点検した結果、干拓工事について不足するものが多かったので、これらを補充するため中国に立ち戻り、再び政を騙《だま》すことにしたのであろう。

生に執着《しゅうじゃく》し死の到来に恐れおののく権力者は、実に愚かで悲しいまでに哀れな人間になり果てるのか。あれほど方士を憎み、儒者を生き埋めにした政であったのに、徐市の偽《いつわ》りの報告を見破ることができず、またも莫大な財貨と百工などを与えて霊草を求めさせたのである。

これが前二一〇年のできごとである。この間の事情を『史記』巻一一八、淮南衡山列伝第五十八は次のように記している。

百姓力竭《ちからつ》く。乱《らん》を為《な》さんと欲《ほっ》する者十家而五《じゅっけにて》なり。

又《また》徐福を使わし海に入り神異物を求めしむ。

還《かえ》り偽《いつわ》りを為《な》して曰《いわ》く「臣《しん》海中の大神《おおかみ》に見《まみ》ゆ。言うて曰《いわ》く、『汝《なんじ》西皇之《の》使《つかい》なる邪《や》。』臣《しん》答えて曰《いわ》く『然《しか》なり。』『汝《なんじ》何をか求む。』曰《いわ》く、『願いて延年益寿《えんねんえきじゅ》の薬を請《こ》う。』神曰《いわ》く、『汝の秦王之《の》礼薄《うす》し。観《み》るを得而《て》取るを得ず。』即《すなわ》ち臣《しん》従いて東南蓬萊山に至る。芝の宮闕《きゅうけつ》に成《しげ》るを見る。使者有り、銅色而《にて》竜形なり。光上《のぼ》りて天を照らす。是《ここ》に臣《しん》再拝して問いて曰《いわ》く、『宜《いず》くんぞ何の資《し》を以て献《けん》ぜんや。』海神曰《いわ》く、『名男子若振女与《と》百工之《の》事を以て令《せ》ば、即《すなわ》ち之《これ》を得ん。』」と。秦皇帝大いに説かる。振男女三千人、資の五穀種子、百工を遣《つか》わし而《て》行かしむ。徐福平原広沢を得《え》、止《とど》まり王となりて来らず。是《ここ》に百姓悲痛《ひつう》に想思《そうし》し、乱《らん》を為《な》さんと欲《ほっ》する者、十家而六《じゅっけにて》なり。

つまり、第一回目（前二二〇年）の徐市派遣で莫大な人材と財貨を浪費した穴埋めに増税された結果、百姓は力尽き、十家のうち五家は叛乱を起したいと思った。その徐市が立ち帰って偽りの報告をして言うには、「私は海中の大神に会うことができました。（中略）大神が言われるには『お前の秦王は礼が薄《うす》い。不老不死の薬草を見せてやるが取らせるわけにはいかない』と。私は大神に従って東南の蓬萊山に行きました。見れば奇麗な芝生の中に宮殿がありました。使者がいて銅色で竜の形をしており、その光は天上を照らしていました。そこで私は再拝して『何《ど》のようなものを奉献すれば霊草を取らせていただけますか』と尋ねました。海神が言われるには『名家の男子と若い女子と百工を差し出せば得ることができよう』と」。始皇帝は徐市に説得されて、男女三千人、五穀の種子、百工を与えて再び行かしめた。

しかし徐市は平原広沢の王となったまま戻らなかった。人々は歎き悲しみ、叛乱したいと思う者は十家のうち六家にまで増えた、ということである。

秦の始皇帝を手玉にとり二度も騙《だま》した豪胆《ごうたん》な徐市であるが、増税に苦しむ百姓の悲痛な歎きを見ては、さすがに心が痛んだ。

このためか、徐市一行は、その後、入植地を求めて日本列島の各地に散開《さんかい》するにあたって、恐るべき秦の始皇帝が死亡した後も、徐州に面した筑前及び肥前北部を避けるようにして、筑後、筑紫（狭義）、筑豊、肥後、豊前（東南部）、豊後、日向、大隅、摂津、河内、大和、島根などへと向かっている。

この徐市一行が『古事記』に言う天之御中主神《あめのみなかぬしのかみ》なのである。そして神武天皇の祖先でもある。『古事記』の冒頭《ぼうとう》において「天地初《あめつちはじ》めて発《おこ》りし時、高天原《たかまのはら》に成《な》りませる神の名《みな》は、天之御中主神《あめのみなかぬしのかみ》。次に、高御産《たかみむ》巣《す》日神《ひのかみ》。次に、神産巣日神《かむむすひのかみ》。此の三柱《みはしら》の神者《は》、並《とも》に独神《ひとりがみ》と成《な》り坐《ま》し而《て》、身を隠しましき」と記された以外は歴史（『古事記』、『日本書紀』）に登場しない神である。

これは『古事記』が編集された当時の日本には、①天皇を権威づけて国内の統一と団結を図る、②唐と新羅に対しては鎖国防衛政策をとる、という国策があった。これにより天皇から太安万侶《おおのやすまろ》に対して「神代時代（神武東征前の「上巻《かみつまき》」）の対外的記事は一切削除し、中国から渡来した徐市らが神武天皇の祖先にあたることも不明にせよ」という編集要領の指示があったことによるものである。

太安万侶は「魏書倭人伝」はもとより、中国、朝鮮との関係は百も承知であったが、皇命に従って、全て削除したり、ぼかしてしまった。すなわち、天之御中主神は「独神として身分を隠された」のである。

このことは、『古事記』の序において、「謹《つつし》みて詔旨《しょうし》の随《まにま》に、子細《こまやか》に採《と》り摭《ひり》ひぬ」と述べていることから推定できる。

倭（共和）国の存在そのものが、間接的に中国との関係を示すものとなるので、太安万侶に指示された対象には倭（共和）国も含まれていたと思われる。しかし、『古事記』の案文から「倭国」の文字を全て削除したつもりであったのに、一か所だけ手抜かりがあった（「倭」の一文字のみであれば「大和」のこととして済ますこともできるが、神代時代の「倭国」と表記するのはまずいのである）。

それは、大国主神《おおくにぬしのかみ》が八千矛神《やちほこのかみ》の名をもって（大国《おおくに》の大元帥《げんすい》として）出雲から倭（共和）国に出陣するときの記事（神語《かむがたり》）であるが、これについては後にふれる（九八頁参照）。

3　耳、王、天、安、垂

『古事記』の編集者の太安万侶は天之御中主神の身分を隠したけれども、徐州や青州から渡来した人々は、その名前や地名に、「耳」、「王（後に、大、太、多、意富などに改姓）」、「天」、「安」、「垂」などをつける習性があったので、このあとを手繰《たぐ》ってゆけば、おのずと彼らの行方に辿りつくことができる。

「耳」と「王」については前述のとおりである。

「天」についてみると、①神名の例としては、天之御中主神《あめのみなかぬしのかみ》、天之忍穂耳命《あめのおしほみみのみこと》、天之菩卑能命《あめのほひのみこと》などがあり、②地名の例としては、「天山《あめやま》」、「安満《あま》」、「甘木《あまぎ》」などがある。

この「天」は中国の天子が、五名山の筆頭の霊山である泰山《たいざん》に登って天神を祭る封の祭儀を行ったことに因んで、この地域に住んでいた神（人）の名に冠したものである。なお、天皇家の旧姓は「あめ」であったといわれている。おそらく、天照大御神の祖先の伏羲氏も、この地方の住民であったから、天《あめ》を冠したのであろう。

「安」についてみると、①人名の例としては太安万侶があり、②地名の例としては、「天安河《あめのやすのかわ》」、「夜須《やす》」、「野州《やす》」、「安来《やすき》」、「安良《やすろ》（魯）」などがある。

この「やす」は、泰山の「泰」や徐州の「徐」に因んだ名前である。「泰《たい》」は「大きな両手で水をせきとめる」という象形の字である。黄河の洪水をせきとめた泰山の南側は泰安《たいあん》（＝大安《たいあん》）であった。「徐《じょ》」も「徐々に（流れる）。安らか」という意味の字である。「垂《たらし》」についてみると、古くは投馬《づま》国の副の官の弥弥那利《みみなり》（天火明命《あめのほあかりのみこと》）の「那利《なり》＝垂《たり》」や大和の耳成《みみなし》山の「成《なり》」の例がある。第十一代垂仁天皇、第十二代景行天皇（大帯彦忍代別《おおたらしひこおしろわけ》）、第十三代成務天皇（若帯彦《わかたらしひこ》）、第十四代仲哀天皇（帯仲彦《たらしなかつひこ》）なども好例である。「垂《たらし》」は古くは「耳」に随従《ずいじゅう》する者として登場している。

投馬国の官の弥弥《みみ》（天之忍穂耳命）が筑後の耳納《みのう》連山の高良《こうら》山上において天神の祭祀を行い、弥弥那利は、その麓の久留米市御井《みい》の高良下宮社において行政を担当したのである。伏羲氏の天皇（巫女王）と月支国の辰王との関係によく似ている。

弥弥那利は、須佐之男命《すさのおのみこと》の追放に伴って（やや遅れて）天之忍穂耳命が福岡県添田町の英彦山《ひこさん》の北岳に天子降《てんしこう》臨《りん》という名の亡命をしたとき、随伴した後、福岡県勝山町を本貫の地として移り住んだが、邇芸速日命《にぎはやひのみこと》の代に河内に移住し、さらに大和に移って物部《もののべ》氏の祖となった。物部氏は天皇のもとで軍事・司法を担当した豪族であり、前記の四代の天皇とも深い縁戚関係がある。

垂仁《すいにん》は「垂《たらし》（物部氏）と仁（和珥《わに》氏）」が支《ささ》えた王朝である。景行天皇の代になって、忍代《おしろ》（食国《おすくに》）としての別《わけ》（分国）である播磨《はりま》国の王となった。また、仲哀は天火明命の本貫の地であった中国《なかつくに》（豊前東部）を熊鰐《くまわに》氏の手から奪回しようとして、福岡県糟屋郡からショウケ越《ごえ》を経て中国《なかつくに》に向う途中、熊野族である武内宿禰《たけのうちのすくね》の軍に射殺されるという哀しい運命の天皇であった。現在も福岡県筑穂町の大分《だいぶ》八幡宮の神殿の裏山の古墳に葬られている。

仲哀天皇の妃の神功皇后は、海人族である息長氏の出身であるので、妃になった時点で息長帯姫《おきながたらしひめ》と呼ばれるようになったのであろう。

なお、成務とは成《なり》（垂《たり》）の本務である軍事、司法を誠実に守った天皇という意味である。

4　大耳、垂耳

天之御中主神（耳族）は西日本を中心にして各地に展開し新天地を開拓していった。その軌跡《きせき》の代表例は、表6のとおりである。

大耳と垂耳は長崎県北松浦郡小値賀《おぢか》町に漂着したのであって、五島列島に展開したわけではないが、耳族の一員であることはまちがいない。

童男丱女、百工、牛馬、五穀の種子などを積んで徐州を出航した大船団のうち、大耳らの船は何らかの故障が発生して、止むなく小値賀町に漂着し、そのまま定住することになってしまったのである。

『肥前国風土記』は次のように記している。

「景行天皇が九州を親征したとき、阿曇連《あづみのむらじ》百足に値嘉島《ちかのしま》を視察させた。小近島《こぢか》には土蜘蛛《つちくも》の大耳がおり、大近島《おおぢか》には垂耳が住んでいたので百足は大耳らを捕えた。天皇が殺そうとしたとき、大耳は恩情をもって死罪を許されるならば、今後常に御食《みけ》の贄《にえ》を奉納しますと叩頭《こうとう》して述べたので、これを許した。その贄とは各種の鰒《あわび》をはじめ蠑螺《さざえ》、鯛、鯖などの魚介類及び海藻類である。

大耳らは馬、牛を有し富んでいた。彼らの容貌《ようぼう》は隼人《はやと》に似ており、騎射を好み、その言語は一般人と異なっている」

前二一二〇年に漂着してから約六百年間も離島に住んでいたので、大耳らの中国語はすっかり訛《なま》ってしまい通じなくなっていたようである。ここにいう隼人とは薩摩《さつま》隼人《はやと》ではなく、日向《ひゅうが》や大隅《おおすみ》の隼人のことと思われる。日向、大隅の隼人の首領は耳族の後裔であるので似ていて当然である。

彼らの容姿は一般に次のようなものである。

①顔については、目は大きくて丸い。鼻や口などの造作《ぞうさく》も大きくはっきりしている（のっぺり型ではない）。

表6　天之御中主神（耳族）の開拓地

神　（人）　名		地　　名
1	Ａ大耳 Ｂ垂耳	長崎県北松浦郡小値賀町 （小近島、大近島）
2	経津主神	佐賀県鳥栖市布津原町 島根県平田市美談
3	Ａ天之忍穂耳命（弥弥） Ｂ天火明命（弥弥那利）	福岡県久留米市高良内・御井
4	Ａ綾 Ｂ埴安	福岡県筑紫野市武蔵・杉塚
5	不老氏	福岡県筑紫野市天山 （地禄神社、不老宮）
6	Ａ大山津見神 Ｂ足名椎（稲田宮主須賀八耳神）	福岡県旧嘉穂郡 （飯塚市立岩堀田、嘉穂町、桂川町）
7	Ａ布帝耳神　Ｂ天之冬衣神 Ｃ刺国大神　Ｄ大国主神	福岡県旧京都郡、行橋市
8	神沼河耳命（綏靖天皇）	福岡県北九州市小倉南区沼
9	神八井耳命（大分君）	大分県宇佐市、三光村 福岡県築上郡大平村
10	Ａ火の君 Ｂ阿蘇君	肥前 肥後（熊本県阿蘇町）
11	神武天皇	宮崎県美々津、耳川 奈良県
12	多芸志美美命	鹿児島県肝属郡 吾平町、串良町、高山町
13	Ａ八束水臣津野命 Ｂ天之菩卑能命	島根県安来市、大原郡
14	玖賀耳之御笠	丹波国桑田郡
15	三嶋溝橛耳神	大阪府茨木市耳原、三島丘
16	建波邇安王	京都府山城町椿井
17	Ａ意富臣 Ｂ太安萬侶	奈良県磯城郡田原本町多
18	Ａ陶津耳命 Ｂ意富多々泥古	大阪府堺市陶器山

芦屋町大君の大君神社

②身長は平均的な日本人（弥生時代）よりも若干高い。
③肩幅は広く、胸は厚く、骨太い。
総じて八等身ではなく、「ずんぐり」している。

「魏書倭人伝」に、倭地には牛馬はいないと記されている。西海の離島にあって、牛馬を持ち富んでいたのは、前二二〇年、徐州を出航するときに舟に乗せていた牛馬を上手に飼育・増産させた結果であろう。

『肥前国風土記』で、景行天皇が九州を親征したことになっているのは『日本書紀』の影響を受けているためである。『古事記』には、景行天皇の九州親征の記事は皆無である。

四世紀中葉に、関門地域（山口県西部と福岡県北東部）を根拠地としていた和珥族のなかの事代主神《ことしろぬしのかみ》系の部族と、熊野族である須佐之男命の後裔とが合体して熊鰐《くまわに》部族を作り、その長を大君《おおきみ》と称した。

景行天皇と同時代（三九〇年頃と推定）の熊鰐族の大君は、帯《たらし》系の景行天皇の西方進出を見て、これに備えて九州の統一を図るため、福岡県京都《みやこ》郡より時計まわりに九州を親征、巡視したのである。

履中天皇の四年の八月八日に、「始めて諸国に国史《ふみひと》を置く。言事《ことわざ》を記して四方志《よものふみ》を達《いた》す」と『日本書紀』に記されている。履中天皇の意図に従って、応神王朝の祖先の功業（熊鰐大君の九州親征など）を顕彰《けんしょう》することを主な狙いとして『四方志』を編修したのであるが、これを読んだ『日本書紀』の編集者が、「大君《おおきみ》」を「天皇」と感違《かんちが》いして、『日本書紀』に景行天皇の親征として転載したために生じた誤りである。

なお、『四方志』には大国主神や須佐之男命に関する記事も記されていた可能性がある。

5　経津主神

経津主神《ふつぬしのかみ》は、神名のとおり徐市《じょふつ》の直系の神裔である。

この氏族は鳥栖市役所がある宿町を中心に、布津原《ふつはら》町、平田町、安良《やすろ》（魯）、儀徳町、江島町、柚比《ゆび》町（安永田《やすながた》、本村《ほんむら》）などに住んだ。

柚比町は、安永田遺跡の銅鐸鋳型や、本村の朱漆《しゅうるし》塗り玉飾りの銅剣鞘《さや》を出土して有名になった。

鳥取県安来市の耳族とは前三世紀末から交流があり、玉造りの技術も入手していたのである。織布の女神を祭る鳥栖市姫方の姫古曾神社の敷地は四隈突出墳《しすみとつしゅつふん》であり、鳥取県や島根県と古代から深い関係があったことを裏づけるものである。

この氏族の主な生業は銅器製造、製糸、海運である。

佐賀県基山町及び鳥栖市北東部に入植したウシどんは、耳族がもつ高度な竜山《ろんしゃん》文化に憧れて共存共栄の道を選んだ。また、ウシどんが入植地（江戸時代は対馬藩の飛地）で収穫した五穀を、故国である対馬の比田勝町に送るにあたって、経津主神に海上輸送を委託した。

三世紀になって倭（共和）国の初代行政王となった月読命が、大国主神との国譲《くにゆず》り交渉の役を経津主神に要請したのも、このような信頼と依存の関係にもとづくものであった。

なお、委託された五穀を出荷した地点は、鳥栖市宿町の船底宮の轟《とどろき》川であり、荷の到着地は比田勝港入口の轟島である。

月読命の後継者の高木神に葦原《あしはら》国と中津《なかつ》国を譲った（実は半強制的に譲らされた）大国主神が、島根県美保岬に亡命して間もなく、経津主神の一党も親友の天之菩卑能命の誘いもあって島根県平田市に移住した。今も経津主神は、子孫の若経津主命とともに平田市美談《みだみ》神社に祭られている。荒神谷から出土した三五八本の中細型銅剣などは、経津主神の一族が製作したものである（詳細は第四章参照）。

6　天之忍穂耳命

天之忍穂耳命《あめのおしほみみのみこと》は天照大御神と建速須佐之男命《たけはやすさのおのみこと》が戦った後、天安河《あめのやすのかわ》（福岡県甘木市の小石原川。「甘木川」ともいう）をなかに置いて宇気比《うけひ》（講和の誓い）を行ったとき、須佐之男命が天照大御神の左の御美豆良《みみづら》の八尺《やさか》の勾玉《まがたま》之五百津之美須麻流《のいほつのみすまる》の珠《たま》を天之真名井《まない》ですすいで、噛み砕《くだ》いて吹き棄《す》てた気吹《いぶき》の狭霧《さぎり》から生まれたとされる神である。正式の名は正勝吾勝勝速日《まさかつあかつかつはやひ》天之忍穂耳命である。

天之忍穂耳命は、このときに生まれた須佐之男命の五人の男子の長男ということになっているが、実際には血縁はなく、五人のなかの筆頭の将軍である。

『古事記』における五人の男子（命《みこと》）の出生地は人体の各部に擬《ぎ》して表現されている。御美豆良は耳面《みみづら》のことであり、筑後川南岸を指している。その中心は耳納連山の西端の高良台神籠石《こうらだいこうごいし》の地域であり、「ワニ口《ぐち》の滝」と呼ばれる霊場もある（詳細は第九章参照）。

7　不老氏と天山

福岡県筑紫野市の宮地岳（三三八メートル）の西南の山腹の天山《あめやま》には童男丱女船繋石《どうなんかんじょふなつなぎのいわ》（訛って東南冠者ともいう）がある。これについて貝原益軒《かいばらえきけん》の『筑前国続風土記』には次のように記されている。

天山の内、西方寺と云所《いうところ》の上にさし出たる山に、大岩二あり。いつれも上に岩かさなれり。其《その》外に岩多し。又大岩の下十二間許《ばかり》に、うつほ船とて船に似たる石あり。長二間横一間許あり。岩は上下共に皆西にむかへり。此上下の岩ある所を、すべて里民は童男丱女が岩と云。今其里の老人にとふに、其いわれをしれる者なし。

童男丱女は秦の徐福か蓬萊に渡りし時、舟にのせ来りし男女のわらはの事なり。童男丱女が岩と云所、筑後国上妻郡河崎の里にも、丹後の海辺にもあり。みたりに附会して名付しならん。

西方寺は西方から来た徐市一行が祖国を偲びつつ祖霊を祭った廟であったのである。大岩は城壁の一部であると思われるが、これにまつわる歴史は不明である。

しかし、昔、宮地岳の西南二キロ四方には不老給《きゅう》という小字があったと言い伝えられている。これは不老不死の霊草を求めた徐市一行の一員である不老氏が、舟繫岩を利用し周囲を補強して不老宮《きゅう》（不老の宮城）とした跡と思われる。

筑紫野市・天山の地祿神社

西方寺の隣にある高木神社が、この城跡への登山口を扼《やく》する場所を占めているところをみると、一世紀初頭にウシどんが不老宮を制圧したのではあるまいか。

西方寺の南方には地祿神社がある。不老氏の子孫が代々の祠掌（神主）として祖霊を祀ってきたが、不老文雄の代（明治二十五年）に福岡県知事に明細帳編入願を提出した。現社殿は平成六年に氏子によって新築された。

8　大山津見神・足名椎

『古事記』、『日本書紀』に記されている八俣遠呂知《やまたのおろち》（八岐大蛇）退治の神話の前後の部分の概要は次のとおりである。

須佐之男命が乱行のすえ高天原《たかまのはら》から追放されて出雲国の肥河上《ひのかわかみ》に至ったとき、童女をなかに置いて泣いている老夫《おきな》と老女《おみな》に出あった。須佐之男命の

「お前は誰か」という問に対して、老夫は「私は国神《くにつかみ》、大山津見神《おおやまつみのかみ》の子です。私の名は足名椎《あしなつち》、妻の名は手名椎《てなつち》、女《むすめ》の名は櫛名田《くしなた》姫と言います」と答えた（以下の大蛇退治の神話は中略）。

須佐之男命は八岐大蛇を退治した後、出雲国の須賀《すが》に宮を作った。そのとき雲が立ち登ったので「八雲立つ　出雲八重垣《やえがき》　妻籠《ご》みに　八重垣作る　其の八重垣を」という歌を詠《よ》んで、足名椎《あしなつち》を宮の首《おびと》に任じ、稲田宮主須賀之八耳神《いなだみやぬしすがのやみみのかみ》と名乗らせた。

以上からみて足名椎は耳族であり、その父にあたる大山津見神も耳族ということになる。

結論から先に言えば、大山津見神は福岡県飯塚市立岩堀田（遺跡）を中心として、遠賀川流域及び釣川流域の諸郡に隠然たる勢力を誇った大豪族であり、その神名は前三世紀末以降の歴代大王の総称である。その子と名乗る足名椎は、嘉穂郡嘉穂町大字馬見字原田の遺跡を中心にして嘉穂町に住んだ神である（詳細は第5章参照）。

9　出雲国と神代の事件

八岐大蛇退治の舞台となった出雲国とは、何処なのであろうか。

今日では、出雲国は大国主神を祭っている出雲大社がある島根県東部であると一般に信じられている。このことは『古事記』、『日本書紀』や諸国の「風土記」が編修された八世紀には、すでに通説となっていたようである。

しかし、神代の時代から島根県が出雲国であったのか疑問がある。筆者は、島根県が出雲国となったと思われる三世紀中葉以前に、出雲国と呼ばれた国が北部九州にあったという新説を提唱し、以下検証するものである。

『古事記』の上巻《かみつまき》は神代の巻を意味しており、主として九州において神々が起した事件を中心とする神話史であると考えられるのである。『古事記』の上巻の事件を大摑《おおづか》みに区分すると、四部に大別できる。

第一部は、筑紫《つくし》国と肥《ひ》国を中核とする倭（共和）国が成立するまでの諸事件である。

事件その一

『古事記』の編修者の太安万侶が、皇命に従って神代時代の中国や朝鮮半島との対外的な記事を全て削除した(つもりであった)ことは既に述べたとおりである。このため委奴国をめぐる筑前大乱のことも削除されている。

しかし、大乱の前段階として結成された委奴国の東側と西側の諸国の連盟を暗示する事件を、次のように記している。

伊耶那岐命《いやなき》と伊耶那美命《いやなみ》は婦唱夫随《ふしょうふずい》で天之《あめの》御柱(天比登都柱《あめのひとつばしら》)に見立《みた》てた壱岐島の男岳《おんたけ》と女岳《めんたけ》を左右から廻《めぐ》り逢《あ》って美斗能麻具波比《みとのまぐわい》(性交)し、国を生んだが水蛭子《ひるこ》と淡嶋《あわしま》であった(一大国《いちだいこく》は成立させたが、委奴国を征服して新しい国を作ることはできなかった)。

そこで改めて夫唱婦随で天之御柱(この柱は不明)を廻り逢って、性交し、多くの洲《しま》(島または国)を生んだ(筑前大乱のすえ委奴国を亡ぼし連合国を作った。(以上の詳細は第七章参照)。

というのが国生み神話の本筋であるが、この神話に便乗して八世紀の日本国に属する主な洲を生んだことにしてしまったのである。

この国生み神話で注目を要する点は、出雲国が生まれていないことである。神代の時代の重要な舞台となった出雲国が全く登場しないことは不可解なことと言わねばならない。

事件その二

伊耶那美命《いやなみ》は火之夜芸速男神《ひのやぎはやおのかみ》を生んだことによって、美蕃登《みほと》(女性器、または穂塔《ほとう》という稲城《いなき》)を焼かれて苦しみながら死んだ(伊耶那美命は火之夜芸速男神が治める一木国を侵略しようとしたが、事前に察知され逆に夜襲の火攻めにあって大火傷《やけど》を負《お》い苦しみながら死んだ)。

伊耶那岐命《いやなき》は「愛しき我が那邇妹命乎《なにものみことや》、子之一木《このひとつぎ》に易《か》えむと謂《おも》え乎《や》」と泣き叫んで報復を誓い、伊耶那美命を

「出雲国と伯伎国《はき》との堺《さかい》の比婆之山《ひばのやま》」に葬《ほうむ》った。

そして、伊耶那岐命は十拳剣《とつかつるぎ》で火之夜芸速男神の頸《くび》を斬《き》り、神々を生んだ（伊耶那岐命は葬《とむら》い合戦を行って一木国を侵略し神々を生んだ。神を生むというのは親族や部下を、侵略した国邑の長に任ずることである。詳細は第七章参照）。

事件その三

伊耶那岐命が、亡くなった伊耶那美命に会いたいと思い（という口実《こうじつ》で）、黄泉国《よもつくに》（福岡県嘉穂郡桂川町と推定）に行くが、侵略の底意《そこい》を見破られ八人の雷神と一五〇〇人の黄泉醜女《よもつしこめ》軍に包囲反撃されて命からがら逃げた。

「黄泉比良坂《よもつひらさか》の峠に千引石《ちびきのいわ》を置いて塞《さえぎ》り、対《むか》いあって立って事戸度《ことどわた》す（離婚の呪言を言い渡す）とき、伊耶那美命言《もう》さく、『愛しき我が那勢命《なせのみこと》かくせば、汝《いまし》の国之人草《くにのひとくさ》、一日《ひとひ》に千頭絞《ちかしらくび》り殺さむ』ともうす。しかして、伊耶那岐命詔《の》らさく、『愛しき我が那邇妹命《なにものみこと》、汝然《いまししか》せば、吾一日に千五百《ちいほ》の産屋《うぶや》を立てむ』と言いあった。その謂《い》は所《ゆ》る黄泉比良坂《よもつひらさか》は、今に出雲国之伊賦夜坂《のいふやさか》と謂《い》う」と『古事記』は記している。

その後、筑紫日向之橘《つくしのひむかのたちばなの》 小門之阿波岐原《おどのあはきはら》（福岡県朝倉郡杷木《はき》町志波《しば》）で禊祓《みそぎ》をし、綿津見神、箇之男命《つつのおのみこと》、天照大御神、月読命、建速須佐之男命などを生んだ（倭〈共和〉国成立）。

第二部は、須佐之男命を主題とする諸事件である。

事件その一

須佐之男命は叛乱を起し、肥後の菊池川流域から筑後の倭（共和）国に攻めのぼった。大義名分は「僕《あ》は妣《はは》の国根之堅州国《ねのかたすくに》に罷《まか》らむと欲《おも》ふ」ということである。妣《はは》は亡母のことであるが、須佐之男命は伊耶那美命の養子なのである。また、根之堅州国は福岡県飯塚市片島《かたしま》と推定される。

天安河《あめのやすのかわ》をなかにおいて天照大御神と講和条約（宇気比《うけひ》）を結び、天之忍穂耳命をはじめとする須佐之男命の五人の部将に占領地を治めさせた。

須佐之男命の乱行によって天照大御神が死亡したため、八百万《やおよろず》の神の決議によって須佐之男命が追放された。

この後、祭儀が行われて後継の女王（壹与《いよ》）が共立された。

事件その二

須佐之男命が「出雲国の肥河上《ひのかわかみ》の鳥髪《とりかみ》」に至り、八岐大蛇を退治して櫛名田《くしなた》姫と結婚し、「出雲国の須賀《すが》」に宮を建てた。ここは波乱と流浪の人世を過した須佐之男命にとって長い間の待望の土地であり、義母の伊耶那美命が葬られた国である。須賀は「出雲」の地名が現存している福岡県嘉穂郡筑穂《ちくほ》町の阿恵《あえ》の老松神社及び同町長尾の須佐神社の地である。

須佐之男命は後に大山津見神の女《むすめ》の神大市比売《かむおおいちひめ》とも政略結婚し、筑豊地方に地盤を築いた。神大市比売は福岡県田川郡赤池町市場の市津《いっち》を治めた女神である。

第三部は、大国主神を主題とする諸事件である。

事件その一

関門海峡、洞海湾、遠賀湾（弥生時代は現在の遠賀川河口より北方は遠浅の干潟の湾であった）などの「大きな穴の沿岸の大麦（牟）を作る土地（遅）」である葦原国《あしはらのくに》を地盤とする大穴牟遅神《おおあなむちのかみ》（大国主神の幼少年期の称号）が、中国《なかつくに》（山国川流域）の稲葉の八上姫《やかみ》（箭山《ややま》＝八面山《はちめんざん》の女神）との政略結婚をめぐって兄弟の八十神《やそかみ》と闘《たたか》った。

大穴牟遅神は素菟《しろうさぎ》（斯盧《しろ》国からの渡来者の宇佐《うさ》氏の国）と同盟を結び、八上姫との婚約に成功したが、八十神から攻撃され、焼殺や圧殺《あっさつ》の危機に見舞われた。しかし、その都度《つど》母神の神産巣日神《かむむすひのかみ》に生命を救われた。

事件その二

二度の危難を免れた葦原色許男神《あしはらしこおのかみ》（大国主神の別名で、成人に達して葦原国の王となったときの称号）は、木国《きのくに》（福岡県築上郡の城井《きい》川上流の寒田《さわた》付近）を経て、「根之堅州国《ねのかたすくに》（飯塚市片島《かたしま》）」の須佐之男命の許《もと》に至り、成人通過儀礼の難行苦行を無事に終えて、女《むすめ》の須勢理《すせり》姫と結婚した。

事件その三

須佐之男命から筑豊の王位禅譲《ぜんじょう》の印《しるし》として賜わった生大刀《いくたち》と生弓矢《いくゆみや》をもって八十神を平《たい》らげ、大国《おおくに》の主《ぬし》となった大国主神は、宇迦能山《うかのやま》の麓（鞍手郡）に宮殿を建て、西に隣接する倭（共和）国の高天原をも窺《うかが》うほどの大王となった。

事件その四

八千矛神《やちほこのかみ》（大国主神の大元帥《げんすい》としての称号）は、高志《たかし》国沼河《ぬなかわ》（北九州市小倉南区の竹馬川下流域の沼地方）の女神と政略結婚した。このとき嫉妬《しっと》に狂った須勢理姫は八千矛神の心変りを悲しんで縊死《いし》した。

事件その五

八千矛神は倭（共和）国を攻撃したが、その大義名分や戦果などは故意に削除されたためか全く不明である。

太安万侶が皇命に従って、『古事記』から対外的事件や倭（共和）国関係の事件を全て（常世国《とこよのくに》を除き）削除したつもりであったが、ただ一か所だけ見のがしてしまったのが次の文章である。

「（八千矛神が）出雲自《よ》り倭国《わこく》に上《のぼ》り坐《ま》さむとして、束装《よそ》い立たす時、片《かた》つ御手《みて》は御馬の榛《くら》に繋《か》け、片つ御足は其の御鐙《あぶみ》に蹈《ふ》み入れて、歌わす……」

榛の御手は鞍手《くらて》郡のことを暗示していると思われる。福岡県直方市御館町の多賀神社の多賀大神《たがのおおかみ》は大国主神であり、御神馬渡御の御神幸はこれに因《ちな》んだ祭事である。

「出雲国」ではなく「出雲」と記されている点に注目する必要がある。「出雲」は、大国主神が治めた大国《おおくに》のなかの一地方だったからである。

なお、神武天皇が東征した三世紀後半よりも前の奈良県には、「倭国《やまとのくに》」も出現していない。

直方市御館町・多賀神社の御由緒の碑

第四部は、葦原国の譲渡に関する交渉のすえ大国主神が島根県に亡命し、天孫邇々芸命《ににぎのみこと》の降臨にはじまる三代の命《みこと》が九州南部を平定した諸事件である。

事件その一

天照大御神の遺命により天忍穂耳命を葦原国と中国《なかつくに》の分国王として降らせたが、命は帰ってきて葦原国は騒いでいるので平定して欲しいと要請した。このため、第一回目は天之菩卑能命《あめのほひのみこと》を、第二回目は天若日子《あめのわかひこ》を派遣したが長期間復命しなかった。第三回目に経津主神を大国主神の許《もと》に派遣して、国譲りに関する具体的条件について交渉したが思うように進展せず、ついに武力を背景にして建御雷神《たけみかづちのかみ》を差向《さしむ》けて強談判《こわだんぱん》したり、承諾しない建御名方神《たけみなかたのかみ》を平定して、天孫降臨の準備を完了した。この交渉のとき、八重事代主神《やえことしろぬしのかみ》は「御大之御前《みほのみさき》」

で鳥遊《とりのあそび》、取魚《すなどり》をしていた。

事件その二

大国主神が「出雲之御大之御前《みほのみさき》」に亡命し困窮《こんきゅう》したとき、神産巣日神《かむむすひ》は少名彦那神《すくなひこな》を派遣して荒地に適する粟の生産に協力させた。

『古事記』のなかで明らかに島根県で起きたと考えられる神代の事件は、この亡命以降の事件のみであるが、ここでも「出雲国」ではない。

その後、大物主神の協力を得て、出雲平野の本格的な干拓事業を行っている。

事件その三

葦原国の平定が完了したところで邇々芸命が降臨したが、若くして死んだ。次いで穂々手見命《ほほでみのみこと》、さらに鵜葺草葺不合命《うがやふきあえずのみこと》と三代にわたって、豊前、豊後（宇佐を除く）、日向《ひゅうが》、大隅《おおすみ》の分国を平定し終えた。

以上のような神代時代の大事件について、出雲国がどのように関っているのかを検討するうえで、『出雲国風土記』は不可欠の史料である。以下、その成立の経緯と本質（ねらい）について簡単に説明する。なお、細部は各論で述べることにする。

10 『出雲国風土記』

現存している風土記には、常陸《ひたち》、播磨《はりま》、出雲、豊後、肥前の五か国の風土記及び諸国の風土記の逸文《いつぶん》がある。風土記という呼称は後世に作られたものであって、最初から付いていたわけではない。

太安万侶が『古事記』を編纂したのは和銅五年（七一二）である。その翌年の和銅六年に元明天明は諸国司に対して「郡郷名を好字に改正したうえで、①物産目録、②土地の肥沃度、③山川原野の名称の由来、④古老相伝の旧聞異事《いじ》を書き出すよう」命じた。

この四項目についての各国司の対応（報告書の項目）は、まちまちであり、全ての風土記が完全に統制された官製の地方誌とはいえない状況である。常陸と播磨の国司は和銅年代に報告を完了しているが、出雲、豊後、肥前の国司は一旦提出したものの不備が多く、修正のうえ再提出したようである。

出雲国では国司が編纂に関与した痕跡がない。出雲国の三十三名の郡司が提出した資料をもとに、国造《くにのみやつこ》の出雲《いずもの》臣広嶋《おみひろしま》が編集したものであり、その下で監修を担当したのは郷土史家の神宅金太理である。しかも、中央政府に報告を完了したのは、通達された和銅六年から実に二十年後の天平五年（七三三）のことである。

編集者が、天之菩卑能命の後裔である国造の出雲臣であることは、重要な意味をもっている。広嶋は和銅五年に成立した『古事記』の内容を熟知したうえで、近畿王朝から出雲国の独立と平和を如何にして守り通すことができるかを、二十年間かけて真剣に検討したのちに報告したであろうと思われるのである。

『古事記』の上巻に記された事件に関係する事項は、原則として風土記に登載するものの、その表現については中央政府に侵略の口実を与えないように一言半句と言えども慎重に熟慮したことがうかがえる。

このことは、まず積極的な表現としては、終始一貫して「出雲国を天皇がしらす（統治する。所有権を有する）」ことを認めて、実際にも毎年、貢物を奉納するけれども、祖先の「所造天下大神」である大穴持命《おおあなもちのみこと》（中海と宍道《しんじ》湖《こ》という大きな穴状の湖の沿岸を実際に開拓した天之菩卑能命の称号）以来の占有権（うしはく＝大人《うし》が墾《は》（治《は》）いた土地と人民の支配権）は何人《なにびと》にも犯させないという決意を宣言していることにみられる。

とりもなおさず、筑豊、豊前、豊後の国を奪われて島根県に亡命した一族が汗水流して開拓した出雲国は、再び侵奪させないぞと言っているのである。

そして、消極的な面としては、出雲国造家の始祖神であり、実質的な出雲国の開拓者である天乃夫比命《あめのふひのみこと》（天之菩卑能命）に関する記事が、意宇郡屋代郷の条に一か所あるのみであり、しかも、高天原から天降《あも》るとき天津子命（天津日子根命か）を伴ったということのみである。

天之菩卑能命は天照大御神が須佐之男命と天安河をなかに置いて講和条約を結んだときに生まれた神であり、天之忍穂耳命に次いで右の耳面《みみづら》に生まれた耳族の人物である。

『古事記』では天之忍穂耳命を葦原国に降臨させるために、騒ぐ者たちを平定するようにと葦原国に派遣されたが、大国主神に媚《こ》びついて三年間経《た》っても復命しなかった悪者として取扱われている。

実際は須佐之男命の追放に伴って、その武将の一人である天之菩卑能命も福岡県嘉穂郡に亡命したのであろう。嘉穂郡に約三年間居留した後、大国主神の縁者であり、耳族でもある鳥取県安来市の八束水臣津野命《やつかみずおみつぬのみこと》の子孫の許《もと》に移住し、東出雲地方を開拓したのである。このとき、嘉穂郡の古い地名である「出雲」の名を新天地の島根県に付けたというのが真相であろう。

「菩」は梵語《ぼんご》の音訳字で「菩薩《ぼさつ》」を意味する。「卑」には「へりくだる」の意味があり、「能」には「才芸に秀れている」という意味がある。したがって、天之菩卑能命という名は、太安万侶が大人物と評価した神の名なのである。

このすばらしい始祖神の功業を大々的に取りあげて記していないところにも、近畿王朝とのあつれきを避けようとする英智が潜んでおり、これが耳族の伝統的な姿勢なのである。

さて、『古事記』の上巻に記された事件と『出雲国風土記』の記述との関係はどうであろうか。

11　国生み神話

『古事記』と『出雲国風土記』と一致している点は、大国主神が美保崎《みほのさき》に亡命した後、須久奈比古命《すくなひこのみこと》（少名彦那《すくなひこなの》神《かみ》）の協力を得て、国土を開拓した神話のみである。特に、須佐之男命の八岐大蛇退治や大国主神（八千矛神）の倭（共和）国への出陣の神話には全く言及していない点は注目を要する。

このことは、島根県は『古事記』の上巻の神代の時代の諸事件の主要な舞台ではなかったことを証明するものである。

以下、諸事件について具体的に検証する。

第一部の事件その一の国生み神話において、出雲国が出現しない理由は何であろうか。『古事記』と『日本書紀』において生まれ出た国々を検討して、その背後に潜む真実を見つけてみよう。『古事記』、『日本書紀』に出現する国々は表7のとおりである。

この表を一見して感じることは、①『古事記』、『日本書紀（本文及び一書の第六と第九）』は共通する資料にもとづいて記録されたものであること。②八世紀初頭の日本国の版図《はんと》を勘案《かんあん》（反映）して記録されており、『古事記』にこの傾向が著しいこと、である。

一回しか登場しない知訶嶋《ちか》、女嶋《ひめ》、小豆嶋《あずき》、両児嶋《ふたご》は、落ちこぼれた諸島を拾い集めたものであろう。淡道之穂之狭別嶋《あわじのほのさわけ》（淡路洲）、隠岐之三子之嶋《おきのみつご》（億岐洲《おき》）、佐度嶋（佐度洲）、伊岐嶋（壹岐嶋）、津嶋（対馬嶋）については問題点は見当らない。

伊予之二名嶋《いよのふたなのしま》（伊予二名洲）は、『古事記』では「この嶋は身一つにて面《おも》四つあり。面毎《おもごと》に名あり。故《かれ》、伊予国（愛比売《えひめ》）、讃岐国（飯依比古《いいよりひこ》）、粟国（大宜都比売《おおげつひめ》）、土左国（健依別《たけよりわけ》）という」と注釈されているので、四国を指していることはまちがいない。

しかし、四国の名が伊予之二名嶋であるのはおかしい。本来は伊予国（愛媛県）のみを指すものである。二名《ふたな》というのは伊予国が道前と道後の二つの地域からなっているところから付いた名なのである。

表7　国生み神話の諸国

	国名	古事記	日本書紀 本文	日本書紀 一書 第一	日本書紀 一書 第六	日本書紀 一書 第七	日本書紀 一書 第八	日本書紀 一書 第九	登場回数
①	淡道之穂之狭別嶋	○	○	○	○	○	○	○	7
②	伊予之二名嶋	○	○	○	○	○	○	○	7
③	隠岐之三子之嶋	○	○	○	○	○	○	○	7
④	佐度嶋	○	○	○	○	○	○	○	7
⑤	吉備児嶋	○	○	○	○		○	○	6
⑥	越洲		○	○	○		○		4
⑦	大倭（日本）豊秋津嶋	○	○	○	○	○	○	○	7
⑧	筑紫嶋	○	○	○	○	○	○	○	7
⑨	伊岐嶋	○	○			○			3
⑩	津嶋	○	○			○			3
⑪	大嶋	○	○		○			○	4
⑫	知訶嶋	○							1
⑬	女嶋	○							1
⑭	小豆嶋	○							1
⑮	両児嶋	○							1

吉備児嶋《きびのこじま》（吉備子洲）は弥生時代では離島であったが、やがて陸繋《りくけい》島になっているので、この嶋は吉備国（岡山県）を指すものと考えるのが妥当であろう。

越《こし》洲が『古事記』に登場しないのは、越前、越中、越後の三つは離島であった時代はないので、大倭《おおやまと》豊《とよ》秋津《あきつ》嶋（本州）の一地域にあたり、重複すると考えて削除したものである。

しかし、『日本書紀』に登場するのは、元の資料にあったものを、そのまま記録したためである。したがって、島根県東部の出雲洲が登場しないのは、元の資料に無かったことを示すものである。

大倭豊秋津嶋（大日本豊秋津洲）は、今日では本州のことと考えられている。しかし、日本という国名は六世紀以降に出現するものであって、神代の時代（三世紀以前）に存在していたものではない。大倭にしても神武東征以前には無かった国である。おそらく元の資料では「豊秋津嶋（洲）」だったのであろう。

「豊」は、豊前または豊後のことである。「秋津」は「阿杵《あき》（城《き》）津《つ》」であって、「大きな入江（阿）の村（杵、城）の港（津）」を意味するものである。つまり、この国は大分県東国東郡安岐《あき》町を都とする国東半島である。

筑紫嶋は、『古事記』では「この嶋も身一つにて面四つあり。筑紫国（白日別《しらひわけ》）、豊国（豊日別《とよひわけ》）、肥国（建日向《たけひむか》日豊久士比泥別《ひとよくじひねわけ》）、熊曾《くまそ》国（建日別《たけひわけ》）という」と記されているので、九州島を指していることは明らかである。しかし、熊襲を討伐して版図に加えたのは後世のことである。本来は筑紫国のみを指していたものと思われる。

壱岐、対馬は倭（共和）国の一部であったので筑紫国の一環として捉えられていたのでろう。

さて、『古事記』、『日本書紀』に四回登場する大嶋（洲）とは何処のことであろうか。

日本列島の該当する島を探してみると、広島県の大島（屋代島）、愛媛県の大三島をはじめ幾つかの大島はあるが、いずれも神代の主要な舞台となったと推測されるものはない。

この大嶋（洲）こそ、実は大国主神が統治した大きな国、すなわち「大国《おおくに》」だったのである。表7の①から⑪までの嶋（洲）は大国の版図を説明する文献に記されていた国々である。この文献は『四方志《よものふみ》』の筑紫国版ではあるまいか。

以上の観点に立って整理すると、諸国の関係は次のようなものとなる。

A　大国：大国主神が治めた国。筑豊、豊前、大分県の北西部、山口県、広島県、山陰地方からなる。

B　豊秋津国：大分県東国東郡安岐町を中心とする国東半島。大国の同盟国的な隣国。

C　伊予二名国：西条市付近（道前）と松山地方（道後）の二つの地方からなる。大国の友好的な隣国。

D　越国：福井県、石川県、富山県、新潟県からなる。大国の友好的な隣国。

E　吉備児国：岡山県の岡山市と玉名市。大国の中立的な隣国。

F　筑紫国：筑前（嘉穂郡、宗像郡、鞍手郡以東を除く）、筑後。大国の敵対的な隣国。
G　淡路国：淡路島。大国とは異文化の隣国。
H　隠岐国、佐度国：隠岐島と佐渡島。双生児で一か国として取扱われた国。

出雲国が国生み神話に登場しないのは、大国主神が全盛の時代には、福岡県嘉穂郡や島根県東部は大国の一地方だったから、「出雲国」ではなかったことにほかならない。

ただし、嘉穂郡の場合は、以前に大山津見神や須佐之男命が治めていたときは「出雲国」であったものが、大国主神に禅譲されてからは「出雲地方」になったものである。

一方、島根県東部の場合には、大国主神が島根県の美保崎に亡命したのち死亡して、大国が名実ともに消滅したときから「出雲国」と呼ばれるようになったものである。

以降、前者を「原《げん》出雲国」と言い、後者を「島根出雲国」と呼ぶことにする。

12　比婆之山と黄泉比良坂

第一部の事件その二で述べたとおり、『古事記』では「その神さりましし伊耶那美神《いやなみのかみ》は、出雲国と伯伎《はき》国との堺の比婆之山《ひばのやま》に葬《はぶ》りまつりき」と記されている。

伊耶那岐《いやなき》命と伊耶那美《いやなみ》命が島根出雲国でどのような活躍をしたかを、『出雲国風土記』についてみよう。

伊佐奈枳《いざなき》命（伊耶那岐命）は意宇郡と島根郡の二か所に記されているが、御子神のことを述べたとき、その父神としての名を表わす意味で記しているにすぎない。伊弉奈弥《いざなみ》命（伊耶那美命）は神戸郡古志郷に記されているが、遠い神代の時代のことを示すために伊弉奈弥命のときとして表現しているにすぎない。『出雲国風土記』における岐《き》美《み》二柱《ふたはしら》の神は、闘争はもとよりのこと生活の臭いすら感じられない無縁な存在なのである。

伯伎国《はき》を鳥取県とする説もあるが、比婆之山らしきものは、島根県と広島県の境にしかない。稲作が主な生業となった弥生時代後期に、このような山奥に伊弉那弥命を葬ったのでは祭祀も思うようにできないことを考えると、この墓所は常識から著しく外れているのである。

このように比婆之山は『出雲国風土記』のなかで言及されていないし、また、『古事記』に記された場所にも存在していないのである。

もし、福岡県朝倉郡杷木町《はき》を「伯伎国《はき》」とし、嘉穂郡を原出雲国に比定すればどうであろうか。嘉穂郡嘉穂町の馬見山（九七八メートル）の南約一二キロには、杷木町志波《しば》の麻底良山《まてら》（二九五メートル）がある。この山には天照大御神を祭る麻底良神社《まてらめじゃ》があり、また、南麓の斉明天皇陵の近くには伊耶那美命の墓と伝承される墳丘がある（ただし、この墳丘は仮葬場であって、正式の墓所は実家のある嘉穂郡にあると思われる）。

以上からみて、出雲国と伯伎国《はき》との境の比婆之山は、杷木町志波の麻底良山だったのである。

第一部の事件その三においては、「黄泉国《よもつくに》」と「黄泉比良坂《よもつひらさか》」が登場している。

『出雲国風土記』には黄泉国に関する記事はない。また、黄泉比良坂そのものに関する記事もないし、「意宇郡記」の神社記のなかで、官社の伊布夜社二座と民社の伊布夜社一座を記しているのみである。

島根県は岐美《きみ》二神の闘争の舞台ではなかったので当然のことであるが、『古事記』が「伊賦夜坂《いふやざか》」に言及しているために、出雲臣広嶋としても無視するわけにもゆかず、同音の伊布夜社《いふや》を神社記に登載したものであろう。

島根県八束郡東出雲町揖屋に黄泉比良坂という名所がある。現地には大石が数個あるが、この場所は岐美二神が千引岩《ちびきのいわ》をなかに置いて向かい合った峠の頂上のような地形ではなく、行き止まりになっていて、一見して後世の付会であることがわかる。

伊耶那岐命が、亡くなった伊耶那美命を訪ねると称して夜襲した黄泉国は、福岡県嘉穂郡桂川町土師《はじ》の八王寺と

桂川町と甘木市と夜須町の境となる白坂峠

いう弥生時代中期に栄えた集落である。八王寺などの共同墓地は小高い丘の上にある十三塚《じゅうさんづか》という弥生時代中期を中心とする墓地群である。

八王寺は穂波川の支流の泉河内川の東岸の集落である。弥生時代中期前半に、飯塚市立岩堀田の大山津見神の一族が入植した分村であり、一世紀初頭の頃に、ウシどんに滅ぼされた筑紫野市道城山の同族が亡命してきた所でもある。「土師」の地名が示すように、この地域は土器製作の里であったから、これに使用した埴土《はにつち》が流れる泉河内川は一時的に黄濁することがあったため「黄泉《よみ》」と呼ばれることもあったのであろう。

伊耶那美命の「伊耶《いや》」は「いざ」と読まれることもあるから、十三塚も「一《い》三《さ》塚《づか》」と呼ばれたかも知れない。十三塚遺跡から出土した道城山型甕棺の主は伊耶那美命の祖先の可能性が大きい。

土師から南に向かって泉河内川沿いに坂道を登れば頂上の白坂峠《しらさか》に至る。ここは原出雲国の嘉穂郡桂川町と甘木市と朝倉郡夜須町との境界である。甘木市秋月に隣接する杷木町志波の要塞に、生命からがら逃げ帰った伊耶那岐命が禊祓《みそぎ》をして諸神を生んだ（版図拡大の侵略を一旦《いったん》中止して、防衛態勢を固めるべく倭〈共和〉国を建国した）という神話の舞台として、まことに相応《ふさわ》しい地理である。

私が一九九一年に白坂峠を調査した時点では道路工事が完成間近《まぢか》であったが、頂上付近には千引石と目《もく》される大石が転がっていた。

この白坂《しらさか》こそ「比良坂《ひらさか》」だったのではあるまいか。伊賦夜《いふや》というのは、岐美二神が千引石を峠の頂上に置いて塞《さえぎ》り、向かいあって行った離婚の舌戦《ぜっせん》の様子を描写したものであって、「よくもまあ、そんなことを言うものよ」という意味の「言ふ哉《いや》」が語源であろう。

『古事記』において、「今に○○と謂《い》う」という表現をしている文章は、八世紀初頭の『古事記』の編集時期において、「そのような風説がある」ということであって、神代時代の事実を記録したものではないのである。太安万侶は、「思いつき」が好きな元明天皇の指示に史実に従って記したのであろう。

13　須佐之男命の出雲

第二部の事件その二の主題は、須佐之男命の八岐大蛇退治である。『出雲国風土記』は、この事件について全く言及していない。このことは島根県が八岐大蛇退治の舞台ではなかったことを間接的に証明するものである。

西日本のなかで島根県と和歌山県には、須佐之男命の子孫が福岡県、熊本県に次いで多く住みつき祭祀を行っていることは、地名や神社名などから推測できる。後世、彼らが祖神の功業である八岐大蛇退治の神話を持ち来り、島根県で起ったこととして付会したであろうことは首肯《しゅこう》できる。

しかし、『出雲国風土記』に全く記されていないという事実は重い意味をもっているのである。出雲臣広嶋は、「天照大御神に敵対し、暴行によって死に至らしめた須佐之男命」を島根出雲国の建国者の一人と認めることは、近畿王朝に侵略の口実を与えることになりかねない不都合なことであったから、二十年間も費《つい》やして『古事記』の内容を検討し、島根出雲国とは無関係の事件であることを確認して『出雲国風土記』を編集したものと考えられる。

『古事記』の記述の概要を、原出雲国を舞台として復元すれば次のようなものになる。

須佐之男命は朝倉郡杷木町志波を追放されて、志波の北方の鳥屋山（鳥髪山）を経て、大肥《だいひ》川（肥河《ひのかわ》）の上流の嘉麻峠を越えて、嘉穂郡嘉穂町馬見（本村《ほんむら》・原田《はるだ》遺跡）に住む足名椎《あしなつち》一家と出合い、八岐大蛇（英彦連山の鷹《たか》ノ巣《す》山を要害《ぬみ》とするオロチョン族）を退治した後、筑穂町の須賀に宮を建てた。

筑穂町阿恵の老松神社

『古事記』では、このとき、「出雲地方」ではなく「出雲国」と記していることに注目しなれければならない。

すなわち、大山津見神の子と自称する足名椎が住んでいた所は、大山津見神の時代から出雲国であり、須佐之男命が宮を建てて治めた時代も出雲国だったことを示しているのである。

なお、筑穂町の「阿恵《あえ》」の地名は次のことに由来していると思われる。

斯盧《しろ》国（新羅《しらぎ》国）の初代の王（居世于）の朴赫の妃の名は「閼英《あえ》」である。閼英は「卵。始原」という意味をもっており、鶏をトーテムとする金氏の聖骨であったことを示している。斯盧国から亡命して来日した須佐之男命の妃である櫛名田《くしなた》姫の住む宮殿を建てた須賀の地を阿恵と命名したのである。

なお、「桂川《けいせん》」は、もと「佳川」であって、美しい櫛名田姫に因んだ川の名であろう（出雲国の名前の由来は第五章を、須佐之男命の亡命来日の詳細は第七章参照）。

第三部の事件その五の八千矛神（大国主神）の倭（共和）国への出陣について、『出雲国風土記』は全く触れていない。このことは、この事件が島根県を舞台としたものではないことを間接的に証明するものである。

弥生時代の道路事情を考えれば、島根県から奈良県に騎馬で攻めのぼるのは不可能である。やや後世の神武東征のときでさえ、大軍の陸上移動は不可能であったから、舟を利用して瀬戸内海の港々に寄港して数年かかって河内に進攻しているのであって、長距離の騎馬行軍などはあり得ないのである。

もし鞍手郡から原出雲国の旧嘉穂郡を経由して隣国の倭（共和）国へ出陣したものであるとすれば、どうであろうか。

両国の間にある数個の峠道のうちで最も平坦な米ノ山峠を利用すれば、若干困難な地点はあるものの、騎馬での移動が全く不可能とまでは言えず、筑穂町から倭（共和）国の筑紫野市に行くことができるのである。

この場合、『古事記』では「出雲国自《よ》り」ではなく「出雲自《よ》り」と記しているので、大国主神が治めた時代では出雲は大国の一つの地方であり、国ではなかったことがわかる。


以上、検証してきたとおり、島根県は神代時代の原出雲国ではないことは明白である。おそらく、天之菩卑能命が原出雲国である旧嘉穂郡に亡命し、さらに鳥取県安来市から島根県東部に移住して出雲の名をつけたものであろう。


『古事記』の上巻の構成をみても、原出雲国が旧嘉穂郡であるのが自然であり合理的である。

高天原（朝倉郡杷木町志波）を追放された須佐之男命が、隣接する原出雲国（旧嘉穂郡）に亡命するのは極めて自然であり、大蛇退治の舞台が嘉穂町であるから『出雲国風土記』にこの神話が登場しないのも当然と言える。

さらに、天孫が降臨する葦原国が遠賀川下流域から豊前にかけての地域であるのも、また自然である。ここからは豊後を経て日向、大隅へ向かえるし、また、近畿地方へ進出するにも便利である。というより、必要かつ不可欠な地域であったから、高御産巣日神が葦原国の譲渡を執拗《しつよう》に迫り奪ったのである。島根県へ直接に降臨しても得るところは極めて少ないのである。

14　大国主神の祖神

『古事記』に記された大国主神の祖先の系譜は次のとおりである。

大山津見神《おおやまつみ》
兄八嶋士奴美神《えやしまじぬみ》 ＝ 木花知流姫《このはなちる》
布波能母遅久奴須奴神《ふわのもぢくぬすぬ》 ＝ 日河姫《ひかわ》
深淵之水夜礼花神《ふかふちのみずやれはな》 ＝ 天之都度閉知泥神《あめのつどえちね》
淤美豆奴神《おみづぬ》 ＝ 布帝耳神《ふてみみ》
天之冬衣神《あめのふゆきぬ》 ＝ 刺国若姫《さしくにわか》
大国主神

『古事記』によれば、兄八嶋士奴美神《えやしまじぬみのかみ》が大国主神の始祖神とされている。

この神は弥生時代の筑豊の盟主の大山津見神（何代目かは不明）の娘の木花知流姫《このはなちるひめ》と結婚しているので、この時点で耳族である大山津見神の姻戚《いんせき》となっている。

兄八嶋士奴美神の名には頭《かしら》に「兄《え》」を冠しており、須佐之男命と櫛名田姫《くしなたひめ》との子の八嶋士奴美神《やしまじぬみのかみ》とは別の神であるので、混同しないことが肝要である。

「兄《え》」には、「入江。年長者。時代が古い」などの意味がある。

縄文時代から弥生時代前期にかけての古遠賀湾や洞海湾奥は湿泥地（潟）が多かった。その海岸線は貝塚遺跡から知ることができる。福岡県直方市の語源は「那大潟《なおおがた》」であろう。徐市に同行した百工（土木工事技術者）の子孫で大山津見神の部下の木花《このはな》氏の娘の知流姫（水流を治《ち》する女神）の協力を得て、遠賀湾岸の多くの嶋（八嶋）を干拓した神が兄八嶋士奴美神である。後者の八嶋士奴美神は穂波川流域を干拓した神と思われる。

大国主神の曾祖母の天之都度閉知泥神《あめのつどえちねのかみ》（泥土を集《つど》えて治し干拓する神）と父の天之冬衣神《あめのふゆきぬのかみ》（織布の神）は神名

に「天《あめ》」を冠しているので耳族であると思われる。祖母の布帝耳神《ふてみみのかみ》はもちろん耳族である。

15　耳族の系譜

第二代綏靖天皇の名は神沼河耳命《かむぬなかわみみのみこと》である。神《かむ》は九州における神代時代の人物であることを示している。神武天皇が宇佐地方を平定した後、北九州市小倉南区を流れる竹馬川下流の沼地方を平定したときに生まれた命《みこと》である。

大国主神の妃となった沼河姫《ぬなかわひめ》とは同郷であり、耳族である。

神八井耳命

神八井耳命《かむやいみみのみこと》は、神武天皇が宇佐地方を平定したときに生まれた命《みこと》である。弥生時代前期から、豊後の山国川と寄藻川の流域の穀倉地帯（中国《なかつくに》）に勢力を築いた耳族の八上姫《やかみひめ》（別名、矢《や》神姫《かみひめ》）の後裔と思われる。彼らの足跡は、三光村八面《はちめん》山の箭山《ややま》神社、大平村唐原、宇佐市和気（旧楉田村八猪《やい》）などにみられる。

神八井耳命は弟の神沼河耳命が長兄の当芸志美美命《たぎしみみのみこと》を射殺したとき、「吾《あ》は仇《あだ》（当芸志美美命）を殺すに能《あた》わず。汝命《いましみこと》既《すで》に仇を殺し得たまひき。故《かれ》、吾《あ》は兄《え》にあれども上《かみ》（天皇）となるべくあらず。是《ここ》をもちて汝命上《かみ》となりて天下治《あめのしたしら》せ。僕《あ》は汝命を扶《たす》け忌人《いわいひと》となりて仕えまつらむ」と言って、全国に祭祀組織を構築した（二八〇年頃と推定される）。これに参加した地方の祭祀長には前方後円墳を築造させ、三角縁神獣鏡を配布した。

全国の祭祀組織を統括した神八井耳命の本拠地は、京都府の椿井大塚山（古墳）である。奈良県天理市の黒塚（古墳）は、これに対抗する垂《たらし》族と和珥《わに》氏の祭祀組織の拠点である。

多芸志美美命

神武天皇がまだ宮崎県にいたとき、鹿児島県肝属郡吾平町の阿比良姫《あひらひめ》と結婚して生んだ長男が多芸志美美命である。

多芸志は「田岸《たぎし》」または「田串《たぐし》」のことである。河岸に杭《くい》を刺して治水し干拓することを指している。現在でも串良《くしら》（羅《ら》）という地名が残っている。美美は耳のことであり、宮崎県の美美津や耳川は鵜葺草《うがや》族の阿比良姫の勢力圏であったと思われる。多芸志美美命が皇位継承の争いに敗《やぶ》れ射殺されたため、残党は綏靖天皇に対する不信と怨念を深め、日向・大隅の鵜葺草族と結託し、以後長らく近畿王朝や豊前・豊後の勢力に敵対した。

『日本書紀』では鹿文《かや》を熊襲《くまそ》として取扱っているが、彼らは鵜葺草族である。

三嶋溝橛耳神・安満氏

三嶋溝橛耳神《みしまみぞくいみみのかみ》は前三世紀末から大阪府茨木市の東奈良遺跡、耳原、三島丘などに住んでいた耳族の神である。

『古事記』によれば、娘の勢夜陀多良姫《せやだたらひめ》と美和大物主神《みわのおおものぬしのかみ》とが結婚して生んだ富登多多良伊須須岐比売命《ほとたたらいすすきひめのみこと》（別名、比売多多良伊須気余理姫《ひめたたらいすけよりひめ》）が神武天皇の大后《おおきさき》となったとされる。

勢夜《せや》は金属製の鏃《やじり》を用いた「殺矢《さや》＝神矢《さや》」であり、多多良《たたら》は蹈鞴《たたら》のことである。伊須須岐《いすすき》は「井濯《いすす》き」であり、蹈鞴で灼熱《しゃくねつ》と化した鉄鏃を水に浸《つ》けて急冷却することを言うのである。『日本書紀』では事代主神《ことしろぬしのかみ》が三嶋溝橛耳神の女《むすめ》の玉櫛姫《たまくしひめ》と結婚して生んだ媛蹈鞴五十鈴媛《ひめたたらいすずひめ》を神武天皇の正妃としたことになっている。五十鈴《いすず》は「鋳鈴《いすず》」であり、鈴は銅鐸のことであるから、この姫は銅鐸を作ったのである。『古事記』、『日本書紀』のいずれも、神武天皇の妃は三嶋溝橛耳神の孫娘であり、鉄器や銅器の製作技術者集団の姫である。

また、三嶋は「水島」であり、溝橛は杭を溝に刺して水路を設けることであるから、干拓の土木工事を生業としていた神である。

さらに、東奈良遺跡の出土品からみて、銅鐸のほか、銅鏡、ガラス玉なども製造していたと考えられる。茨木市の北の高槻市の安満《あま》には、前三世紀末、肥前や筑後から豊前経由で移住した耳族の一団が作ったと思われる二重環濠集落があった。前二世紀に檜尾川《ひお》の氾濫が起き土砂の下に埋没したため、一時、天神に避難したが、間もなく再建された。おそらく三嶋溝橛耳神の支援があったものと思われる。

安満宮山《みややま》の古墳からは青竜三年（二三五）銘の方格規矩四神鏡や三角縁神獣鏡などが出土している。安満《あま》は「天《あま》」であり、耳族と思われる。

第四章

銅鐸にかかわった人々

1　銅鐸文化の起源

『新漢和辞典』によれば、鐸は「タク、またはダク」と読み、「大きな鈴」のことである。文事には木鐸《もくたく》を用い、武事には金鐸を用いた。また、命令を発するときに鳴らして大衆を戒《いまし》めたとある。

鐸には木鐸、銅鐸のほかに土製の鐸もある。鐸の起源は約六千年前に中国の黄河流域で焼成された土鐸《どたく》（鈴《れい》）に始まり、約三九〇〇年前には青銅製の鐸《たく》（鈴《れい》）が作られた。

河南省下王崗出土の土鐸《どたく》（鈴《れい》）は約六千年前の仰韶《やんしやお》文化の時代に農民が粘土で作り焼成したものである。初期の鐸（鈴）は鳴らすものではあったが、吊るすものではなかった。山西省陶寺の墓から出土した鐸（鈴）は約三九〇〇年前の竜山《ろんしゃん》文化の時代に作られた銅鐸（鈴）であり、吊り手（鈕《ちゅう》）はない。

約三八〇〇年前に、はじめて石製の舌《ぜつ》を有する銅鐸（鈴）が作られた。以来、有鈕有舌の青銅鐸（鈴）が主流となった。

河南省安陽出土の銅鐸（鈴）は、約三五〇〇年前の殷の時代に作られた馬鐸（鈴）である。殷代には鰭《ひれ》を有する銅鐸（鈴）も出現している。

日本では有鈕有舌のカネを「鐸《たく》」と呼び、小型の有鈕有丸《がん》のカネは「鈴《すず》」と呼ぶが、中国では両者ともに「鈴《れい》」と言う。「鈴《れい》」は、「霊《れい》」や「礼《れい》」と同音である。仰韶の名が示すように、古代中国では「天を仰ぎ、鐸を鳴らして祖神の霊を招く（詔）」信仰があったのである。農牧民が祖霊に願いごとをするにあたって、鐸を鳴らして眠っている祖霊に起きていただき、今から祖霊を祭って交霊する（願いごとを言上する）儀式が始まることを知らせたのである。現在の日本でも神社に参詣して、大鈴《すず》を揺り鳴らして柏手《かしわで》をうち、神に願いごとをする習俗が残っている。

吊《ちょう》は、もと弔《ちょう》の俗字である。弔の字には「死者の霊や遺族を訪《と》い慰めたり、くやみを言う」という意味がある。鐸を吊るす鈕《ちゅう》とも関係があると思われる。

殷、周の時代には、王の葬列を馬鐸を吊るした司馬《しば》の隊列が警護したのである。犬や馬の首に吊り下げた鐸は、悪霊を退散させると信じられていた。漢代には牛や羊の繁殖を祈って首に鐸を吊り下げる風習もあった。

このほか、旗竿に鐸を吊るして武運の加護を祈ったり、豊作を願って穀物を入れる青銅祭器の簋《き》に鐸を吊るした例もある。

2　朝鮮式銅鈴の渡来

日本で出土した鐸は約五百個に及ぶが、中国を起源とする鐸が西日本に伝播したルートは二つに大別できる。第一のルートは朝鮮半島経由である。朝鮮半島では、約二五〇〇年前から有舌の朝鮮式銅鈴（朝鮮式小銅鐸ともいう）が盛行した。

朝鮮式銅鈴の特徴は次の四点である。

①高さは、普通のものでは八－一二センチメートル、最大のものでも一六センチメートルと小型である。

②紋様を施していないものが多い。

③音を発するカネとしての役割に徹している（吊棒と突出帯を有する）。

④鰭がない。また、型持《かたもち》の孔が中央と両側面にある。

朝鮮式銅鈴は、鬼神の祭祀の道具の一つである。古代の朝鮮半島では、伏羲氏の天皇（巫女王）や各国邑の天君（巫女）が揺り鳴らしたものである。韓国では、今でも巫堂《むうだん》が鬼神の祭祀に用いている。

九州では、大分県別府《びゅう》遺跡から朝鮮式小銅鐸が出土している。九州出土の朝鮮式小銅鐸には銅鏡、銅剣、勾玉をはじめ銅戈、銅矛などの武器型銅器が伴出する例が多いことから、朝鮮半島からの渡来者との文化の共通性が認められる。

天照大御神や高御産巣日神にとっては、蘇塗の維持や鬼神の祭祀は極めて重要な事柄であって、政治、軍事、経済、宗教などに関する根本的な政策原理ともいうべきものであったから、倭（共和）国を建国した後までも意欲的に推進してきたのであり、その道具としての朝鮮式小銅鐸が出土するのは当然のことである。

しかし、朝鮮式小銅鐸や武器型銅器の近畿地方への伝播は極めて少なく、その影響は倭（共和）国の周辺にとどまり限定的である。

3 九州の中国式銅鐸文化

中国式の大型の銅鐸の文化は、第二のルートによって西日本に渡来伝播した。

それは前三世紀末に徐市に率いられた童男丱女と百工が、中国から直接、有明海沿岸地域に持ち込んだものである。その銅鐸文化が九州でどのように展開したかを、出土状況を中心にみてみよう。

中国の鐸（鈴）の文化は黄河中流域の仰韶文化に始まり、つづいて黄河下流域の竜山文化や河南省の二里頭文化、殷文化に引き継がれ、さらに、周の時代に最盛期を迎え、秦、漢の時代になってもなお健在であった。

徐市は秦の時代の人である。最盛期は過ぎたとは言え、黄河から淮河にかけての予州では、なお銅鐸の文化は栄えていた。

徐市の生地の徐州南部は銅鐸文化の中心地ではなかったけれども、徐市一行のなかには予州の人々も含まれていた。死の影におびえる秦の始皇帝が彼の威令の及ぶ中国全土から童男丱女と百工を集めて徐市に与えたからである。

主隊の徐市に随伴した人々は、佐賀県諸富町寺井津から城原川と田手川に挟まれた沖積平野の河岸段丘を目指して北上した。彼らはまず千代田町の詫田西分に、さらに、北方の神埼町の川寄吉原と三田川町の田手、吉野ケ里に住居を定め、そこに鐸文化の足跡を残した。詫田西分とその北方の高志とは縄文・弥生時代の海岸線に近いので貝塚遺跡が多い。

詫田西分遺跡の井戸跡から出土した鐸形土製品は、高さ六・四センチメートルの釣鐘状であり、半分ほど残存し

佐賀県千代田町の詫田西分遺跡

ていた。これは青銅の鐸を製作する態勢が整備される以前の前三世紀末に作られ、長年使用された後、弥生時代中期前半に至って、木製の農具や祭祀用具などと共に井戸に放棄されたものと思われる。川寄吉原遺跡出土の無鈕の鐸型土製品も詫田西分とほぼ同時期に作られ、一世紀まで祭祀に使用されたあと、棄てられたものであろう。この土鐸には、戈とみられる武器らしいものを持つ人物が描かれている。

吉野ケ里出土の銅鐸は有鈕有舌である。製作年代は不明であるが、下部の帯状の突起の中央部が摩耗して潰《つぶ》れてしまっているところからみて、かなり長年月揺り鳴らした後、二－三世紀に至って棄てられたものと思われる。

なお、吉野ケ里遺跡からは前三世紀の矛の鋳型が出土しているので、徐市に同行した百工が携行した銅・錫を用いて青銅器を製作していたことは確実である。

彼らの子孫は、神埼郡千代田町の姉及び鳥栖市の本行、安永田などで青銅器の製作に従事した。安永田では銅矛、銅戈、銅剣、銅鏃の製作が主流であったが、銅鐸も作られている。

出土した五片の銅鐸鋳型は前一世紀のもので、横帯文を有する邪視文《じゃしもん》銅鐸のものである。これによって作られたⅡ－2式（福田式とも言う）の銅鐸は商品として、鳥取県西部、島根県、岡山県上足守、広島県福田などに移出されている。

鳥栖市の工人の青銅器製作技術は前一世紀に、基養父《きやぶ》の峠を越えて委奴《いな》国（春日市の岡本、大谷）に伝播し、小型の銅鐸鋳型が作られている。

また、福岡市赤穂ノ浦では畿内の影響をも受けたと思われるⅡ－2式（前一世紀）及びⅢ－1式（一世紀）の銅鐸鋳型が作られているが、これらはいずれも移出商品用として開発されたものと思われる。

嘉穂郡嘉穂町大字馬見字原田の遺跡から弥生時代中期及び後期の鉄剣、後漢鏡

嘉穂町馬見の原田遺跡

二面が出土したが、弥生時代中期前半の甕棺墓によって一部を切られている古い土壙からは、総高五・五センチメートルの小銅鐸が出土した。

前二世紀初頭のものと考えられるこの小銅鐸は、三・〇メートル×二・三メートルの方形状墓壙の中央の底部から一〇センチメートルほど盛りあがった埋土のなかから出土しており、その直下には銅舌の破片もあった。なお、碧《へき》玉製管玉二十個も同墓から出土している。

この小銅鐸の埋納状況は山西省陶寺（竜山文化、三九〇〇年前）のものに似ているところからみて、この墓壙の主は山西省出身で徐市に同行した者か、または、その子孫と考えられる。

この小銅鐸の下部の斜格子《しゃごうし》文帯《もんたい》は、九州出土の銅鐸鋳型や銅戈によく見られるものである。五・五センチメートルの高さは朝鮮式銅鈴に比しても小型であるが、滋賀県彦根市矢倉川口遺跡出土の小銅鐸に似ているので、両者の関係について興味をよぶ。

嘉穂町の馬見山を源とし遠賀川に合流する屛《へい》川流域の馬見本村地方には、足白《あしじろ》という地名がある。足白は足城（村）のことであり、足名椎の出身地である。おそらく足名椎は小銅鐸の主の後裔の鍛冶屋であろう。

4　九州における銅鐸不振の理由

ここまでは、九州における朝鮮式小銅鐸と中国式銅鐸の出土状況についてみてきた。

これらは代表的な例であって全部を網羅したわけではないが、それにしても近畿を中心とする本州、四国に比して、その量と質は極めて微々たるものである。

不振の理由として次の諸点をあげることができる。

①朝鮮式小銅鐸については、倭（共和）国や周辺地域においては鬼神の祭祀とともに盛行したと思われる。しかし、朝鮮式小銅鐸は巫女の私有財であって次代の巫女に相続され、村落の共有財として埋納する習俗がなかった。このため後世、鬼神の祭祀の衰退に伴って散逸してしまった。

②徐市一行のうち九州に定住した人々は徐州南部や揚州の出身者が多く、近畿地方に移住した予州出身者に比して、銅鐸を祭祀に用いる信仰・習俗が若干希薄であって、農民からの需要が少なかった。

③徐州南部や揚州出身の百工は青銅器製作の技術面において、予州出身の百工に比して歴史的にノウハウの蓄積が少なく、精巧な銅器（銅鐸、銅鏡）は作れなかった。また、移出用の商品としての銅鐸の製作は試みたものの、近畿地方の需要者のニーズ（銅鐸を神の化身《けしん》とする信仰心）を充分《じゅうぶん》に理解することができず、神々しくない邪視文《じゃしもん》銅鐸を作ったため永続しなかった。

④九州では村落の統合化が早くから進展し、権力者は剣・鏡・玉のような私有財の所有、副葬に熱心となり、銅鐸のような村落の共有財に対する関心が薄かった。

⑤九州においては紀元前は、戦乱を勝ち抜くための武器型銅器の需要が多く、単純かつ大量な武器型銅器の生産が主流であった。一世紀になって鉄製の武器・工具が流入し盛行するようになり、銅製品の需要は次第に総量的に衰退した。

5　銅鐸の分類

日本製の銅鐸には、土器に施された文様との対比による型式の定め方と、吊り手（鈕）の変遷にもとづく分類の仕方とがある。

後者による分類は表8のとおりである。

表8　銅鐸の分類

	型　式	鈕の型式	世　紀
1	Ⅰ　式	菱環鈕	前3～2世紀
2	Ⅱ－1式	外縁付鈕1式	前2～1世紀
3	Ⅱ－2式	外縁付鈕2式	前　1　世紀
4	Ⅲ－1式	扁平鈕1式	1　世紀
5	Ⅲ－2式	扁平鈕2式	1　世紀
6	Ⅳ－1式	突線鈕1式	1　世紀
7	Ⅳ－2式	突線鈕2式	1　世紀
8	Ⅳ－3式	突線鈕3式	2　世紀
9	Ⅳ－4式	突線鈕4式	2　世紀
10	Ⅳ－5式	突線鈕5式	2　世紀

Ⅰ式－Ⅲ式は「聞く」銅鐸、Ⅳ式は「見る」銅鐸と呼びわけられる。正確に言えば、前者は祖神の霊に「聞かせる」大きな銅鈴であり、後者は「拝み見て」祈る銅鐸ということになる。

拝み見る銅鐸は祖神の霊と直接に交霊して願いごとを言上する信仰形態のものではなく、銅鐸そのものを神の化身として崇拝する地蔵尊信仰的な大地信仰の形態なのである。

一世紀に生まれた日本独特の拝み見る銅鐸は、ムラという運命共同体が、その平和と安全、無病息災、一族繁栄、豊作・豊猟などを祈願する神の化身として祭ったものである。

一世紀に起ったこの画期的な大変化は、一体何が原因であったのかは不明であるが、私はあえて次のように推測する。

徐市一行の支隊が本州に移住してから二五〇年近く経った頃は、農村の形態・習俗、農民の価値観もすっかり変った。聞く銅鐸を用いて交霊する作法を知らない村長さえ出現したであろう。そこへ、東海地方の工人が無舌で華麗な突線鈕の銅鐸を作り、

「この銅鐸は拝むだけで霊験《れいげん》がある」と宣伝して売りこんだ。そして一世紀に東海地方で旱魃《かんばつ》が起き、このとき降雨を祈ってこの銅鐸を拝んだところ、偶然にも豪雨が降るという奇跡が起きた。この霊験あらたかな銅鐸の噂《うわさ》が広まり、以降Ⅳ式銅鐸が盛行するようになった。

ただし、旱魃の少ない日本海沿岸へはあまり滲透《しんとう》していない。

6 近畿銅鐸の製作と移出

大阪府東大阪市（河内）の生駒山西麓の鬼虎《きとら》川遺跡から、Ⅱ－1式の銅鐸鋳型が出土した。

この遺跡の銅鐸鋳型は和泉の砂岩を材料とし、流水紋を有することが特徴である。この鋳型で作られた銅鐸は兵庫県桜ケ岡神岡、滋賀県新庄、鳥取県泊、大阪府神於《こうの》などに移出されている。

鬼虎川遺跡の西方の瓜生堂付近は、前三世紀末頃には河内湖に面する平野であり、豊前の遠賀川式土器を携えた耳族の農民が多数移住して米作りを行ったところである。鬼虎川遺跡では、主に河内平野の農民の祭祀用として銅鐸を作ったものと思われる。

生駒山西麓に工房を設営したのは、高温を要する炉の燃料となる木材（炭）が近くにあったことと、炉に吹きこむ海風をうまく利用するためと思われる。

なお、一世紀に作られた銅鐸には、大阪府茨木市の東奈良遺跡の工人との技術交流のあとが認められる。

前三世紀末から前二世紀初頭の頃、遠賀川式土器を携えた耳族の農民は、淀川の支流の檜尾《ひお》川の東の扇状地である高槻市安満《あま》にも移住し、直径約一〇〇メートルの二重環濠集落を作り、約五十人が居住した。環濠の外側には墓地と水田を作った。

また、安満の村とほぼ同時期に、すぐ南西の茨木市の東奈良遺跡に、徐市に同行した予州出身の百工が銅材などを携えて移住した。

彼らは三嶋溝橛耳神《みしまみぞくいみみ》の祖先であり、秦の始皇帝の下で淮河などの治水や運河造成工事を行った土木関係の工人であったが、徐市と共に来日し、筑後、佐賀、大阪などの平野の干拓工事を行った技術者達である。この技術者集団のなかの玉櫛媛《たまくしひめ》は、ガラス製の勾玉《まがたま》、管玉《くだたま》などを作る女神である。「玉」は勾玉や管玉のことであり、「櫛」は「奇《く》し」である。また、五十鈴媛《いすずひめ》が銅鐸（鈴）や銅鏡を作る女神であることは前述のとおりである。

東奈良遺跡は約一キロメートル四方もあり、前二世紀から四世紀までの連続する遺跡である。すぐ北方には三島丘、耳原などがある。

東奈良遺跡から流水紋銅鐸鋳型石片（四個分以上）、袈裟襷紋《けさだすきもん》銅鐸鋳型（一個分）、銅戈鋳型（二個分以上）、勾玉鋳型（二個分）、フイゴ、羽口（六個分）が出土している。摂津における青銅器、ガラス器製作の一大中心地であったことは明らかである。鋳型の石材は神戸市西部の凝灰質砂岩である。

これらにより作られた銅鐸は、滋賀県（Ⅱ－１式）、大阪府桜塚（Ⅱ－２式）、兵庫県気比（Ⅱ－２式）、三重県磯山（Ⅱ－２式）、兵庫県渦森（Ⅲ－２式）、兵庫県桜ケ岡神岡（Ⅲ－２式）に移出されている。

また、最近ここから前一八〇年頃の小銅鐸が出土したが、推定で約一五〇年間も音を鳴らした痕跡が認められた。

鬼虎川と東奈良の二遺跡で作られた初期の銅鐸は、鉛の同位体比の測定によれば華北の銅を使用した可能性が大きい。

一世紀になって兵庫県の姫路市に、東奈良に移住した予州の技術集団の流れをくむ一団により銅鐸工房が設けられ、摂津銅鐸の系統をひく小銅鐸を作り、大阪府門真野（Ⅲ－２式）、和歌山県石井谷（Ⅲ－１式）などに移出されている。

その後、一世紀に愛知県でⅢ式銅鐸が作られ、さらに二世紀になって三遠式や近畿式といわれる銅鐸が作られるようになった。

近畿を中心に初期の銅鐸文化が栄えた理由として、次の三点をあげることができる。

①九州に比して平和であり、ムラという稲作などの農業共同体が強力に存続した。
②鉄製品の流入が遅く、銅の文化が長く続いた。
③銅鐸祭祀が盛行した予州出身の農民の銅鐸に対する需要が多く、また、精巧な銅器製作技術を有する予州出身の工人の移住者が多かった。

参考までに銅鏡についてみてみよう。

三世紀末から四世紀前半に、東奈良遺跡や奈良県の鍵唐古遺跡で作られたと推定される三角縁神獣鏡の図柄は、徐市に関係の深い蓬莱《ほうらい》神仙郷を表現したものである。銘文には陳、張、王などの工人の姓や、「本是京師絶地亡出」の文言がある。これは「彼らの祖先は、昔、黄河流域の中国の都（予州）で師と仰がれた工人であったが、止むを得ない事情があって、故郷を捨て亡命のようにして出国したまま、一度も帰国したことはない」という意味のものである。これには工人の誇りと強い郷愁が感じられる。

また、「用青同至海東」という文言もある。青銅器の工人であり、東方海上の日本に渡来したことを述べたものである。

因みに三世紀以前では日本産の銅はない。大量の銅を近畿に輸入することは当時としては難しかったから、徐市一行の百工が携行したものと考えるのが妥当である。

このことに関して、徐市が秦の始皇帝に偽りの報告をしたとき、蓬莱島の大神の使者が「銅色にて竜形なり、光上《のぼ》りて天を照らす」と述べていることに思い当たる。おそらくこれは、徐市が、大量の銅材を求める理由を始皇帝から問われたときに、「それは大神の好物だからです」と回答するための伏線だったのであろうと推測され、徐市の用意周到さに感服させられる。

7　銅鐸の埋納

銅鐸は明らかに穴を掘って埋納した状態で発見されている。そして埋め方には規則性は認められない。今日まで埋納の理由（動機）として次の四点があげられている。

①銅鐸は土中に埋めることを目的に（または前提に）して作り、直ちに埋めた。
②作った銅鐸を各地に配分するまでの間、土中に埋めて保管した。
③平素は土中に埋めておき、祭祀の都度掘り出して使用した。しかし、銅鐸の祭祀が廃絶したため、そのまま土中に残った。
④地上で祭祀に用いていたが、社会が根底から覆されるような非常事態が発生したため永遠に埋めた。さらに言えば、地上で祭祀に使用すると異宗徒または反逆者とみなされて攻撃され、国邑の存立が危うくなるような革命が発生したため、山腹などに埋め隠し、山そのものを崇拝の対象にした。

①については、悪霊の侵入を防ぐため村境などに銅剣や銅矛を埋めた例はある。しかし、それにしては文様や光沢があまりにも美しすぎる。また、初期の銅鐸には鈕と舌があり、地上で鳴らして使用した痕跡がある。
②については、わざわざ土中に埋めたり掘り出したりするのは手間がかかるし汚くもなる。また、大量に埋納された銅鐸は製作の時期や型式が異なっている。
③については、土中に（から）反復して埋めたり掘り出したりした痕跡は認められない。
以上から、私は④の説に賛成である。

大量の銅鐸を集中的に埋納したものとしては次の五か所がある。

①滋賀県野州《やす》町小篠原村大岩山（一四六メートル）
②島根県大原郡加茂《かも》町岩倉大山（二八三メートル）
③島根県簸川郡斐川町神庭西谷（荒神谷）大黒山（三五八メートル）
④兵庫県桜ケ岡神岡
⑤和歌山県南部

このうちの①、②、③についてみてみよう。

埋納された銅鐸などの製作の時期や型式はまちまちであるが、埋納地域については「やす」と「大□山」という共通する地名がある点に注目する必要がある。

滋賀県東部では現在、開発の進展に伴って遺跡が発見されだしている。最近も守山市の弥生時代中期の九重環濠集落「下之郷遺跡」から、前一九〇―前一八〇年の杉材の盾が完形で出土した。

野州町小篠原村大岩山では、一八八一年に十四個の銅鐸が発見され、一九六二年に、約四〇メートル離れた地点で十個の銅鐸が発見された。この十個のうち九個は大・中・小の三個一組の入れ子の状況で、尾根の頂《いただき》から一六メートル下の斜面に埋納されていた。

これら合計二十四個の銅鐸は、製作の時期は同じでⅣ式であるが、作風はそれぞれ異なっている。

野州《やす》町の「やす」は、中国の徐州の「徐」や泰山の「泰」が地名の起源であることは前述のとおりである。佐賀県鳥栖市の安永田《やすながた》、安良《やすろ》（魯）、同県の北茂安町、福岡県久留米市の安武《やすたけ》、同県朝倉郡の夜須《やす》町、天安河《あめのやすのかわ》（小石原川）などと共通するものであり、徐市一行の支隊が、肥前、筑後から近江に移住したことを物語っている。

島根県大原郡の加茂岩倉遺跡には、約二千年前に製作されたとみられる三十九個の銅鐸が入れ子の状態で埋納されていた。これらの銅鐸で祭祀を行った人々の始祖は、前三世紀末に鳥取県の安来《やすき》市に移住し、次第に西進して島根県の出雲地方を開拓した人々である。安来市の「安」は前述の野州町と同様のものであり、彼らも徐市一行の支

島根県加茂町岩倉遺跡

隊である。おそらく『出雲国風土記』に登場する国引坐八束水臣《くにひきませるやつかみずおみ》津野命《づぬのみこと》は彼らの首長であろう。

彼らは鬼虎川や東奈良の同族の工人が製作した銅鐸を移入して、祭祀を行ったと思われる。

また、佐賀県鳥栖市とも交易や技術交流が行われ、安永田で作られた邪視文《じゃしもん》銅鐸が鳥取県西部や島根県に移入されている。さらに、鳥栖市柚比本村出土の朱漆塗り玉飾り銅剣鞘には、出雲の玉造りや漆の技術が伝播したあとが認められる。

三世紀には出雲国造の始祖にあたる天之菩卑能《あめのほひの》命が耳族の縁故を頼って、筑後の宝満川下流域（小郡市）から嘉穂郡（原出雲国）経由で安来市に移住している。

次に、埋納した山の名前をみてみると、野州町が「大岩山」、加茂岩倉が「大山」、荒神谷が「大黒山」であり、いずれも「大□山」となっていて頭に「大」の字を冠している。しかし、これらより高くて大きい山は近くにはいくらもある。おそらく「大」は元をただせば「王」だったのであり、これらの三山は「王氏の霊山」だったのである。大黒山は葦原色許男命《あしはらしこおのみこと》（大国主神の別名）を祭る山であるが、大国主神の元の姓は王であったと思われる。

銅鐸の埋納の仕方には規則性はないとされているが、これら三山の埋納状態には共通点が認められる。それは狭い土中を極めて有効に利用して整然と並べられていることである。大岩山の銅鐸出土状態は残念ながら詳しく調査保存されていないため不明な点が多いが、入れ子にしたものがあったと伝えられている。

最近発掘された加茂岩倉遺跡では、発掘に際してこの点にも深い注意が払われた。

埋納状態の推定復元によれば、約二メートル×一メートルの一畳程度の狭い埋納坑のなかに、中型（四五－四九センチメートル）の銅鐸二十個と小型（三〇センチメートル前後）の銅鐸十九個とを入れ子にして、鰭《ひれ》を立てた状態で、ほぼ接して整然と並べられていたらしい。

現地の説明板によると鰭を立てた状態を「横向き」と説明しているが、これは「仰向け」、または「うつ伏せ」なのである。鰭を真正面にして見る姿が神々《こうごう》しい地蔵尊（神の化身《けしん》）の真の御姿なのである。

安永田の銅鐸工人が販路の拡大に失敗したのは、近畿などの需要者の地蔵尊崇拝（大地信仰）の深層心理を理解できず、恐ろしいけれど神々しくない邪視文銅鐸しか作れなかったことが主な原因なのである。

また、加茂岩倉の北西三・三キロの斐川町神庭荒神谷遺跡から、銅剣三五八本と共に銅矛十六個（安永田で作ったもの）と銅鐸六個が出土した。この銅鐸は前二－前一世紀のⅡ式で本行で作られたものである。これらもまた見事なまでに整然と埋納されていたのである。

大岩山、大山、大黒山の三山の銅器は、その製作時期や型式などは別々で入手の経緯も異なるが、三者ともに「周辺の各村落ごとに祭祀に用いられていたが、ある時、重大な革命が起きて、祭器の存在そのものが村落（または国邑）の平和と独立を危うくするような情勢となったため、全ての村落の祭祀用銅器を集めさせ一括埋納したもの」と考えられる。

そして、その時期以降、掘り出したり、また埋めなおしたような痕跡は認められない。おそらく埋納した三山そのものを崇拝の対象としたのであろう。特に注目すべきことは、加茂岩倉の銅鐸の鈕と荒神谷の銅剣群には同じような「×」印の刻印が施されていることである。誰が何故このようなことをしたのであろうか。

加茂岩倉の銅鐸は、鳥取県米子市付近から島根県大原郡加茂町にまたがる地域の村々で祭祀に使用していたものを一括埋納したものであり、天之菩卑能命の系列の「やす」の耳族のものであったと思われる。

8 荒神谷の銅器

一方、荒神谷の銅器は、三世紀中葉に、天孫の日子番能邇々芸命《ひこほのににぎのみこと》に大国を譲って島根県の出雲市、大社町、斐

島根県平田市の美談神社の碑

川町などの斐伊川下流域に入植（亡命）した大国主神の一党の子孫が保有していたものと思われる。

この銅器の入手の経緯の概要は次のとおりである。

前述したとおり徐市直系の子孫と目される経津主神（別名、天夷鳥命、または建比良鳥命）は三世紀中葉、鳥栖市の布津原《ふつはら》町、平田町、柚比町（安永田）、江島町（本行）などに住み、銅器製作、製糸、海運を生業としていた。

倭（共和）国の行政王の月読命の要請を受け、大国主神との国譲り交渉の使者に立ち、葦原《あしはら》国と中津《なかつ》国の譲渡の前提条件について合意し誓約した。しかし、月読命の後継者の高木神は、大国主神が島根県に亡命後も、その誓約を履行しようとしなかった。その条件というのは、退去後の大国主神が住む宮殿の造営などの処遇に関するものであった。

仁義を重んずる耳族の統領である経津主神は、高木神に誓約の履行を進言したが受けいれられず、かえって疎《うと》まれるようになったため、同族の親友である天之菩卑能命の誘いに従って島根県平田市美談《みだみ》に亡命した。亡命後も信念を変えず、誓約の生き証人としてその履行を主張し続けた。

亡命に際して、安永田や本行にあった不要の銅器（銅鐸、銅矛）を銅材として携行していたので、これを鋳直して三五八本の銅剣を作り、神宝として大国主神に贈った。このことが美談として町名にまでなった。

しかし、大和王朝にとっては美談とは言えず、これが後日の争乱の因種となったのである。

荒神谷の銅器について、次のような二件の学術的証明が行われている。

①荒神谷で発見された銅剣と銅鐸は、組成が微量な元素に至るまで一致することが、東京国立文化財研究所の測定で判明し、公表された。

②鳥栖市教育委員会は次の見解を表明している。
「安永田遺跡や赤穂ノ浦遺跡から出土した銅鐸鋳型は『福田型』と呼ばれる種類の銅鐸ですが、これらは中国地方にのみ分布しています。また、本行遺跡から出土した銅鐸鋳型は、やはり、横帯文銅鐸の一種ですが、これは福田型銅鐸よりも古いタイプによるもので、銅剣が三五八本もまとめて埋められていたことで有名な島根県の荒神谷遺跡に、安永田遺跡で出土した銅矛鋳型と同じ種類の製品と一緒に埋められていた銅鐸で、これに似たものがあります。こうしたことから、北部九州で作られた銅鐸は、やがて中国地方に運ばれたものと考えるのが適当と思われます」（「史蹟安永田遺跡」鳥栖市教育委員会編）

島根県斐川町・荒神谷史跡公園の須佐之男命の碑

荒神谷を見下す高台にある荒神谷史跡公園には、三宝荒神が祀られている。祭神は大地主命、須佐之男命、建見名方命《たけみなかたのみこと》である。

須佐之男命は荒ぶる神として有名であるので、後世の付会と考えられる。大地主命は大国主神、または天之菩卑能命であろう。

建見名方命は大国主神が遠賀川下流域を大国の都としていた全盛時代に、鞍手郡の剣山や北九州市八幡西区馬場山に置かれた八千矛《やちほこ》神（大国主神の別名）の軍団の参謀長であった『古事記』の建御名方神《たけみなかたのかみ》のことであろう。

大国主神の亡命に随従した建御名方神の子孫が、大国主神の財宝（崇神紀によれば、武日照命《たけひなてるのみこと》の天《あめ》より将《も》ち来れる神宝を出雲大神《いずものおおかみ》の宮に蔵《おさ》む）を埋め隠した荒神谷を、国家機密として監視防衛した見張所が三宝荒神社《みたからこうじん》であろう。

加茂岩倉の銅鐸群と荒神谷の銅器群とは、その製作や入手の歴史を異にするが、これらを或る時期に所定の場所に集結させ、点検確認のうえ「×」印の刻印を施し得た者は、島根出雲国の最高実力者であった出雲国造をおいて外にはいないと断定できる。

9　銅鐸を埋納した事情

神武天皇が崩じた後、武勇に秀れた神沼河耳命《かむぬなかわみみのみこと》が皇位を継いだ。兄の神八井耳命は「吾は当《まさ》に汝の輔《たすけ》となり、神祇《あまつやしろくにつやしろ》を奉典《つかさどりたてまつ》らむ」と言って、全国の神社の統括者となった。そして母の媛蹈鞴《ひめたたら》五十《い》鈴媛《すずひめ》の実家（東奈良）に委託して三角縁神獣鏡を作成し、各国邑の祭祀長に配付した。

中央の祭政分離が地方に与えた影響は不明であるが、地方の実力者が祭祀長を兼ねた可能性は大である。

彼らは競って三角縁神獣鏡の入手に努め、自己の権力の顕示《けんじ》を図った。

このような銅鏡祭祀の全国伝播《でんぱ》は、村から国へという社会構造の変革も手伝って、国邑の首長の銅鏡に対する関心を高めさせることになり、次第に村落単位の銅鐸祭祀を衰退に向かわせたであろうことは首肯できるが、全国一斉に銅鐸を土中に埋納して祭祀を断絶させるまでには至っていないのである。何故ならば、神武王朝は耳族であり、基本的には銅鐸祭祀を容認したからである。

全国一斉とも言える銅鐸の埋納は第十代崇神天皇の御代（推定在位時期は三六五―三七五年）に起きた。

崇神天皇の五年に大和国に伝染病が大流行し、国民の過半数が死亡した。このため人々は流離《りゅうり》し朝廷に叛《そむ》く者もあった。

この混乱に乗じて大物主神は復権《ふくけん》を目論《もくろ》み、在地豪族のうちの不満分子《ふまんぶんし》を煽動《せんどう》して社会不安をさらに増幅《ぞうふく》させ、三輪山《みわやま》の尊崇《そんすう》ならびに同族の陶器業の意富多々泥古《おおたたねこ》（太蹈鞴根彦《おおたたらねひこ》の略）の重用を天皇に強請《ごうせい》した。

大物主神は、インドのアユダ国から妃として金官駕洛国《きんかんから》の首露王《しゅろ》のもとに嫁した許后《きょこう》の子孫のうちの来日した一族の総称である。したがって、三嶋溝橛耳神と同様に、土木工事や鉄製武器、陶器の製作などの高度の技術力を有する氏族である。

三世紀中葉に大国主神が島根出雲国の御大之御前《みほのみさき》に亡命し神戸川流域の水田造成工事をしたとき、土木工事を請《う》け負《お》ったのが大物主神である。そのとき、将来、「大物主神を御諸《みむろ》山（三輪山）の上に斎《いつ》き祭る」ことが約束された。

このことを『古事記』は次のように記している。

於是《ここに》、大国主神、愁《うれ》えて告《の》らさく、「吾独《あれひとり》のみして何《いか》にか能《よ》く此《こ》の国を作り得む。孰《いず》れの神、吾与《われとよ》能く此の国を相《あい》作らむ邪《か》。」とのらす。

是《こ》の時海を光《てら》し依《よ》り来る神有《あ》り。其《そ》の神言《の》らさく、「能《よ》く我が前を治《おさ》め者《ば》、吾能《よ》く共与《とも》に相作り成さむ。若《も》し然《しか》ら不者《ずは》、国成《な》り難《がた》けむ。」とのらす。爾《しか》して、大国主神曰《もう》したまわく、「然《しか》あら者《ば》治《おさ》め奉《まつ》る状《さま》は奈如《いか》に。」ともうしたまえば、答えて言《の》らさく、「吾者《あは》、倭之《やまとの》青垣の東の山の上に伊都岐奉《いつきまつ》れ。」とのらす。此者《こは》、御諸《みもろ》山の上に坐《いま》す神なり。

崇神天皇の名の御真木入日子印恵命《みまきいりひこいにえのみこと》の御真木は「尊い真実の王の村（城《き》）」であり、入日子は「婿《むこ》入りした彦」であり、印恵《いにえ》は「帰《い》（去《い》）に家《え》で実家に戻ること」である。

したがって、大和国の最高権力者（桜井市巻野の大《おお》〈多〉毘古命《ひこのみこと》）の家に婿入りしたが、田原本町多《おお》の実家に戻って皇位を継いだ天皇なのである。大国主神系の天皇と思われるが、往時の祖先の約束は果しそうにもなかった。

また、神武天皇に対しては、大物主神の妻の勢夜陀多良《せやだたら》姫や娘の富登多多良伊須須岐《ほとたたらいすすき》姫が鉄製の武器や工具を提供し、また、義父の三嶋湟咋《みしまみぞくい》も大和盆地の水田造成工事に積極的に貢献した。

しかし、娘が生んだ子供の名は日子八井命《ひこやいのみこと》である。

一方、事代主神の娘が生んだ子供の名は、神八井耳命《かむやいみみのみこと》や神沼河耳命《かむぬなかわみみのみこと》というように「神《かむ》」や「耳《みみ》」の字がついている。

このように、大物主神が努力しているにもかかわらず、物部《もののべ》氏や和珥《わに》氏よりも一段下に処遇されてきたという経緯があり、三輪山の大物主神の一族には、肌色が違う異国人として差別されることに対する不満が鬱積していた。また、実際の宗教面においても信奉する神は異国の神であった。

大物主神に同調した者達は強請の結果大きな成果を得たが、この余波《よは》を受けた天照大御神は宮中から追放され流浪の旅に出ることになった。

この擾乱《じょうらん》に悪乗りした物部氏が大毘古命《おおびこのみこと》や和珥《わに》氏の彦国葺《ひこくにぶく》らを味方に付けて、物部連《もののべのむらじ》の祖伊香色雄《おやいかがしこお》を神班物者《かみのものあかつひと》（神に供えた物を配分する係）にし、物部《もののふ》の八十瓮《やそびらか》を祭神之物《かみまつりのもの》として（物部氏に率いられた多数の武人を祭祀用具などの係に任命した）、神八井耳命《かむやいみみのみこと》が創始した祭祀組織に関する一切の権限を剝奪《はくだつ》した。

これに追討《おいうち》をかけるように、次のような詔勅が発せられた。

「遠荒《とおきくに》の人等《ひとども》、猶正朔《なおのり》を受けず。是未《これいま》だ王化《きみのおもぶけ》に習《なら》わざればか。其《そ》れ群卿《まえつきみたち》を選《えら》びて、四方《よも》に遣《つかわ》して、朕《わ》が憲《のり》を知《し》らしめよ」、「若《も》し教《のり》を受けざる者あらば、乃《すなわ》ち兵《いくさ》を挙《あ》げて伐《う》て」

これに対して、神八井耳命の系列の後裔たちは反抗し、混乱が全国的に起きた。その代表例は次の三つである。

①建波邇安王《たけはにやすのおおきみ》の叛乱

②旦波《たには》国の玖賀耳之御笠《くがみみのみかさ》の征討

③肥後国益城郡《ましきのこおり》の土蜘蛛《つちぐも》の征討

孝元天皇の皇子の建波邇安王は、神八井耳命が創始した祭祀組織の統括者の地位を継いで山代国椿井《つばい》大塚山を本拠地としていたが、崇神王朝の理不尽《りふじん》な横暴に抗して戦い、大毘古命と彦国葺の軍に敗れて討死した。旦波国の玖賀耳之御笠は建波邇安王の叛乱に連座《れんざ》した罪により、和珥氏系の日子坐王《ひこいますのおおきみ》によって征討された。

③の肥後国の事件については『古事記』、『日本書紀』には記されていないが、『肥前国風土記』には次のように記されている。

昔者《むかし》。磯城瑞籬宮御宇《しきみずがきのみやのみう》、御間城天皇之世《みまきすめらみことのよ》、肥後国益城郡朝来名峰《ひごのくにましきのこおりあさきなのたけ》に、土蜘蛛《つちぐも》の打猴頸猴《うちざるくびざる》二人有《あ》り、徒衆《としゅう》一百八十余人を帥《ひき》い、皇命を拒捍《こば》み降服を不肯《がへんぜず》。朝廷勅して肥君等祖健緒組《ひのきみらがおやたけおぐみ》を遣《つかわ》し之《これ》を伐《う》たしむ。於茲《ここに》、健緒組、勅を奉じ悉《ことごと》く之《これ》を誅滅《ちゅうめつ》す。（中略）即《すなわ》ち、健緒組之勲《のいさおし》を挙《あ》げ、姓名を賜《たま》い、火君健緒純《ひのきみたけおずみ》と曰《い》う。便《すなわち》遣わして此国《このくに》を治めしむ。

一読した限りでは、手足の長い蜘蛛《くも》か毛深い猿のような姿をした山賊《さんぞく》達が里に降りて悪行を犯したため、皇命を受けて征伐した火君の功名譚《こうみょうたん》というような印象を受ける。

「勝てば官軍、敗《まけ》れば賊軍」の譬《たと》えのとおり、敗者の方は土蜘蛛だの、打首《うちくび》になった猿のようだから打猴頸猴だなどと悪口の言われ放題《ほうだい》である。しかし、よく読むと、罪名は皇命を拒否し降伏しなかったというだけのものである。おそらく崇神天皇が発した理不尽な詔勅を問答無用式に押しつけられた人々が、反抗したが皆殺しにされたということであろう。

朝来名峰《あさきなのたけ》の麓の御船町木倉の軍見坂《ぐみさか》を過ぎると、天君《あまぎみ》という地名がある。

おそらく天君は神八井耳命系列の神主《かんぬし》（または巫女《みこ》）で、衆望の厚い有徳《うとく》の人物だったのであろう。それが、いきなり神主の地位から追放され、代って物部氏系列の横暴な新参者を送りこまれても、天君を慕う人々は受容することはできず、天君を守って朝来名峰に立て籠《こも》り健緒組の軍と戦ったのであろう。

天君から東に進んだ所にある七滝茶屋ノ本の鼎春園《ていしゅんえん》は、幕末肥後勤皇党の総帥で池田屋事件で殺された宮部鼎蔵《みやべていぞう》の生家がある所である。その先には木倉の惣庄屋《そうしょうや》の光永平蔵が私財を投じて完成した嘉永《かえい》の井戸がある。この井戸水は今なお麓の集落の水田の用水として多くの恩恵をもたらしている。さらに、その先には八勢眼鏡橋《やせめがね》がある。この橋も御船町の酒屋の林田能寛と光永平蔵が協力して完成させたものである。この架橋によって交通と水利の便

（上）熊本県御船町上野の守護神社（嘉永の井戸）
（下）同町の八勢橋

が飛躍的に向上した。

昔から、この地方の人々は、正義感が強く、義侠心《ぎきょうしん》に富み、志操《しそう》堅固で勇猛であり、理不尽な権力には屈せず、抵抗するという「肥後もっこす」の代表者のような気質と気概をもっている。おそらく天君を擁して戦い、そして全滅した百八十余名の人々もまた同様の人々だったのではあるまいか。

健緒組の「おぐみ」は、倭建《やまとたけるの》命《みこと》（日本武尊）の別名である倭男《やまとお》具《ぐ》那王《なのおおきみ》の「おぐな」によく似ている。このため、両者が混同された結果、何時の間にか『古事記』では、健緒組の土蜘蛛征伐の説話が倭建命の熊襲征伐の英雄譚にすり替えられてしまった。

倭建命は第十二代景行天皇の御代の人物であり、吉備《きび》の精兵を率いて東北地方を平定したが、九州の熊襲とは無関係なのである。この混同の結果として、『古事記』の倭建命の系譜は極めて大きな矛盾と混乱を内包することになってしまった。

天君や人民が全滅して所有者不在となった六か村の土地は、没収されて天領とされた。おそらく嘉島町井手の六《ろく》箇《か》（嘉）荘《そう》がこれであろう。そして健緒組が六箇荘の代官に任命されたのであろう。

五世紀の築造とされる井手の装飾古墳の主と健緒組の子孫である火君との関係は、まだ解明されていない。

さて、島根出雲国においては、崇神天皇の詔勅に対して表面的には従順な姿勢で臨んだため、当初は大和王朝の討伐を受けずに推移した。

この頃、島根出雲国の内部は、親《しん》大和王朝派と親《しん》筑紫国派とに分れていた。出雲臣の遠祖にあたる出雲振根《いずものふるね》は後者であり、大国主神の神宝をつかさどっていた。弟とされる飯入根《いいいりね》は前者であった。

出雲振根の「振《ふる》」は「古《ふる》」のことである。「根《ね》」は、『古事記』、『日本書紀』においては本人（または祖先）の故国を示すものとして用いられている。つまり、出雲振根（または、祖先の天之菩卑能命）は筑紫国の原出雲国の出身者なのである。そして弟の飯入根は、他国（おそらく大和国）からの入婿《いりむこ》的な人物であったと思われる。

四世紀中葉の倭（共和）国＝筑紫国と、その分国とみなされる大和国との関係は不明な部分が多い。しかし、出雲振根は筑紫国とはしばしば往来し同盟関係を維持していたらしい。

熊本県嘉島町の井手古墳

隙あらば島根出雲国を侵略しようと考えていた大和王朝は、「武日照《たけひなてるの》命《みこと》が天《あめ》より将《も》ち来り、出雲大神《いずものおおかみ》の宮に蔵《おさ》めた神宝を見たい」と要求した。島根出雲国には神宝という名の多数の剣があるという風聞を耳にした大和王朝が、「これは大和に対する謀叛《むほん》の準備である」という口実を得んがためのものであった。

大和王朝の魂胆《こんたん》を見抜いた出雲振根は、これへの対処方針の協議と、万一、大和王朝が攻撃してきたときの筑紫国の軍事的・経済的支援の約束をとりつけるため筑紫国に赴いた。

大和王朝は出雲振根の不在を見すまして、武諸隅《たけもろすみ》を島根出雲国に派遣した。親大和国派の飯入根は、兄の振根には無断で神宝（一部のみか）を差し出してしまった。

筑紫国から帰国した出雲振根は飯入根を責め、ついに殺してしまった。

この機を逃さず大和王朝は吉備津彦《きびつひこ》と武渟河別《たけぬなかわわけ》を遣わし、出雲振根の不意を急襲させて殺した。大和王朝は島根出雲国を略奪することはできなかったが、島根出雲国と筑紫国との軍事同盟に楔《くさび》をうちこむことに成功した。

『古事記』では景行天皇の御代に倭建命が出雲建を征伐したことになっているが、これは誤りである。

このときの歌「や雲立つ　出雲梟帥《いずもたける》が　佩《は》ける太刀《たち》　黒葛多巻《つづらさわま》き　さ身無《みな》しに　あはれ」は、鉄器の製造が盛んで鉄刀で武装した吉備の軍勢に対して、葛《かずら》が巻きついて役に立たない旧式の銅剣と木刀しかない島根出雲国の軍兵が大敗したことを譬喩《ひゆ》したものである。

このことがあって、島根出雲国では祭祀が一時的に中断されている。おそらく、このときに、出雲振根の後継者である出雲国造の岐比佐都美《きひさつみ》が、災厄《さいやく》のもととなる国中の祭祀用銅器を集めさせ一括埋納したものであろう。なお、他国の「やす」族にも密かに伝達され、全国一斉に埋納されたものと思われる。

『日本書紀』によれば、「故《かれ》、出雲臣等、是《こ》の事に畏《おそ》りて、大神《おおみかみ》を祭らずして間《しまし》あり」とある。

その後、呪言《じゅげん》にも似た怪しげな神の託宣《たくせん》が巷間に広まり、その噂を耳にした皇太子（第十一代垂仁天皇）が崇神天皇に奏上した結果、祭祀は再開された。

けれども、「出雲大神の祟《たたり》がある」という呪言は的中して、垂仁天皇の皇子の誉津別命《ほむつわけのみこと》は生まれながらの啞《おし》であった。

患《うれ》えた垂仁天皇の夢枕に立った出雲大神は、「我が宮を天皇之御舎如修理者《みあらかのごとおさめば》、御子《みこ》必ず真事登波牟《まこととわむ》」と覚《さと》した。

皇子が「大神を拝《おろが》み訖《お》えて、還《かえ》り上《のぼ》ります時、肥河之中《ひのかわのなか》に黒き巣橋《すばし》作り、仮宮《かりみや》を仕《つか》え奉《まつ》り而坐《ていま》せたり、爾《しか》して、出雲国造之祖《おや》、名は岐比佐都美《きひさつみ》、青葉の山を餝《かざ》り而《て》、其の河下《かわしも》に立て、大御食献《おおみけたてまつ》らむとする時、其の御子《みこ》詔言《の》らさく、『是《こ》の河下に、青葉の山の如き者、山と見えて山に非《あら》ず。若《も》し出雲之石硐之曾宮《いわくまのそのみや》に坐《いま》す、葦原色許男大神《あしはらしこおのおおかみ》を以《も》ち伊都玖祝《いつくはふり》が大庭《おおにわ》にや』と問い賜《たも》うた」と『古事記』は記している。

石硐の曾宮は、荒神谷の西方の神氷にあったとされている。石硐は岩倉とも考えられる。
大山と大黒山を神体山として拝み祭る祝《はふり》の大庭にあたる神原《かんばら》神社は、斐伊《ひい》川に沿った加茂町大字神原にあり、神原神社古墳からは三角縁神獣鏡が出土している。

その後、「屢《しばしば》使者を出雲国に遣して、其の国の神宝を検《かむ》校《が》えしむと雖《いえど》も、分明《わきあか》しく、申《もう》言す者も無し」と垂仁紀に記されている。

天智天皇の七年（六六八年）に銅鐸が発見されたとき、その使用目的を知っている者が一人もいなかったとしても不思議ではない。

第五章

大山津見神・神産巣日神

1　立岩堀田遺跡群

福岡県飯塚市立岩《たていわ》遺跡群は、飯塚市の大字立岩から大字川島にまたがる約一キロメートル平方の高台（標高約五〇メートル）にある。立岩の西部の新立岩の西方で嘉麻川と穂波川とが合流し遠賀川となる。

この遺跡群は次の遺跡から成り立っている。

①甕棺出土遺跡　十一か所（王家の墓地と目される堀田遺跡を含む）
②竪穴住居跡　二か所
③土器、石器類出土遺跡　十数か所
④貯蔵穴（袋状竪穴）跡　多数
⑤石包丁等石器製造工房跡　三か所
⑥石包丁等石器集積所跡　一か所
⑦青銅器鋳型出土遺跡　二か所

嘉穂盆地を一望に俯瞰《ふかん》する立岩の最高所に設けられた堀田遺跡は、王家の墓地と目されている。前三世紀末に、この高燥《こうそう》な地区に多数の袋状竪穴群が作られ、自家製の石包丁で刈りとられた稲穂が貯蔵されていた。弥生時代中期前半に高床の倉庫が作られ、不用となった貯蔵穴は王家の墓地に転用された。「飯《いい》（稲）」を貯蔵する穴が「塚（墓）」になったので、この地を「飯塚《いいづか》」と呼ぶようになったのである。

堀田遺跡から出土した甕棺は四十三基であり、うち成人用は十八基である。この甕棺群は四期に分けられるが、表9の甕棺は弥生時代中期後半にあたる第二期のものである。そのうちの十基が立岩型、三基が道城山《どうじょうやま》型で石蓋《せきがい》の単棺である。

表9　副葬品出土甕棺（成人用）

号	副　葬　品	備　考
10	前漢鏡6、銅矛1、鉄剣1、ヤリガンナ1、砥石2	朱塗り
28	前漢鏡1、素環頭刀子1、玉類555、塞杆状ガラス器5	女性 朱塗り
34	前漢鏡1、鉄戈1、貝輪14	男性
35	前漢鏡1、鉄戈1、鉄剣1、玉類30〜40	朱塗り 男性 玉類は棺外
36	鉄戈1、刀子1、ヤリガンナ1	熟年男性
39	前漢鏡1、鉄剣1	熟年男性 朱塗り
41	鉄剣1、ガラス管玉4	

なかでも銅鏡六面をもち、王墓と目される第一〇号甕棺は、立岩の南西約二四キロメートルの筑紫野市道城山遺跡や嘉穂郡桂川《けいせん》町土師《はじ》の十《じゅう》三塚《さんづか》遺跡で発見される「道城山型」である。

なお、一〇号甕棺の中細型銅矛は、委奴国（春日市大谷遺跡）で弥生時代中期の中葉から終末に作られ、立岩に移出されたものである。

2　石包丁など石器の製造

下《しも》ノ方《かた》、甘木《あまぎ》山、坂元《さかもと》の各遺跡では、石鎌《いしかま》や石剣、石戈なども製作されているが、石包丁の製造が群を抜いて多量である。焼《やけ》ノ正《しょう》遺跡では、おびただしい数の石包丁が出土したといわれている。

石包丁の原石の輝緑凝灰岩（安山岩質凝灰岩）は、立岩の西北約六キロメートルにある笠置《かさぎ》山（王氏の聖山で別名は大山。四二五メートル）北麓の石川（千石峡《せんごくきょう》）の川原で採集され、立岩で裁断加工された。

この原石は小豆《あずき》色で粘りがあり、加工し易く、加工した製品は稲穂の刈りとりに適していた。

この石包丁は大ヒット商品となったとみえて、弥生時代中期から福岡県、佐賀県を中心に北部九州に移出された。

こうして富の源泉となった原石の盗難予防は厳重を極めた。「大山《おおやま》」の北麓の石川の「津」の「見《み》（見張り）」をする神であるところから、大山津見神《おおやまつみのかみ》と呼ばれるようになったのである。

3　大山津見神一族

大山津見神の出自を考えるうえで、参考となる事項は次の七項目である。
①前三世紀末頃に飯塚市立岩に定住した。年代的にみて、徐市一行の一支隊と考えられる。
②住みついた当初から稲作農業を行っている。当時、稲栽培の北限は北緯三十八度線であった。
③元の姓は「王」と思われる。渤海湾沿岸には王氏が多数住んでいる。
④神武天皇と同様に、好んで高原盆地に住んだ。人は故郷に似た環境を好むものである。
⑤墓制は甕棺墓である。立岩堀田遺跡では、中国東北部の墓制である支石墓や石棺墓は認められない。
⑥大山津見神の子と自称した足名椎《あしなつち》は、山西省の出身と思われる。ただし、実子であるという証拠はない。
⑦伊都《いと》国（三雲）、委奴《いな》国（須玖岡本）、伊邪《いや》国（吉武高木）の各国王と同様に、剣、鏡、玉、矛、戈などの副葬に熱心であった。

⑦の傾向は、朝鮮半島経由の渡来人に多く見られる。徐市が住んだ佐賀平野では、漢鏡の出土は少ない。これに比して大山津見神の銅鏡に対する執着心は異常である。

しかし、筑豊地方は筑前と豊前の文化が混成された地域である。委奴国（春日市大谷）製の銅矛が立岩堀田の一〇号甕棺に副葬されているところに、筑前の影響の大きさを知ることができる。

以上から総合的に判断すると、大山津見神は、徐市一行のうちの魯山または山東半島の高原盆地の出身者であろう。

弥生時代の前期から後期末まで、遠賀川流域の筑豊の大富豪として君臨した歴代の首長を総称して「大山津見神」という。

飯塚市立岩の立岩神社

飯塚市菰田東の三嶋神社

前三世紀末、徐市に同行して来日した大山津見神は旧嘉穂郡に移住した。旧嘉穂郡（延喜の制では嘉麻郡と穂波郡）は、低い山々にとり囲まれた高原の盆地である。奈良県の大和盆地を小さくしたような景色であり、中国の高原盆地から渡来した弥生人には恰好の天地に思われた。彼らは、その中でも高燥な一等地の立岩に居を定めた。

最初に取りくんだのは、嘉麻川下流域の三緒《みお》と菰田《こもだ》を干拓して水田を造成する事業であった。この工事は三嶋神《みしまのかみ》の娘の木花開耶姫神《このはなのさくやひめのかみ》と溝樴姫神《みぞくいひめのかみ》の協力を得て完成した。これらの神は大山津見《おおやまづみ》神とともに飯塚市菰田《こもた》東《ひがし》の三嶋神社に祭られている。

三嶋神は、秦代に中国で水田や運河の造成工事を行った土木の工人である。来日後、筑後の三潴郡の湿原を干拓して功績をあげ、三潴郡の数か所の三嶋神社に祭られている。三嶋神は、東奈良の三嶋溝橛耳神の祖神でもある。

この水田で実った稲穂を石包丁で刈りとり、堀田の竪穴に貯蔵したとき、大山津見神は満ち足りた豊かな気分になったことであろう。

同じく前三世紀末、筑紫野市大字武蔵《むさし》の道城山（遺跡）に、同族である耳族の集落が形成されている。

大山津見神は、弥生時代中期初頭になって高床式倉庫を建て籾を貯蔵するようになり、不用となった堀田の竪穴を王家の甕棺墓地（堀田第一期）とするようになった。

同じ頃、嘉穂郡穂波町大字椿《つばき》スダレ遺跡と桂川町土師《はじ》八王寺などに、分家と目される集落が形成されている。

前述のように大山津見神は、鞍手郡宮田町にある笠置《かさぎ》山（大山）北麓の千石《せんごく》の石川（千石峡）の川原に散在する小豆色で粘質の凝灰岩を用いて石包丁を作ったのであるが、これが稲穂つみに最適のものであったため大ヒットし、従前から流通していた頁岩質砂岩の石包丁を駆逐し北部九州一帯を席巻《せっけん》してしまった。

これにより大山津見神は、たちまち大富豪となり、筑豊地方に君臨するようになった。富の源泉となった原石を独占しようと考えたのは当然であろう。石川の川原へ侵入しようとする者を排除するために、数か所の検問所を設けた。推定される遺跡は次のとおりである。

鞍手郡若宮町下・日吉神社内の大山祇神社

①飯塚市二瀬《ふたせ》下伊川《いかわ》（遺跡）：西方と南方からの侵入に備えたものであり、かなりの駐屯部隊がいたらしく、成人用甕棺から鉄矛一個が出土している。

②飯塚市庄司石道神社：南東方面からの大山への登山口を扼《やく》する位置にある。この神社の境内には石堂権現石碑がある。なお、庄司は後世、石材加工の町となった。

③鞍手郡宮田町千石山《せんごくやま》ノ神《かみ》の大山祇神社：千石峡への入口にあたり、最も採石場に近い監視所であった。

④鞍手郡若宮町下《した》の日吉神社：神社境内にある大山祇神社は北方からの侵入に備えた検問所であったと思われる。

石川の川原への立入禁止の制は近隣では有名であって、『日本書紀』に記されている下照姫《したてるひめ》の次の歌（川柳に近いものであり、今夷曲《いまひなぶり》という）が、このことを雄弁に物語っている。

天離《あまさか》る夷《ひな》つ女《め》の　い渡《わた》らす迫門《せと》　石川片淵《いしかわかたふち》
片淵《かたふち》に　網《あみ》張《は》り渡《わた》し　目《め》ろ寄《よ》しに　寄《よ》し寄《よ》り来ね　石川片淵《いしかわかたふち》

下照姫《したてるひめ》は大国主神の娘であり、鞍手郡若宮町の稲光《いなてる》と下《した》を治めた姫である。天孫降臨のための国譲《くにゆず》り交渉の第二回目の使者を命ぜられ大国の若宮町に至った天若日子《あめのわかひこ》と結婚した。下照姫の領地の下《した》は石川の北岸にあたる。迫門《せと》は千石峡を指している。「目ろ寄し」は両眼を中央に寄せ、（この場合は南側を）脇見しないことである。

「石川で漁をするときは、北側の淵（片淵）でしなければならない。原石の採れる南側に立ち入ってはならない」という大山津見神が定めた掟《おきて》は、三世紀中葉に至ってもなお健在だったことを、この歌が示している。また、この歌には「もう石包丁は売れないのに、いつまでも煩《うるさ》い神様だなあ」という庶民（夷《ひな》つ女《め》）の揶揄《やゆ》が言外に含まれているのである。

若宮町力丸の加茂宮

大富豪となった大山津見神は、中期後半になって、堀田に前漢鏡などの豪華な副葬品をもった王家の甕棺墓群（堀田第二期）を作った。この頃が大山津見神一族の最盛期といえよう。

このなかの王墓と目されている一〇号甕棺は、筑紫野市武蔵道城山遺跡の道城山型甕棺である。この甕棺は筑紫野市杉塚に住んでいた耳族の埴安《はにやす》（今は神社古墳）の工人が作ったものか、または紀元一世紀初頭に、ウシどんによって滅ぼされた道城山や埴安の工人が桂川町土師八王寺に亡命した後に作ったものか不明である。十三塚遺跡からも道城山型甕棺が出土しているが、一〇号甕棺については前者のケースであろうと推定している。

土師八王寺では中期初頭から「立岩型」と呼ばれる甕棺が作られ、近くの十三塚に埋葬されたほか立岩などにも供給されている。

おそらく、土師の土器工人は、後年、筑紫野市からの亡命工人を加えて、筑豊の耳族の甕棺葬の儀礼をも担当する氏族となり、さらに後世、糟屋郡を本貫の地とする菅《すが》（原《はら》）氏の祖先（神産巣日神→伊耶那美命《いやなみのみこと》→須佐之男命《すさのおのみこと》）とも人事・技術交流の末、親戚になったものと思われる。

「垂仁紀」によれば、皇后日葉酢媛命《ひばすひめのみこと》の死に際して殉死《じゅんし》を禁ずる代りに埴輪《はにわ》を作った。このとき野見宿禰《のみのすくね》は出雲国の土部《はじべ》百人を召喚して、人・馬などの埴輪を作った功績により、土部の職《つかさ》に任ぜられ、土部臣《はじべのおみ》を賜ったとある。

私はこの出雲国は原出雲国の桂川町土師である公算が大であると考えている。何故ならば、菅（原）氏は今なお野見宿禰を祖先として祭っているからである。

4　大山津見一族の衰頽

大山津見神の衰頽《すいたい》は弥生中期末から始まっている。このことを端的に象徴しているのが立岩堀田の遺跡である。堀田第二期の甕棺墓のなかには前漢鏡などを副葬した甕棺墓が五個もあるが、中期後葉以降になると青銅武器が姿を消し、代りに鉄剣、鉄矛などの鉄製武器が副葬されている。さらに、後期（堀田第三期）になると副葬品は皆無に近い。

衰頽原因の第一は、一世紀になってから鉄器が流入して石器を駆逐し、次第に石包丁の販売量が減少し財力が低下し始めたことである。

一〇号甕棺（王墓）の中細形銅矛は、有利な価格（物々交換比率）で委奴国（春日市大谷）から調達したものと思われるが、全盛時代だからこそできたことである。石包丁との物々交換が容易でなくなってからは、銅器を入手することはできなかった。このため、鋳型を作って自家製の銅器の試作を行ったが失敗してしまった。堀田第二期の終末期には、止むを得ず鉄器のみを副葬するようになったが、堀田第三期に至っては、ついに鉄器さえも副葬することができなくなった。

原因の第二は、一世紀初頭から委奴国の権勢が相対的に強盛になり、中国との交易を独占し始め、五七年の金印授与以降は公然と武力を行使して他国の交易を妨害したため、漢鏡を入手できなくなったことである。堀田第二期の銅鏡は全て前漢鏡であり、後漢鏡は皆無であることが、このことを証明している。

しかし、大山津見神の漢鏡に対する愛着心は極めて強く、中国との交易ルートの開拓に腐心した。その道は当時、筥松《はこまつ》（崎）や香椎《かしい》の港に面する糟屋郡の勢力と提携して代理貿易を委託する方法であった。この対策は糟屋郡側とも利害が一致し試行されたが、委奴国志賀島の監視網に発見されて航行を妨害され、不発に終わってしまった。

かくして大山津見神の苦悩と委奴国に対する敵対心は次第に深まっていったのである。

5　面を創建した部族・神産巣日神

神産巣日神《かむむすひのかみ》は、天之御中主神《あめのみなかぬしのかみ》や高御産巣日神《たかみむすひのかみ》とともに『古事記』の冒頭《ぼうとう》に出現する神である。

高御産巣日神が中国東北部の出身であるのとは対照的に、神産巣日神の源流は中国南部の揚州や越州などの東シナ海沿岸に住んでいた夷《い》族であると考えられる。南船北馬《なんせんほくば》と言われるように、夷族は海や河川を航行して移動するのが得意な民族である。また、食物は五穀のほか魚介や海草が中心であって、容易に入手できるので、中国内陸部の民族に比して日本列島への渡来は容易であった。このため縄文時代の後期から晩期にかけて日本列島に渡来した民族の主流は夷族であったと思われる。

夷族は恵比須《えびす》とも呼ばれ、九州や日本海、瀬戸内海沿岸地帯に住みついた。当初は漁業に専従したが、次第に河口にできた自然の中洲を利用して大麦（牟《む》）、粟などを栽培し、弥生時代になると水稲耕作も行うようになった。

神名の「神《かむ》」は、遠い神代の時代に生れた（渡来した）神であることを意味している。「産巣」は「生《う》まれた州《す》」、または「牟《む》の州《す》」のことであり、「日」は「干《ひ》」である。

神産巣日神が、『古事記』や風土記に登場した例は次のとおりである。

①須佐之男命《すさのお》が大気都比売神《おおげつひめのかみ》（筑後の矢部《やべ》川河口において天照大御神の食料を担当した女神）を殺したとき、「殺された神の身に生《な》れる蚕《こ》、稲種、粟、小豆、麦、大豆」を神産巣日神の御祖命《みおやのみこと》が取りあげて種とした（『古事記』）。

②大国主神が八十神《やそかみ》に謀《はか》られて大火傷《やけど》を負い死んだとき、天《あめ》（この場合は糟屋郡または宗像《むなかた》郡西部）の神産巣日命に請うて、蚶貝比売《きさかいひめ》の岐佐宜《きさげ》の粉末と蛤貝比売《うむがいひめ》の乳汁《ちしる》を混《ま》ぜて塗って生きかえらせた（『古事記』）。

③大国主神が再び八十神《やそかみ》に欺《あざむ》かれて山中（福岡県築城《ついき》町寒田《さわた》付近か）で殺されたとき、御祖命が再生させ逃してやった（『古事記』）。

④島根半島北岸の最古の先住者である漁民の神としての「神魂命《かもすめのみこと》」が記されている（『出雲国風土記』）。

しかし、日本列島に渡来した夷族のなかでも、中核をなすのは、糟屋郡粕屋町江辻《えつじ》に渡来し、多々良《たたら》川、宇美《うみ》川、須恵《すえ》川の流域及び御笠《みかさ》川東岸を開拓し、「面《めん》（免《めん》）」国（仮称）を創建した部族である。

6　対馬から糟屋郡への渡来ルート

中国南部沿岸から山東半島を経て、黄海を渡った夷族は、韓国の忠清南道扶余郡松菊里《すんくくり》の蘇塗《そと》に長期居留《きょりゅう》し、中国東北部から南下した民族と一定の交流を行った後、洛東江支流の南江の南岸（咸安郡、馬山市、昌原市、鎮海市）を経て、さらに対馬、壱岐を経由して糟屋郡江辻に至った人々が多い。前四－前三世紀における松菊理と南江南岸と江辻遺跡の住居の建築様式（柱の位置、中央部床穴の形状）が極めてよく似ていることが、このことを証明している。

対馬においては高御産巣日神や和珥族が良港を占拠していたため、良港には恵まれていない。上県町の佐須奈、佐護及び上対馬町の琴などが夷族の主な根拠地である。しかし、「対馬」が馬山市に最も近く相対しているところから当てられた文字であることが示すように、もともとは佐須奈を示す地名であったのである。佐須奈の夷族は馬山市と頻繁に往来していたのである。

壱岐島は上空から見れば「南を向いた亀」のような姿をしているが、西側と東側とでは様相が著しく異なっている。西側の海岸は断崖《だんがい》が多く漁港に適しているが田畑は乏しい。一方、東側の芦辺町の幡鉾《はたほこ》川流域にはかなりの平野があり、南の石田町寄りに原《はる》の辻《つじ》遺跡がある。

漁業を主たる生業とした夷族は当然のように西側の勝本港、湯ノ本港、郷ノ浦港を根拠地とした。勝本町立石触《ふれ》字カラカミ、川久保、国柳にまたがるカラカミ遺跡は、弥生時代中期後半から後期前半の彼らの祭祀の跡である。カラカミは韓神、または唐神のことである。

この遺跡からは土器、小型仿製鏡、卜骨《ぼくこつ》、鉄器のほかに、鯨骨製漁労具や鯨骨製短剣（アワビ起し）が出土しており、鯨（いさな）漁を行った漁民のものであることは明白である。

常識的には壱岐島の東側と福岡湾東部とが、また壱岐島の西側と佐賀県の呼子《よぶこ》とが、密接に結ばれていただろうと思うのだが、現在でも例えば九州郵船の定期航路は、西側の郷ノ浦港と博多港間に、また東側の石田印通寺港と呼子港との間に設定されており、この関係は弥生時代から全く変っていないのである（最近、芦辺港と博多港間に航路が設定された）。

古代においては、夷族は郷ノ浦港から糟屋郡に渡来していたのである。

7　面（免）国

現在の韓国の行政区分では、面《めん》は地方の町に相当する。明治時代末期の行政区分は、日本（本土）では「県―郡―村―字」であり、朝鮮半島では、「道―郡―面―里―洞」であった。したがって、面は市町村に、里は大字に、洞は小字に相当していたのである。

「面」の同音字に「免《めん》」がある。九州北部の「免」のつく地名を調査してみると次のものがあった。

①福岡市早良区加茂には免遺跡と加茂神社周辺の免の里とがある。
②長崎県北松浦郡の江迎町（十七免）、小佐々町（八免）、世知原町（十三免）、吉井町（十六免）、鹿町町（十一免）、及び松浦市（二十四免）に合計八十九個、一市町平均で約十五の免がある。
③福岡県糟屋郡には志免町がある。

①の免の里は、規模からみて小字に相当すると思われる。免遺跡を含めると大字に近いが、国とは言えない。
②についてみると、肥前では旧北松浦郡の一市五町にのみ免のつく地名が残っている。西方の平戸島と田平町、南方の佐世保市と佐々町、東方の伊万里市、東南の西有田町には免のつく地名は皆無である。
旧北松浦郡における、免のつく地名の異様ともいえる集中の状況をみると、この郡は倭地の百余国のなかの一か国だったのではないかと思えてくる。この国の民族の均一性、特異性、排他性が極めて強かったために、約二千年の風雪に耐えて免のつく地名（大字クラスの行政区分）が存続したと思われるのである。

これを、国の規模という観点に立って考えてみよう。

「魏書倭人伝」の伊都国《いとこく》は延喜の制の怡土郡《いとのこおり》に相当し、現在は前原市と二丈町の一市一町である。また、斯馬国《しまこく》は志麻郡《しまのこおり》の一島に相当し、現在は志摩《しま》町と福岡市西区（西半分）の一町一区である。

これらと対比してみれば、弥生時代では一か郡で一か国を形成するケースが多かったらしく、旧北松浦郡一か国説は当らずと言えども遠からず妥当なものと考えられる。

なお、現在の一か市町は古代においては約十五個程度の免（大字）をもっていたと思われるのである。③の志免町の「志《し》」は「同志」という意味である。志免町は目的を同じくする免が結集して作った町である。その目的とは、御笠川西岸の強大な委奴国の圧迫に抵抗し、田畑や生命を守ることにあったのである。

現在の志免町には大字と目される集落は七個程度しかなく、二万余戸を有する委奴国に対抗するには余りにも弱少である。もちろん志免の一町だけで防衛しようというわけではなく、ほとんど同一の夷族で構成される糟屋郡の大半の郡民が団結して対処するものであり、志免町はその最前線の町であるにすぎないとしてみても、なお七か免というのは少なすぎるのである。

おそらく志免町は前二〇〇年頃には、福岡市博多区のうちの御笠川東岸地域（席田《むしろだ》）を含む大きな町（旧志免町と仮称）だったのではあるまいか。

また、「魏書倭人伝」において、奴国の東方百里にあって千余家を有する国と記された不彌《ふみ》国が出現する二世紀前半以前では、糟屋郡の粕屋町、須恵町、宇美町、篠栗町、久山町、旧志免町の六か町をもって一か国（面《めん》国と仮称）を形成していたと思われるのである。

御笠川と諸岡川に挟まれた河岸段丘の板付遺跡の対岸、板付飛行場西南部に雀居《ささい》遺跡がある。縄文晩期から古墳時代にかけての遺跡であるが、縄文時代や弥生時代前期に対応する墓地が発見されていないため、夷族が最初から住みついていたかどうかを確認できない。しかし、遅くとも前二〇〇年頃には神産巣日神の夷族が定住し、住居を建て、水田耕作を行った。彼らは金隈《かなくま》遺跡（この遺跡から多数の甕棺と南方産のゴホウラの貝輪が出土している）の共同墓地を使用し、二世紀前半に委奴国の攻撃をうけて滅ぼされるまでの間、祭祀を継続したのである。

雀居《ささい》の元の名は「笹井《ささい》」であろう。御笠川の氾濫に悩まされることが多かった板付飛行場地区のなかでは、笹が

須恵町南米里の山王宮

生《は》え湧泉《ゆうせん》もある良好な環境だったのである。

　しかし、対岸の板付遺跡との間で、しばしば水争いが起り、委奴国の武力攻撃をうけることも再々であり、抗戦するために用いたと思われる木甲が出土している。

8　升家と上国

　後述するように、面国に「升」という一族が住んでいた。面国の宰相は歴代、升家《しょうけ》から出ている。升氏は将軍をも兼ねていた。委奴国と戦うときは前線である旧志免町に駐留して指揮をとり、平時は須恵町南米里《なめり》の自宅で起居し、山王宮《さんのうぐう》で執務した。

　南米里の丘の山王宮の説明板には次のように記されている。

「この南米里山王宮境内のクスノキの森は樹齢百年以上の木から四十―五十年くらいの木八十五本で構成されています。毎年三月から初夏にかけて、アオバズク（フクロウの一種）がこの森をたよりに中国南部やフィリピン方面から渡ってきます。このような森は町内には他になく、自然教育林推進協議会が町の同意を得て保存林に指定しました。

　山王宮に関する最も古い文書記録は、寛政十年（一七九八）に刊行された『筑前国続風土記附録』に見ることができます。これらを見ると氏神や鎮守としての役割を果たしており、南米里のお宮として祭られてきたことがわかります」（以上要約）

　升氏は中国南部から渡来した夷族であり、面国の宰相や将軍として活躍したことを暗示している。

　南米里とは、「升家の一員である難升米《なしめ》（奴志免《なしめ》）が住む里」のことであったと思われる。やや後世のことであるが難升米について触れておこう。

後漢の桓帝と霊帝の時代に倭地（筑前）で起きたいわゆる倭国大乱のすえ、委奴国王家が滅亡したとき、勝者となった不彌国《ふみ》（この時点では面国は存在していない）の升氏は、委奴国と不彌国の国名や版図を故意に一切変えることなく、そっくり奴国（委奴国ではない）の統治者となった。

三世紀初頭に倭（共和）国が建国されたときは、その何代か後裔の升氏が「難《な》（奴《な》）国を統治する升米《しめ》（志免《しめ》）の代表者＝難升米《なしめ》」を名乗り、次のように「魏書倭人伝」に登場している。
①景初二年六月、倭（共和）国女王卑弥呼の使者として中国の皇帝に朝献したいと帯方郡に願い出て、十二月に朝貢した。これにより、正始元年、卑弥呼に対して親魏倭王の金印、銅鏡百枚などが与えられた。また、難升米にも銀印が与えられ、率善中郎将とされた。
②正始六年、難升米に黄幢が授けられた。
③正始八年、難升米に詔書、黄幢が授けられた。

志免町や須恵町から旧嘉穂郡に向かおうとすれば、自然に「升家」の前の道路を通ることになる。南米里から古ノ添にかけて緩やかな上りになり、神武原《こうたけばる》からは急坂となって、やがてショウケ越《ごえ》という峠に辿りつく。升家の前を通って越えるから「ショウケ越」という名前がついたのであろう。ただし、神功皇后がこの峠道を通ったとき、まだ嬰児であった（後の）応神天皇を筲簣《しょうき》（竹製の籠、または、もっこ）に乗せて運んだので、ショウキ（訛ってショウケ）越と呼ぶようになったという説もある。

面国《めん》から眺めて、ショウケ越の先の旧嘉穂郡（原出雲国）の上空に暗雲が立ち上るのは、間もなく面国に雨が降り出す前兆であるという俚諺《りげん》がある。私も史蹟調査のために、車で神武原に至ったとき、原出雲国の上空に暗雲が立ち上ったので慌《あわ》てて引き返したが、隣町の太宰府市役所に到着したとたんに土砂降りに見舞われ、俚諺の正しさを体験した。

このためにいつしか、面国の人々が旧嘉穂郡を「八雲立つ出雲国」と呼ぶようになったのであろう。

紀元前後から委奴国の攻撃が一段と激しくなった非常事態に対処して、面国の独立と安全を確保するためには、昔から友好的で実力もある大山津見神の国（原出雲国）の支援を得ることが不可欠と判断した升氏は、安全保障条約の締結を大山津見神に願い出た。

相互条約と言っても、現在の日米安保条約と同様に、実質的には対等というわけにはいかない。面国が原出雲国を「上国《じょうこく》」として崇《あが》めるとともに、海に面していない原出雲国のために、海産物や塩を貢納するほか、中国などとの交易を代行するという条件を付したうえで、原出雲国の軍事的・経済的支援をうけることになったものと思われる。

「上《じょう》」には「①高い位置。②高い地位、身分。上位の人。③君主。天子。④長上」などの意味がある。面国にとって原出雲国は地理的に上《うえ》の国であるだけでなく、身分的にも「上国」となったのである。

時代はかなり下るが、両国の関係を示す説話があるので紹介しておこう。

延喜二十一年（九二一）に、八幡大神《はちまんおおかみ》の託宣《たくせん》により、旧穂波郡大分《だいぶ》村の八幡宮の祭神のうちの応神天皇、神功皇后、玉依《たまより》姫命を福岡市箱崎松原にある旧官幣大社《かんぺいたいしゃ》の筥崎宮《はこざきぐう》に遷座《せんざ》することになったのであるが、その理由として次の三点があげられている。
①郡司や百姓が饗膳《きょうぜん》のため、険しい山道を通って奉仕をしなければならない。これは大変な苦労である。
②放生《ほうじょう》（捕らえた生きものを放してやること）会《え》は海上の行事である。海から遠い大分宮《だいぶぐう》は放生会の地にふさわしくない。
③大分《だいぶ》の宮《みや》は辺地にあるので玉依姫を祀る宮であることを知らず、節会《せちえ》に参拝する大宰府の官人の中に、暗愚の者どもは騎乗のまま遙拝《ようはい》をしたり、笠をとらずに御前を通るなど言語道断の非礼のふるまいがあった。

①についてみると、郡司は穂波郡の者なのか糟屋郡の者なのか不明であるが、穂波郡の郡司の場合では険しい山道を通ることはあり得ない。したがって、険しいショウケ越を通る糟屋郡の郡司や百姓のことを指していると思われるのである。

弥生時代から面国の宰相や百姓が上国《じょうこく》に対して事ある都度《つど》、奉仕してきたのであるが、延喜二十一年になってもなお、その行事が続けられていたことを物語るものである。

筑穂町大分の大分八幡宮

9 「仲哀紀」に隠れた真実

②の放生会（仲秋祭）の起りは、「合戦の間多く殺生す。宜しく放生会を修すべし」との御神託によって始まったと伝えられているが、「怨《うら》みをのんで非業《ひごう》の死をとげた人の霊魂の祟《たた》りを恐れ、鎮魂《ちんこん》のために殺生《せっしょう》を慎んだ」のが起源である。

そもそも、この延喜二十一年の八幡大神の託宣も、大分《だいぶ》八幡宮における「度重《たびかさ》なる祟り現象」の原因を大神に伺ったところ下されたものと思われるのである。

仲秋祭の「仲」は仲哀天皇（足仲彦《たらしなかつひこ》）を指すものであり、仲秋は仲愁のことなのである。

大分宮の碑文には次のように記されている。

「神殿裏山の小高い丘状の盛土《もりど》は全国でも珍しい皇室古墳埋蔵推定地（仲哀天皇御陵）として考古学者の学問的期待をかけている聖地であり、往古、旧社殿は小高い丘の前にありて、跡地に礎石のみ残れり」

宇美町井野・宇美八幡宮境内の武内大神

現在は仲哀天皇は大分宮の祭神ではないが、往古は仲哀天皇を祭る旧社殿が主体であった。

「仲哀紀」によれば、神功皇后は仲哀天皇の死を隠して、密かに天皇の屍《しかばね》を収《おさ》めて、武内宿禰にさずけて海路より穴門《あなと》に遷《うつ》し、長門《ながと》国豊浦郡の住吉斎宮（住吉忌宮）で无火殯斂《ほなしあがり》した。ということになっている。しかし、真実は大分宮の円墳のみが知っているのである。

非業《ひごう》の最期とは、どのようなものであったのか。「仲哀紀」は次のように記している。

「一《ある》に云《い》はく、天皇、親《みづか》ら熊襲《くまそ》を伐《う》ちたまひて、賊《あた》の矢に中《あた》りて崩《かむあが》りましぬといふ」

直接に射殺した賊は熊襲《くまそ》と言われた（熊野が正しい）武内宿禰の軍勢であるが、皇后の息長帯姫命《おきながたらしひめのみこと》（後の神功皇后）を統領に押しいただいた（うまく利用した）岡県主《おかのあがたぬし》の祖《そ》、熊鰐《くまわに》が仲哀天皇を大分《だいぶ》村において謀殺したものである。

熊鰐は、須佐之男命の後裔の熊野族（主体は武内氏）と鰐（和珥）族とが合体してできた、九州・山口の巨大豪族である。ただし、当初は筑紫君とは同盟関係にあった。

仲哀天皇が熊鰐の意に反して、垂《たらし》族（邇芸速日《にぎはやひ》命を遠祖とする物部氏）の昔の本貫の地であった豊前国の奪回を目指し、香椎の屯宮《とんぐう》からショウケ越を通り、筑豊を経て豊前に向かう途中、穂波郡大分《だいぶ》村で奇襲をうけ射殺されたのである。糟屋郡宇美町の宇美八幡宮の境内に武内宿禰を祭る神社があるところからわかるように、武内氏にとっては昔から宇美は勢力圏下の地である。ここに仲哀天皇を誘いこんだとき、戦術的にはすでに勝利は約束されていたのである。

この事件より少し前、仲哀天皇は皇后である息長帯姫とは別居し、妃の大中津姫《おおなかつ》を溺愛して二人の王子まで生ませた。豊前の熊襲が叛《そむ》いて朝貢しなくなったので、熊襲を親征するという大義名分をもって、穴門《あなと》（山口県）豊浦宮に西下した。このとき大中津姫も同行していた。

九州に進攻するには渡海しなければならない。そこで水軍の息長氏に支援を求めた。角鹿《つぬが》（福井県敦賀）にて別居中であった息長帯姫は夫との再会を楽しみにして、水軍を率いて日本海を西航し早鞆《はやとも》の門《と》（関門海峡）に至った。ところが、仲哀天皇が大中津姫を一時《ひととき》も側から離さず偏愛している状況を知らされた。

息長帯姫は嫉妬に狂ったまま、仲哀二年六月十日の夜は、渟田《ぬた》港（大国主神の妃の沼河比売《ぬなかわひめ》や神渟河耳命《かむぬなかわみみ》の出身地である北九州市小倉東区の竹馬川河口の沼）に係留した船上で過した。その夜、密かに熊鰐が息長帯姫に近づき鯛料理や酒を勧《すす》めて酔わせ誘惑した。

「仲哀紀」はこの夜の状況を次のように記している。

「天皇、豊浦津に泊《とま》ります。且《また》、皇后、角鹿《つぬが》より発《た》ちて行《いでま》して、渟田門《ぬたのみなと》に到《いた》りて、船上《みふね》に食《みおし》す。時に、海鯽魚《たい》、多《さわ》に船《みふね》の傍に聚《あつま》れり。皇后、酒《おおみき》を以《も》て鯽魚《たい》に灑《そそ》ぎたまふ。鯽魚《たい》、即《すなわ》ち酔《え》ひて浮びぬ」

息長帯姫は翌七月になってもなお、豊浦津に係留した船中で過している。

かくして七月五日の夜、不倫《ふりん》の結実として大鞆和気命《おおともわけ》（別名、品陀和気命《ほむだわけ》。後の応神天皇）を懐胎《かいたい》した。「是《こ》の日に、皇后、如意珠《にょいのたま》を海中《わたなか》に得たまふ」と「仲哀紀」は記している。その夜、妊娠したことを確信できるほどの手《て》応《ごた》えを女体が感じとったのであろう。「仲哀紀」では、大鞆和気命と名づけたのは、生れながらに鞆《とも》の如き宍《しし》が御《み》腕《ただむき》に生《な》っていたからであると記している。このことは実父は鞆の形に似た早鞆《はやとも》の門《と》の王者であることを暗示している。

また、九月五日、神が神功皇后に託《かか》って、「今、皇后、始めて有胎《はら》みませり」と天皇に告げたけれども、天皇は信じなかったと「仲哀紀」は記している。月経が止り妊娠の兆《きざし》があらわれたのであろうが、仲哀天皇としては久しく同衾《どうきん》していない妻が自分の子を妊娠する筈《はず》がないと考えたからであろう。

息長帯姫の不倫の責任の大半は仲哀天皇が負うべきである。女の性《さが》を理解しようともせず、長い間、孤閨《こけい》の夜を過させたのみならず、妾妃の大中津姫を溺愛した夫の身勝手さに起因するものだからである。

さりとて、熊鰐の誘惑に溺れ不倫に走った息長帯姫の行為は決して賞讃できるものではない。特に生れ出る子供の将来を考えれば、世間の風評を気にしないわけにはいかない。このため、実父の名は終《つい》に明らかにされなかった。

実父の候補者たり得る者は次の条件を満足する人物である。

①応神天皇の名前から推理すると、応神は王仁、即ち和珥であり、和珥氏の一族である。三韓征伐は巨大な海軍力を必要とした。これを支える表筒男《うわつつのお》、中筒男《なかつつのお》、底筒男《そこつつのお》を信奉する海人族は和珥氏である。

②応神天皇の別名の大鞆和気命の由来からみて、関門海峡を制する海人族の首領である。

③応神天皇の別名の一つである品陀和気命から推理すると、「誉田《ほむた》（大田）の津」のある山口県を領有した実力者である。

当時、これらに該当する第一の候補者は熊鰐であり、第二の候補者は穴門直践立《あなとのあたひほむたつ》である。

以上のような経緯を踏まえれば、不倫の妻や仇敵《きゅうてき》の子と同居して祭られたのでは、仲哀天皇の霊魂は浮かばれず、祟ったとしても不思議ではない。

10　菅原氏の系譜と大宰府の官人

福岡県太宰府市の太宰府天満宮の社殿に向かって右手の低い丘に、菅（原）氏の祖霊を祭る境内社の一群がある。祖霊のなかには、須佐之男命（末社）、天菩卑能命（天穂日命。摂社）、武内宿禰（末社）、野見宿禰（摂社）などがあるが、とりわけ天菩卑能命と野見宿禰については「菅家祖神」と特記までしている。

菅は「州河《すが》」であり、糟屋の「河州屋《かすや》（邪《や》）」と相通ずるものである。また、須佐之男命の姓の「昔《すく》」は「すか」に転訛（く→か）し易い字である（一八二頁参照）。

応神天皇の出産の宮とされる宇美八幡宮は宇美町井野《いの》にある。この井野に定住した伊怒比売《いのひめ》に関する『古事記』の記事は次のとおりである。

（須佐之男命が）大山津見神の女《むすめ》、名は神大市比売《かむおおいちひめ》に娶《みあい》して、生《う》みませる子は、大年神《おおとしのかみ》。其の大年神、神活須《かむいきす》毘神《びのかみ》の女《むすめ》、伊怒比売《いのひめ》に娶《みあい》して、生《う》みませる子は、大国御魂《おおくにみたまの》神《かみ》。次に韓神《からのかみ》。次に曾富理神《そほりのかみ》。次に白日神《しらひのかみ》。次に聖　神《ひじりのかみ》。

太宰府天満宮・天穂日命社

太宰府天満宮・野見宿禰社

神大市比売《かむおおいちひめ》は福岡県田川郡赤池町市場の市津《いつち》の女神である。市津は弥生時代には遠賀川河口に近い入江であり、港津として栄えた所である。神活須毘神《かむいきすびのかみ》は飯塚市二瀬《ふたせ》町伊岐須《いきす》の神である。近くの下伊川は大山津見神が大山への登山口に設けた検問所があった所であり、下伊川遺跡から成人用の合せ口甕棺から鉄矛一本が出土している。

韓神《からのかみ》は、延喜式によると、天皇が直接祭主となって宮廷で祭る神だったのである。

神産巣日神→伊耶那美命→須佐之男命→武内宿禰→野見宿禰→菅氏→菅原氏という糟屋郡の土着豪族の系譜の末につながる菅原氏は、面《めん》国が本貫の地であり、代々、大宰府政庁に出仕する者を輩出《はいしゅつ》した家柄である。したがって、大分宮の旧社殿に祭られていた仲哀天皇は祖先の敵対者だったわけである（玉依姫は熊鰐氏の祖先ではあるが、後年に付会された祭神である）。

このため、菅原家出身の官人は故意に非礼の振舞《ふるまい》に及んだのであって、暗愚の故の行為ではなかったのである。

遣唐使などの中国への渡航者は、往来に際しては必ず大宰府政庁に出頭して所要の手続きを行うとともに、中国の情報を報告するのが慣例となっていた。使者達が中国で書写して持ち帰った史書なども政庁の官人に提示したのである。したがって、政庁に出仕した菅原家の者も、それらの史書に接したであろうことは明白である。

そのなかには『翰苑』という史書もあった。

『翰苑』の第三十巻には、菅原氏の祖先と深い関係がある面《めん》国について触れた記事があった。

当然ながら、その官人（太宰府天満宮の宮司西高辻家の祖先と縁故の人物）は強い関心を持ったにちがいない。

彼は、祖先の活躍を記録した第三十巻の関連記事を筆写し保存しておいた。

第六章
面上国王朝献と『翰苑』

1　委奴国の隆盛

紀元九年、前漢の太傅《たいふ》の王莽《おうもう》が、皇帝の孺子嬰《じゅしえい》を廃して帝位につき、国を新《しん》と号した。革新政治を標榜《ひょうぼう》して若手の役人を抜擢《ばってき》重用し、一時的に世論の高い支持を得たが、経験が乏しく底の浅い新《しん》政権は内治外交ともに失政が多く、各地豪族の反乱を誘発し内乱に発展した。二三年、王莽が敗死し新は滅んだ。二五年、光武帝が即位して漢室を再興し洛陽に都した。三七年、天下を統一し後漢と呼ばれた。

前漢の時代には倭地の百余か国は、かなり自由に中国に朝貢、交易し、前漢鏡などの銅器の入手も容易であった。前漢末頃になって商才に秀でた委奴国は次第に頭角をあらわし、百余か国の筆頭と目されるまでになっていた。前漢末、委奴国王朝の内部には、若手の革新派と長老の保守派とに分れて対立があった。新の建国によって力を得た革新派が政権の主導権を握り、周辺国との融和政策を採ったが、新と同様に失政が多く長続きしなかった。

信用を重んじる商人系の保守派は、前漢末以来、節をまげず漢室への忠誠を守りつづけ、やがて光武帝の即位によって復権した。光武帝は中国の辺郡《へんぐん》の太守《たいしゅ》にも劣らない委奴国王の忠節をいたく賞し、「委なる奴国王」に倭地の全てを委任したいとまで思った。また、後漢の役人も節季になると律儀に賄賂《わいろ》を持参する委奴国に好意を寄せ、何かにつけて委奴国に便宜をはかり、保守派政権の発展を支持した。

後漢朝に信任されているという自信が、いつしか慢心に変ってしまい、委奴国の保守派はタカ派となって、周辺諸国に対して一段と高圧的な態度で臨むようになった。面国西部に対する圧力を増強したほか、原出雲国や面国などの中国との交易の監視統制を強化し、志賀島の太守の許可なしには福岡湾口の航行は不可能な状況となった。

これには福岡湾の航行料の名目で関税を徴収するほか、銅器の輸入制限によって委奴国（春日市）で製造する銅器の販売価格を上昇させる（物々交換比率を有利に導く）という商人の思惑《おもわく》もあったのである。

2　面上国王朝献す

原出雲国と面国は同盟して委奴国の圧力に対抗するとともに、中国との交易の道を模索《もさく》した。筥崎や香椎などから海の中道に沿って福岡湾内を航行するのは、志賀島の監視網によって発見され航行を阻止され易いため、糟屋郡新宮町の磯崎鼻を迂回して海の中道の外洋を西航することも試みたが、やはり志賀島の潮見の監視所によって発見され不発に終った。

五七年に委奴国王に金印が授与されてからは、さらに公然と航行船舶を臨検するようになった。困り果てた原出雲国と面国の首脳が鳩首《きゆうしゆ》協議した結果、委奴国の権勢の源泉は金印にあるという極めて単純な認識に立って、中国に朝貢して、原出雲国王自ら金印の下賜を請願することになった。このことは委奴国を強く刺激することになるので、隠密裏《おんみつり》に計画を練り準備をすすめることになり、その計画と実行の主務を升氏が担当することになった。

奉献するものは生口《せいこう》一六〇人程度とし、一行の洛陽へのルートは、筑豊から筑後、肥前（佐賀）を迂回して唐津に至り、ここからは神産巣日神の縁故を頼りに、壱岐郷ノ浦、対馬佐須奈、韓国馬山の諸港を経て、朝鮮半島西岸に沿って北航し、黄海を渡って大山津見神の祖国の山東半島に上陸し、洛陽を目指すというものであったと思われる。秘密保全のためとはいえ、一切の公的施設を利用できない旅の航海、宿泊、給食などの困難さは筆舌に尽せないものであった。また、これに要する膨大《ぼうだい》な経費は両国の財政を圧迫するものであった。

後漢安帝永初元年（一〇七）十月、洛陽に到着した一行は早速に宮城を訪ね、生口一六〇人を奉献して、安帝への拝謁を願い出た。

一行は行動の秘匿《ひとく》に意を注ぐあまり、後漢朝に対する根まわしや付届けが疎かになってしまった。応対に出た役人は、一行の異様さと唐突な来訪に面喰った。幹事役の升の言うところを聞けば、皇帝に拝謁して金印下賜を懇願《こんがん》するらしい。報告をうけて役人達は早速に対応を協議した。

老大国は前例と基準を重んじる。検討項目は次の四点であったろう。

①金印を下賜すべきか。

②皇帝への拝謁を許すべきか。

③生口一六〇人に対する答礼の下賜品をどうするか。

④外国の王の正式な訪問として公式な記録を行うべきか。

①の金印下賜については、大国の王に対して下賜するのが基準であり、知名度の低い国への乱発は慎むべきである。また、すでに五七年に倭地の委なる奴国王に下賜しているが、委奴国王に特別の落度《おちど》があったという噂は聞いていない。新たに「面の上国《めんのじょうこく》」と称する国の王に下賜することによって、倭地に紛争を誘発させるおそれがあり、中国の国益に合致しないことなどを考慮すると、金印の下賜は不可である。

②の皇帝への拝謁については、皇帝に対して直接に金印の下賜を懇願されては迷惑するので不許可とするが、生口奉献の態度からみて少なくとも敵性国家ではないので、太傅《たいふ》が面接するのが妥当である。

③の答礼品の下賜については、皇帝に拝謁しないのであるから下賜しないのが相当である。

④の記録については、面国は以前に朝貢の実績があり認知ずみである。しかし、「面の上国」を公式に記録することは、①、②、③からみて問題があり差控《さしひか》えるべきである。

以上の結論に達したと思われる。要するに、面上国王は常識破りの有難迷惑な存在として映ったのである。このため門前払いに近い応対に終始したのである。

献上する生口は皇帝を富ますことにはなるが、委奴国の賄賂《わいろ》に狎《な》れた役人の懐を潤すことにはならず、委奴国に好意的な役人としては、積極的に厚遇する気持ちになれなかったというのが本音であろう。何処の国の役人も賄賂には弱い。しかも、同時に保身と出世については異常なまでに執着する人が多い。したがって、役人を抱きこむコツは「密かに」、「何度も」贈賄して、次第に収賄中毒に陥らせることである。面上国王や升らは役人の操縦術において、商人の委奴国王には遠く及ばず、金印の下賜をあまりにも楽観視しすぎたということである。

当時、『漢書』の完成を間近に控えた班昭（班固の妹）はこの事件を目撃したであろう。一行の容姿は異様なものと映ったが、後漢朝の対応も前例からみてかなり異常であると感じた。班昭は史家の鋭い嗅覚《きゅうかく》で、近いうちに倭地で異変が起りそうな予感がした。これを彼女が見過すわけがなく、将来の『後漢書』の資料として書き留め、私文庫に蔵《おさ》めたであろう。

その文章は次のものであったと推定する。

「有倭面上国、王師升等至。献生口百六十、願請見」

この意味は「（応接した役人の話によれば）倭地の（百余か国のなかの）面国の上国（と自称する知名度の低い国）があり、その上国の王が自ら（面国の）升らを帥《ひき》いて（洛陽に）至った。生口一六〇人を奉献し、安帝への拝謁を願い出た」というものである。そして、これに続く後漢朝の対応に関する記事はない。

後年、この資料を閲読した史家は少なくとも三人以上いた。そして、この文章を読んだ陳寿《ちんじゅ》、范曄《はんよう》、張楚金《ちょうそきん》の対応の仕方は三者二様であった。

3　面国の滅亡

大山津見神は多大の出費と困難な長旅に耐えて朝献したにもかかわらず、まともに相手にされなかった。何一つ成果をあげることができず、手ぶらで帰国する破目《はめ》に陥った。自尊心を傷つけられた憤りと悲しみ、国民に対する責任感と恥ずかしさなどで胸が塞《ふさ》がり、うちひしがれてしまった。

この情報は間もなく委奴国王の耳に達した。激怒した委奴国王は、面国に対して全面攻撃を開始した。

升は原出雲国の支援を得て防戦につとめたが、二世紀前半に、御笠川東岸の旧志免町の大半（約十数個の免）を占領されてしまった。これによって金隈《かなくま》遺跡の祭祀も跡絶えてしまった（後年、この地域のいくつかの地祿神社で密かに祖霊の祭祀が続けられた）。

やがて、次の三つの条件で講和が成立した。

①全ての占領地域を委奴国に割譲すること。

②現職（面国本家）の升は退位すること。

③温厚な面国の分家（宇美町）の升に残余の面国を治めさせ、国名を不彌国《ふみこく》とすること。

泣き面に蜂の大山津見神は、失意のあまり憤死した。責任を痛感した元面国宰相の升は、大山津見神の墓前に升の本家の主だった者を集め、「何年、いや何代かかろうとも、臥薪嘗胆《がしんしょうたん》して委奴国を滅ぼし、必ずや金印を墓前にお供え申し上げます」と血涙を流して誓った。

4 『翰苑』

一九一七年、黒板勝美が福岡県太宰府天満宮の宮司西高辻家の蔵書のなかから、張楚金撰述（筆録年紀六六〇）の『翰苑《かんえん》』の抄本残巻を発見した。この抄本は全三十巻のなかの最後の一巻である。平安時代に筆写したものと考えられており、今では孤本《こほん》となって国宝に指定されている。

この発見は偶然であったが、西高辻家所蔵であったことが自然であることは前述のとおりである。

この抄本のなかの「一〇七年の倭の朝貢奉献に関する記事」の記載箇所は二か所あるが、論争の対象となっているのは第一の箇所であり、次のように記されている。

「卑彌妖惑、翻叶群情、台与幼歯、方諧衆望」（以上主文）

「後漢書曰、安帝永初元年、有倭面上国王帥升至。桓遷之間、倭国大乱、更相攻伐、歴年無主。有一女子、名曰卑弥呼。死、更立男王、国中不服、更相誅殺、復立卑弥呼宗女台与年十三為王、国中遂定」（以上注記）

この注記のなかに「有倭面上国王帥升至」という文章があったため、にわかに有名になったのである。

「面上国」についての否定的な意見を要約すると、次の六項目になる。

①『翰苑』の抄本残巻には誤字・脱字が多い。

②宮内庁書陵部所蔵の『通典』（北宋代の刊本）の第一八五巻「辺防、東夷、倭」の条には、「倭面土国王帥升等献生口」とあるから「面土国」が正しい。

③「魏書倭人伝」に記された三十か国のなかには面上国はない。したがって、面上国は存在しない。

④倭国は常に使者（大夫《たいふ》）を派遣し、国王の名をもって奉貢朝賀させた。したがって、国王自身の朝貢はあり得ない。

⑤『翰苑』残巻のなかの「後漢書曰」以下の注記には、魏の正始八年の記事が含まれていて、『後漢書』の範囲を越えている。したがって、『翰苑』は信用できる史書ではない。

⑥『後漢書』の安帝紀では「冬十月、倭国遣使奉献」、東夷伝では「安帝永初元年、倭国王帥升等献生口百六十願請見」と記されている。また、この年の奉献記事としては、中国の全ての史書、文献（刊本現存のもの）にも「倭面上国」と記したものはない。

①について『翰苑』抄本残巻に誤字・脱字が多いと言えるかどうかは断定できないが、誤字・脱字があることは間違いない。「桓遷之間」とあるのは明らかに「桓霊之間」を誤って筆写したものである。「王帥升等至」の「等」を脱字した可能性も大きい。平安時代に大宰府政庁に出仕し『翰苑』を筆写した菅原氏縁《ゆかり》の役人は、達筆ながら粗雑な人物だったと思われる。

しかし、だからといって、「倭」と「国」との間に「面上」の二文字が存在することまで否定するわけにはいかないだろう（太宰府天満宮では原本のコピーを販売しているので参照されるとよい）。

②については、『翰苑』は『通典』よりも一四〇年も早く編纂された雑史である。したがって、『通典』を見て『翰苑』を書くことはあり得ない。古い方を基準とするのが妥当であろう。

なお、『通典』の「倭面土国王帥升等」の文言には、「倭」と「国」との間に「面土」という二文字が存在している。すなわち、「倭」と「国」との間に「面上」、あるいは「面土」という二文字が存在する文献が少なくとも二つはあるというわけであり、『通典』は間接的に『翰苑』の信憑《しんぴょう》性を高めているのである。

③については、「魏書倭人伝」に登場する約三十か国のなかに面上国がないのは事実である。

前漢の時代に倭地にあった百余か国の間に戦乱があり、魏の時代に女王卑弥呼が遣使朝貢するまでに、かなり統合されていったのである。一〇七年には存在していたが、間もなく委奴国によって滅ぼされた面国が記載されていないのはむしろ当然である。

また、「面の上国」は正式の国名ではなく、かつ、当時は倭（共和）国に属していない国であるから、記載されていなくても不思議ではない。

④については、倭地の王自身の朝貢はなかったと反論する学者の常識を疑う。

『漢書』には「分《わか》れて百余国を為《な》す。歳時《さいじ》を以て来り、献じ見《まみ》ゆと言う」と記されている。これにもとづいて計算すれば、倭地の百余国が毎年一回朝貢するものとして、漢代の約四百年間では延べ約四万件（百か国×四百年）以上の朝貢記事が公文書として記録されたことになる。実際には、ずっと少なかったのであろうが、それでも決して少ない件数ではなかったはずである。しかし、漢代を通じて史書に記された朝貢記事は、僅かに五七年と一〇七年の二件にすぎない。この事実をどのように評価したのであろうか。

最初の中元二年（五七）の委奴国の朝貢記事は、倭人が中国の史書に初めて登場したものであるが、国王扱いの金印を授与されたという点で「画期的な事件」であったから特筆大書されたのであろう。私は、この記事の原文は、おそらく班固、または班昭が「後漢書資料」として書き留め、自家の文庫に保存しておいたものと推定している。

次の永初元年（一〇七）の朝貢のときは、従来の先例を破って国王自ら升や生口一六〇人という異様な一団を帥《ひき》いて洛陽に到着し、しかも前例を破る後漢朝の冷たい処遇にあった事件を目撃した班昭が「ニュースとして価値が高い」ものとして記録保存しておいたものであろう。

他の約三万九九九八件の朝貢は、大夫を使者とした極くありふれたものであったから、班昭はこれらを一括して、『漢書』に「歳時を以て来り献じ見えた」と表現したのである。

⑤については、『翰苑』の記事は粗雑であるという意見には私も同意である。

『翰苑』は正史ではなく私家の雑記である。しかし、三十巻という大部であるところをみると、張楚金は古今の文献を全て網羅した総合的な史書の編集を企図したと思われる。残念ながら結果は各史料の接ぎ剝ぎに過ぎない粗雑なものとなってしまった。このなかでは班昭の「後漢書資料」を閲読して、原文の「有倭面上国、王帥升等至」をそのまま引用した箇所のみが目新しい記事と言えるものである。

しかし、同じ第三十巻のなかに、『後漢書』東夷伝の記事「倭国王帥升等、献生口百六十」も載せている。この齟齬《そご》する二つの文章を、同じ巻に平然と記載しているところが、張楚金の粗雑な性格を表している。

その反面として、班昭の原文を改文せずに、そのまま引用した彼の天衣無縫《てんいむほう》な一面が、ほほえましくもある。

⑥については、『後漢書』東夷伝に「倭国王帥升等、献生口百六十人」と記されていることは事実である。また、中国の他の史書・文献の記事も大同小異であることは私も認める。

さらに『翰苑』刊行本が中国全土から消滅してしまった現在では、中国に現存する全ての史書・文献に「面上国」と記された記事がないことも事実と認める。

しかし、以上のことをもって、直ちに「面上国」は存在しなかったと主張するのは、傲慢《ごうまん》、かつ、非科学的な論理である。

もしも、委奴国王の上司にあたると目される大王が自ら（または使者を派遣して）生口一六〇人を帥いて朝貢したとあっては、後漢の安帝は大歓迎し、金印の授与はもとより、持ち切れないほどの宝物を下賜したことであろう。また、同行した升らにも銀印を授与して当然と思われる。しかるに、この朝貢記事は「願請見」以外に何も記していないのである。このような不自然なことには誤りが潜んでいると疑って当然である。

およそ人間の寿命、人間の心理（欲望や感情）、社会・組織の原理など、人文社会科学の経験則に照らして、著しく乖離《かいり》した現象を記した古代文献は、一応疑ってみなければならないのである。

第七章

倭国大乱

1　岐美二神と筑前大乱

伊耶那岐命《いやなきのみこと》や伊耶那美命《いやなみのみこと》というのは、韓国の忠清南道扶余郡（松菊里《すんくくり》遺跡）などから狗邪韓国《くやかんこく》（南江南岸の月《たる》牙国《あこく》及び伽耶《かや》諸国）を経由して、対馬、壱岐、筑前地方などへ流移した二つの民族のある時代（二世紀後半―三世紀初頭と推定）の各首領の称号である。

伊耶那岐命は高御産巣日神《たかみむすひのかみ》の民族を代表し、伊耶那美命は神産巣日神《かむむすひのかみ》の民族を代表する神である。

この岐美《きみ》二神が大八嶋国《おおやしまのくに》をはじめ日本列島の国々を生んだという『古事記』、『日本書紀』の国生み神話には不可解、かつ、不自然な点がある。

『日本書紀』については、大国主神《おおくにぬしのかみ》が治めた大国《おおくに》（の版図の説明）にまつわる履中天皇四年の『四方志《よものふみ》』の記事や吉田庄《よしだのしょう》稗田邑《ひえたのむら》（稗田阿礼《ひえたのあれ》の先祖の本貫の地である福岡県行橋市下稗田《ひえた》の稗田神社付近。現在は大分《だいぶ》八幡宮）の大国《おおくに》の語部《かたりべ》の伝承（神語《かむがたり》）にもとづいて記されたものであり、『古事記』はこれを大幅に修文《しゅうぶん》して、八世紀初頭の日本列島の状況に合うように創作したものと推定される。

このなかで唯一信じられるのは、岐美二神が筑紫国＝倭（共和）国の創成に大きく関与したということだけである。

農業を主な生業とする高御産巣日神の部族は、壱岐島においては平野の多い東側の芦辺町と石田町とに住みついて国を作り、原《はる》の辻《つじ》を都とした。

『古事記』、『日本書紀』では、その首領を伊耶那岐命《いやなきのみこと》と呼んでいる。

この部族は、その以前から、石田町印通寺《いんどうじ》から呼子《よぶこ》、唐津《からつ》を経て、伊都国《いとこく》、斯馬国《しまこく》、巳百支国《しはきこく》、伊邪国《いやこく》などの分国を作っているが、『古事記』、『日本書紀』では、このグループの首領の伊邪国《いやこく》王（行政王）をも伊耶那岐命《いやなきのみこと》と呼んでいる。混乱を避けるため、以下、本章においては前者・壱岐島の東側に住んだ部族を伊耶那岐命A、後者・伊都、斯馬などの分国の首領を伊耶那岐命Bと呼ぶこととする。

漁業を主な生業とする神産巣日神の部族は、壱岐島においては西側の勝本町や郷ノ浦町に住み、カラカミ遺跡で祭祀を行った。『古事記』、『日本書紀』では、この部族の女性首領を伊耶那美命《いやなみのみこと》と呼んでいる。

この部族は、その以前から、郷ノ浦から糟屋郡に渡って面国や末尾の奴国（正確には「ぬ」国という）などの分国を作っている。このグループの祭祀の巫女《みこ》の首領をも『古事記』、『日本書紀』では伊耶那美命《いやなみのみこと》と呼んでいる。混乱を避けるため、以下、本章においては、前者・壱岐島の西側に住んだ部族を伊耶那美命A、後者・面国などの首領を伊耶那美命Bと呼ぶことにする。

飯塚市下三緒の心吉神社

伊耶那美命Bは、嘉穂郡桂川《けいせん》町土師《はじ》八王寺《はちおうじ》に住み祭祀を司《つかさど》っていたと推定される。

面国が委奴国《いなこく》に滅ぼされた後、升《しょう》の一族（本家）は大山津見神の好意により、原出雲国の飯塚市柏《かや》の森や庄内町の有安《ありやす》などに入植を許され、升本人に対しては飯塚市の三緒《みお》に住居を与えられた。

不弥《ふみ》国の「不」には、「鳥が天に飛び上がって降りてこない」という意味がある。敗戦の責任を取らされ退位した升が、天（面上国）に隠遁《いんとん》したことを暗示している。

三緒《みお》とは、水《み》の緒《お》であり水流の紐のことである。上三緒、下三緒、鶴三緒の三つからなる。

三緒地区は前三世紀末に、木花之佐久夜姫《このはなのさくやひめ》の土木工事によって造成された農業用兼生活用水路が完備しており、弥生時代の超一等地である。

有安は、安羅伽耶《あらかや》から渡来した人々が入植した所である。壱岐郷ノ浦町有安触《ふれ》を経由して移住したものと思われる。

柏の森は古くは「柤《さ》の森」といわれ、水流の「いせき」の森を意味していた。伽耶《かや》からの渡来者が入植したところから今でも「かや」の森と読まれている。柏《かしわ》は松と同様に常緑樹である。升の一族は大山津見神の恩義を忘れぬ志操堅固《しそうけんご》な人々であるという意味が含まれているとも言われている。

憤死した大山津見神の墓前で、「委奴国を滅ぼし金印を奪取して墓前に供える」ことを誓った升は、次の戦略を樹《た》てた。

①伊耶那岐命Bと伊耶那美命Bの勢力を大同団結させ、共通の敵である委奴国を東西から挟撃《きょうげき》する。これを実現するためにはまず、源流である壱岐島の伊耶那岐命Aと伊耶那美命Aとを結婚させて、壱岐島に統一国家を建国する。そのうえで、伊耶那岐命Bと伊耶那美命Bを結婚させ、連合軍を編成する。

②金印奪取については、升家の若者を中核とする決死の精鋭隊を編成し、志賀島を奇襲する。

①の岐美A二神の結婚については、壱岐島に次のような伝承が残っている。

壱岐島は『古事記』によると「天之一柱《あめのひとつはしら》」という別名をもっている。伊耶那美命Aは右より、伊耶那岐命Aは左より、天之御柱《あめのみはしら》をめぐって、芦辺町箱崎大左右触《ふれ》の北方の男岳《おんたけ》（神社）と女岳《めんたけ》（神社）とに立って向かい合い、愛を誓った後、東西（東の芦辺町、西の勝本町）の境界の和合《わごう》の浜で結婚した。これにより壱岐島は一つの大きな国（一大国《いちだいこく》）に統合され、原《はる》の辻《つじ》が主都となった。

因みに、「魏書倭人伝」の刊本を筆写するときに、一支国《いきこく》を一大国と誤写したものであると主張する学者もいるが、一大国が正しいのである。

この成功に勢いづいた升は、筑前の岐美B二神の結婚をすすめるため、「協力して共通の大敵を倒すしかない」と説得に努めた。しかし、伊耶那岐命Bの側では、「女神（伊耶那美命B）主唱の結婚は不都合である。男神（伊耶那岐命B）の側が主導的な地位に就《つ》くべきである」という意見が強く、容易には実現しなかった。升は目的達成のためには小異を捨てる必要があると伊耶那美命Bを説得して、ようやく岐美B二神の結婚が成立し、委奴国挟撃（筑前大乱）の下工作は完了した。

伊耶那岐命Bの名は、伊邪《いや》国（那《な》）の男王（岐《き》）を指している。また、伊耶那美命Bの名は、結婚して妃となった時点以降の称号である。

以上の岐美二神間の事情を、『古事記』は次のように記している。

天之御柱《あめのみはしら》を見立《みた》て、八尋殿《やひろどの》を見立《みた》てましき。ここに、その妹《いも》伊耶那美命《いやなみのみこと》を問《と》ひて曰《の》らさく、「汝《な》が身《み》は如何《いか》に成れる。」とのらせば、答えて白《もう》さく、「吾《あ》が身《み》は成り成りて成り合わぬ処一処《ところひとところ》在《あ》り。」ともうす。しかして、伊耶那岐命《いやなきのみこと》詔《の》らさく、「我《わ》が身《み》は成《な》り成《な》りて成《な》り余《あま》れる処一処《ところひとところ》在《あ》り。故《かれ》、此《こ》の吾《あ》が身の成《な》り余《あま》れる処《ところ》以《も》ちて、汝《な》が身《み》の成《な》り合《あ》はぬ処《ところ》に刺《さ》し塞《ふさ》ぎて、国土《くに》を生み成さむと以為《おも》ふ。生《う》むこと奈何《いか》に。」とのらせば、伊耶那美命、答えて曰《もう》さく、「然善《しかよ》けむ。」ともうす。しかして、伊耶那岐命詔《の》らさく、「然《しか》あらば、吾《あ》と汝《なれ》と是《こ》の天之御柱《あめのみはしら》を行き廻《めぐ》り逢《あ》ひて、美斗能麻具波比《みとのまぐはひ》せむ。」如此期《かくちぎ》りて、乃《すなわ》ち詔《の》らさく、「汝《な》は右より廻《めぐ》り逢《あ》へ。我《われ》は左より廻《めぐ》り逢《あ》はむ。」とのらす。約《ちぎ》り竟《お》へて廻《めぐ》る時、伊耶那美命先《ま》づ「阿那邇夜志《あなにやし》。愛袁登古袁《えおとこお》」と言う。後に、伊耶那岐命「阿那邇夜志《あなにやし》、愛袁登売袁《えおとめお》」と言ふ。各《おのもおのも》言ひ竟《お》へし後、其《そ》の妹《いも》に告《の》らして曰《いわ》く、「女人先《おみなま》づ言えるは不良《さがな》し。」とのらす。然《しか》あれども、久美度《くみど》に興《おこ》して生《う》みませる子は、水蛭子《ひるこ》。此《こ》の子は葦船《あしぶね》に入れて流しつ、次に淡嶋《あわしま》を生みましき。是《こ》も子の例《かず》には入《い》らず。

ここに、二柱《ふたはしら》の神議《はか》りて云《いわ》く、「今吾《あ》が生める子不良《さがな》し。なお天神之御所《あまつかみのみもと》に白《もう》すべし」といひて、即《すなわ》ち共に参上《まいのぼ》り、天神之命《あまつかみのみこと》を請《こ》わす。

しかして、天神之命《あまつかみのみこと》もちて布斗麻邇《ふとまに》に卜相《うら》へて詔《の》らさく、「女先《おみなま》づ言えるに因《よ》りて不良《さがな》し。亦還《またかえ》り降《お》りて改め言へ。」とのらす。故《かれ》しかして、返《かえ》り降《お》りまして、更に其《そ》の天之御柱《あめのみはしら》を往《ゆ》き廻《めぐ》りますこと先の如《ごと》し。

ここに伊耶那岐命、先《ま》づ「阿那邇夜志《あなにやし》、愛袁登売袁《えおとめお》。」と言う。後に妹《いも》伊耶那美命「阿那邇夜志《あなにやし》、愛袁登古《えおとこ》袁《お》」と言う。如此《かく》言ひ竟《お》へて、御合《みあひ》して生みませる子は……。（以下、多くの国を生んだ。）

後漢の桓帝在位中（一四七—一六七年）のある年の正月十四日、升家《しょうけ》の若い奇襲隊長が志賀島の状況偵察《ていさつ》を行い、翌十五日、奇襲した。これは、委奴国に対する岐美B二神の全面攻撃開始の合図《あいず》を意味するものであった。奇襲の様相は第一章の「隠された金印」（二四頁）に戻って再読していただきたい。

2　奇襲と志賀島の祭事

以下、奇襲の状況を志賀島の祭事に照らして検証する。

毎年一月十三日から十五日にかけて、志賀海神社で歩射祭《ぶしゃさい》という祭事が行われる。この一環として「胴結舞《どいまい》」と「扇舞《おおぎまい》」が行われる。

「福岡市観光協会誌」（はかた福岡市の史話と観光）の説明によれば、これらの舞能《まいのう》の内容は次のとおりである。

。胴結舞《どいまい》

一月十三日に行われる胴結舞は、志賀海神社の一月十五日の歩射祭《ぶしゃさい》に関連した射手《いてし》の芸能で細男の舞である。

新参の射手が、重い胴結《どい》をかつぎ、杓子《しゃくし》形の杖をついて他の射手と世話人の助けをうけながら賑《にぎ》やかな伊勢《いせ》音頭《おんど》に合せてお仮屋《かりや》に練下《ねりくだ》る。

その際、宮総代も音頭を唄い太鼓、三味線の囃子がはいり、古い射手も三味線をもって参加する。

胴結を背負った射手は、お仮屋につくと正対して「舞能《まいのう》の岸の姫松や」の舞を三度右廻りに舞い終って、掛け声の「ポスト」で胴結を台上に据え次の射手と交代する。

交代した射手は胴結を背負って、するめ又はかずのこの肴《さかな》でお神酒《みき》三献《さんこん》し、また練っては舞う。

最後の新参が練り、かつ舞い終ると、そのまま胴結屋《どいや》に戻って行事は終る。

。扇舞

この舞も歩射祭に関連した射手の芸能で細男の舞である。

歩射祭の十五日、拝殿で直会《なおらい》が終ると射手は扇舞に移る。

新参の射手は神前に進み、表に「鶴亀」と墨書した扇子《せんす》を開いて、両手でこれを正面の神に顔をかくすようにして立ち、「舞能の岸の姫松や」の祝言《しゅうげん》に合せて、右まわりに三度ずつ舞う。正面に直るたびに僅かに扇子を上に押しいただくように動作する。舞終ると一同片膝をたて座前にある三折の手拭の両端をつまみ、「ポスト、ポスト、ヨイヤ」と打合せて、それぞれ刀を腰に扇子を襟首に差し、拝殿を下り的廻《まとまわ》りの行事にかかる。

尚、この「舞能の岸の姫松や」の細男の舞は前日十四日、位《くらい》あげのため勝馬《かつま》の沖津宮、中津宮に詣《まい》るが、この時、射手は海中の岩上にて「がら藻《も》」を捧げ、或いは神前にて三折の手拭をささげてこの舞を舞う。

扇舞のあとの歩射祭は、「楼門前で射手八人が大的を廻りながら弓矢で射る」という行事である。

一月十三日の胴結舞は志賀島の阿曇《あづみ》族が古くから続けてきた「成人の仲間入りのための力試しの通過儀礼」であり、新成人のお披露《ひろ》めを兼ねていたものと思われる。現在は一月十三日に行っているが、昔は一月十五日、朝の扇舞に続いて胴結舞を行い、そのあと拝殿で直会《なおらい》に移っていたのではないかと推定している。

問題なのは扇舞と歩射の行事である。これらは志賀島の阿曇族が自ら好んで行っているものではなく、占領軍が行った奇襲行動の再現（示威《じい》）であると考えられる。

以下、細部について検討してみよう。

「細男」は美男子を自認する升家の若者頭《わかものがしら》であり、奇襲隊の指揮官を表わしている。扇舞の動作は、直会の宴で酒に酔い警戒心が緩《ゆる》んでくる状況を間近《まぢか》で伺っている様子を表わしている。「新参の射手《いてし》」は見なれない外来の侵入者を意味している。

扇子で正面の神に顔を隠すのは、身元が発覚しないようにするための動作である。祝言に合わせて舞い、正面に直《なお》るたびに扇子を少し上に押しいただくのは、扇子の手元の隙間《すきま》から正面の神（宇都志日金析命《うつしひかなさきのみこと》）の様子を伺う動作なのである。舞い終ると近くに控えていた一同（奇襲隊長に随行した若干名）は片膝をたて、顔を隠していた三折の手拭を捨て、「歩射人《ぼすと》、歩射人《ぼすと》、（攻撃しても）ヨイぞ」と神社の外に待機している奇襲隊に合図し、刀を腰に差し拝殿をかけ下る所作をしている。

奇襲隊は大的の拝殿を包囲して、廻りながら弓矢で射かけたことを、歩射の行事が物語っている。

なお、前日の十四日は、奇襲隊長の細男と随行の若干名が、志賀島の北部の勝馬で舞能の神事などを偵察し、本隊は海中の岩上に潜み、「がら藻」を捧げて身を隠していたのであろう。「位あげ」とは、偵察隊員の勇気と機智に対する褒賞として二階級特進させたことを言うのであろう。

十五日の扇舞が占領軍の宴席の余興であることは、その式次第《しきしだい》が如実に示している。すなわち、直会の後に扇舞が行われていることである。阿曇族にとって最も神聖な扇舞の神事が、直会の酒肴《しゆこう》の臭気をふりまきながら行われることなどあり得ないことである。この機をのがさず委奴国に対する岐美B二神の挟撃《きようげき》が開始され、筑前は全面戦争に突入した。

しかし、さすがに委奴国は強大国であり、容易に勝敗の帰趨《きすう》は定まらず長期の戦争となった。これが、「魏書倭人伝」のいわゆる倭国大乱（実は筑前大乱）なのである。

一八〇年頃、委奴国王家は滅亡し、委奴国は升の子孫の軍政下に置かれることになった。

敗《やぶ》れた国の名は消滅する例が多いなかで、奴国が後世まで存続したのには理由がある。それは、苦労して折角《せつかく》金印を奪取しても、委奴国が消滅してしまったのでは、「漢委奴国王」の金印の価値は激減し、単なる金塊に過ぎなくなってしまう。このため、委奴国の国名（奴《な》）も版図も一切変えずにおいて、後漢朝に対しては禅譲《ぜんじょう》をうけたと説明するつもりであったのである。

これから、志賀島民にとって真の悲劇が始まった。

元《もと》面国や大山津見神の「志賀島に対する積年の大怨《だいえん》と金印に対する執着《しゅうじゃく》心」はものすごく、島民に対する逮捕、拷問《ごうもん》、処刑が連日かつ長期間、徹底的に行われた。おそらく二四〇年に親魏倭王《しんぎわおう》の金印が授与されるまで続いたことであろう。このため、志賀島を脱出亡命する者が相ついだ。

3　須佐之男命の素性

須佐之男《すさのお》命は、『古事記』、『日本書紀』によれば、伊耶那岐命《いやなきのみこと》Bが竺紫《つくしの》日向之《ひむかの》橘《たちばなの》小門之《おどの》阿波岐原《あはきはら》（福岡県朝倉郡杷木町志波の筑後川川原）で禊祓《みそぎ》したとき、天照大御神、月読命《つきよみのみこと》に次いで生れた神であり、岐美B二神の子とされている。

天照大御神との戦いに勝利した後乱行《らんぎょう》の限りをつくして追放されたかと思えば、原出雲国で八岐大蛇《やまたのおろち》を退治するなど、神話の世界では偉大かつ複雑難解な存在である。そして、その子孫は天皇の世紀になっても、武内宿禰《たけのうちのすくね》をはじめとして目ざましい活躍をみせている。西日本の各地には須佐之男命や縁故の人物を祭る次のような神社があり、天照大御神や大国主神を凌駕《りょうが》し日本最多である。

①須佐之男（素戔嗚《すさのお》）神社、須佐《すさ》（賀《が》）神社、菅《すが》神社
②熊野神社
③老松《おいまつ》神社
④牛頭天王《ごずてんおう》社、疫《えき》神社
⑤淡《あわ》（粟）島《しま》神社、八坂《やさか》神社、祇園《ぎおん》社

⑥大年《おおとし》神社
⑦櫛《くし》（名《な》）田《た》神社
⑧天満宮
⑨武内神社
⑩八幡宮（武内宿禰関連）

特に須佐之男命の孫にあたる韓神《からかみ》は、『延喜式』においては、宮中において天皇自ら祭祀を行っていたほどの重要な神なのである。日本民族にとって極めて重大な影響を及ぼした人物であり、須佐之男命を抜きにして古代史を語ることはできない。

しかしながら、その出自に関しては『日本書紀』のなかに次のような記事が散見されるものの、『古事記』においては全く不明であり、その出生は極めて唐突《とうとつ》の感があることは否めない。これは、大安万侶に対する「神代時代の大陸との関係記事は全て削除せよ」という皇命にもとづいていると思われる。

「一書に曰はく、是《こ》の時に、素戔嗚尊、其《そ》の子《みこ》五十猛神《いそたけるのかみ》を帥《ひき》ゐて、新羅国《しらきのくに》に降到《あまくだ》りまして、曾尸茂梨《そしもり》の処《ところ》に居《ま》します。乃《すなわ》ち興言《ことあげ》して曰《のたま》はく、『此の地《くに》は吾居《われお》らまく欲《ほり》せじ。』とのたまひて、遂に埴土《はに》を以て舟を作りて、乗りて東《ひむがしのかた》に渡りて、出雲国の簸《ひ》の川上に所在《あ》る、鳥上《とりかみ》の峯《たけ》に到《いた》る。（中略）初《はじ》め五十猛神、天降《あまくだ》ります時に、多《さわ》に樹《こ》種《だね》を将《も》ちて下《くだ》る。然れども韓地《からくに》に殖《う》えずして、尽《ことごとく》に持ち帰《かえ》る。遂に筑紫より始めて、凡《すべ》て大八洲国《おおやしまくに》の内に播殖《まきおほ》して青山に成《な》さずということ莫《な》し」

「一書に曰はく、素戔嗚尊の曰《のたま》はく、『韓郷《からくに》の嶋《しま》には、是金銀《これこがねしろかね》有《あ》り。若使《たとえ》吾が児《こ》の所御《しら》す国に、浮宝《うくたから》有《あ》らずは、未《いま》だ佳《よ》からじ。』とのたまひて、乃《すなわ》ち鬚髯《ひげ》を抜きて散《あか》つ。即《すなわ》ち杉《すぎのき》に成《な》る。（中略）時に素戔嗚尊の子《みこ》を号《なづ》けて五十猛命と曰《まう》す。（中略）然《しか》して後に、素戔嗚尊、熊成峯《くまなりのたけ》に居《ま》しまして、遂に根国《ねのくに》に入りましき」

4　須佐之男命の遠祖

須佐之男命の遠祖は、第二章で述べたように熊野族であり、さらなる源流はオロチ（大蛇）族である。

オロチ族は好んで高原の小盆地に住んだ。農業は未発達な小規模の焼畑《やきはた》農耕程度であったが、銅、鉄などの金属を高温炉《ろ》で溶解し、銅器、鉄器を製作する技術を中近東から伝承しており、この面では、韓族や倭族よりも進歩していた。洛東江上流域では鉄礦石を用いて製鉄も行っている。

オロチ族はアイヌ族と同様に熊信仰を有している。オロチョン族とも自称しているが、このチョンは、琉球《りゅうきゅう》の人々が本土の人々を「大和《やまと》んチュウ」と呼んだときのチュウと同じで、民族を示す言葉である。オロチの語源は、「解《は》（日）羅人《らち》」または「火炉人《ほろち》」と言われている。前者の場合は「太陽の国の民族」または「高原の民族」を意味し、後者の場合は「高温炉で製鉄をする民族」を意味する。『古事記』によれば「八岐大蛇《やまたのおろち》の目は赤加賀智《あかかがち》（赤ホオズキ）のようであり、腹は常に血で爛《ただ》れていた」とされている。これは高温炉の状況を示していると思われる。

添田町の英彦山・豊前坊高住神社

来日後、九州の高原の小盆地に住んだ人々は、「大蛇《おろち》」、または「熊襲《くまそ》」と呼ばれた。熊信仰を有し高地の森林（曾《そ》）に住んだところから熊曾《くまそ》と呼ばれたが、後に近畿朝廷に反抗したため熊襲《くまそ》にされた。一方、対馬、壱岐を経由する間に漁民となった人々もあり、「久米《くめ》」や「鵜葺草《うがや》」（上伽耶《うかや》）と呼ばれた。

遼寧省で韓族の桓雄に服従し、山麓にくだって農業（水田稲作を除く）を主たる生業としたのが熊野族である。朝鮮半島を南下して忠清南道に住んだ頃には、水田稲作も行うようになった。さらに松菊里の蘇塗では、江南、越地方から流移した夷《い》族の神産巣日神とも結婚、同化する人も多かった。この人々が日本民族に大きな影響を及ぼし、不可分《ふかぶん》の存在となった。

二世紀初頭には、全羅北道の南解《なむは》（南部解婁《はる》）で、昔《すく》（SUK）姓を名乗る一族が熊野族の主導者となって祭祀を行っていたと思われる。その後、昔氏の一部は伽耶《かや》や斯盧国《しろこく》に入植している。

第二章で述べたように、洛東江支流の南江の南岸地域は、辰国（神国）の分国である月牙国《たるあこく》（仮称）と、その天領地である伽耶諸国からなっていた。そして南江南岸地域全域を倭《わ》と呼んだ。この地域が倭であることは次の記事が示している。

馬韓在西、有五十四国、其北与楽浪、南与倭接。辰韓在東、十有二国、其北与濊貊接。弁辰在辰韓之南、亦有十有二国、其南亦与倭接。凡七十八国、伯済是其一国焉。（中略）韓有三種、一日馬韓、二日辰韓、三日弁辰、（中略）凡七十八国（中略）地合方四千里、東西以海為限、皆古之辰国也　（『後漢書』東夷伝、韓条）

以上の文脈からみて、「魏書倭人伝」の次の文章のなかの「狗邪韓国《くやかん》」は倭（共和）国の一か国であることは明白である。

「倭人は帯方の東南、大海の中に在《あ》り。山島に依《よ》りて国邑《こくゆう》を為《な》す。（中略）郡従《よ》り倭に到《いた》るには、海岸に循《したが》いて水行し、韓国を歴《へ》て、乍《たちま》ち南し乍ち東す。其《そ》の北岸狗邪韓国に到《いた》る七千余里なり。始めて一海千余里を度《わた》り、対馬国に至る」

5　昔脱解亡命す

一六〇〇年代に、伽耶の複数の蘇塗《そと》（竜城国、正明国、琓夏国、花厦国）が、月牙国の統治を脱して独立し、多婆《たば》那国《なこく》を作ったことは第二章で述べたとおりである。

多婆那国は共和制の国であり、その盟主となったのが竜城国であり、鎮海湾沿岸の馬山及び鎮海の地域であると思われる。

竜城国の名は、鎮海湾の海底に沈（鎮）んだ熊川貝塚という古都を竜宮城に見立てる伝説に由来して命名したものであろう。

『三国史記』新羅本紀、及び『三国遺事』に、斯盧国《しろこく》第四代王（尼師今《にしきん》）昔脱解に関する次の記事がある。


脱解は本《もと》、多婆那《たばな》国の所生なり。其の国、倭国の東北一千里に在《あ》り。初め、其の国王、女国の王女を娶《めと》りて妻と為す。娠有り。七年、乃ち大卵を生む。王曰く「人にして卵を生む。不祥なり。宜しく之を棄つべし。」其の女、忍びず。帛を以て卵并びに宝物を裹《つつ》み、櫝《とく》中に置き、海に浮かばせて其の所往に任《まか》す。初め金官国の海辺に至る。金官の人、之を怪しみて取らず。又辰韓の阿珍浦口に至る。是、始祖赫居世在位三十九年なり。

時に海辺の老母、縄を以て引き海岸に繋ぎ、櫝を開きて之を見るに、一小児の在《あ》る有《あ》り。其の母、取りて之を養う。


ここでいう倭国は、泗川郡の月牙国を指す。

泗川と馬山とは直線距離では一千里はないかも知れないが、海路で固城半島を回航すればかなり遠距離となる。

女国がどこの国かは不明であるが、王女とは昔氏の姫ではないかと考えている。

大卵を生んだというのは、早朝、鶏鳴《けいめい》と同時に男子の一卵性双生児を生んだということであろう。当時は男子の双生児《ふたご》は王家に不幸（内紛）をもたらす凶事とされ、一方の男子は里子《さとご》に出されたり、流されたりした。この流された男子が昔脱解だったのである。

王妃は棄てるに忍びず、密かに小舟に王家のお墨つきの宝物を乗せ、乳母《うば》に抱かせて沖合に流したのであろう。「脱解」には南解《なむは》出身の母の手許から去る（脱）という意味が含まれていると思われる。

脱解を乗せた小舟は群島間を東に漂流して、まず金海の金官国の海辺に着いたが、多婆那国と敵対している金官国の首露王は上陸を許さなかった。小舟はさらに北方に漂流し、斯盧国の阿珍浦に着いた。

海辺の老母に養われた脱解は秀れた男子に成長し、第二代王の昔南解の養子となり、ついに第四代王にまでなった。おそらく昔南解は同族の王妃から連絡をうけて、脱解の受け入れを事前に承知していたのではないかと考えている。

斯盧国では先住民の金氏と新たに流移してきた朴氏、昔氏の三部族がいた。初代の王（居世干《きよぜかん》）には、朴赫が三部族によって選出された。第二代王となった昔南解は『三国史記』新羅本紀では南解次次雄《じじゆう》と呼ばれている。註では次次雄は慈充《じじゆう》であり巫のことであるとされている。これは日本で言えば侍従《じじゆう》のことであって、聖骨の壻（匹夫《ひっぷ》）に相当するものである。したがって南解は一旦は金氏の匹夫となったが、還俗《げんぞく》して、居世《きよぜ》（普通の世間に居る）干《かん》（王）になったものと思われる。

昔南解は王（行政王）位継承をめぐって争乱が起ることがないようにするため、王位継承者の資格、順位について不文律《ふぶんりつ》の秩序を作った。『三国史記』新羅本紀によれば、「昔南解将《まさ》に死なんとす。男儒理、壻脱解に謂《いわ》ひて曰く『吾死後、汝《なんじ》朴昔二姓、年長を以《もっ》て位を嗣《つ》げ』と。其の後、金姓亦興《またおこ》り、三姓歯長《しちょう》を以て相嗣《つ》ぐ。故、尼師今《にしきん》と称す」とある。

昔南解の遺言は、「朴姓と昔姓が交互に王位を継ぐこと、及び年長者が先に就位すること」を定めている。ただし、王位継承有資格者となる条件には触れていない。すなわち、先住民で聖骨の家柄である金氏の女《むすめ》と結婚するか、または金氏の女と朴・昔二姓との間で生れた者のみが王位継承有資格者であるという説明が抜けている。これは数代の間は朴・昔二姓が王位に就いたが、後年、金氏が興隆して三姓が王位に就くようになり、ついには金氏のみが王位に就くようになったためであろう。

中国から朝鮮半島を南下して流移する人々には、男性が多い。したがって、嫁は現地人の女性から求める傾向が強くなる。また、純血による種の滅亡を防ぐためにも必要なことである。さらに、先住民の祭祀を尊重することは平和と団結の維持にとって有意義である。

先住民族の金氏が聖骨となったのは、初期においては自然なものだったのである。

6　跡目争い

須佐之男命は、第四代王昔脱解の子として生まれた。時は一八〇－一九〇年頃と思われる。幼名は逸聖《いっせい》と名づけられた。

逸には「①秀《すぐ》れている。②速い。③猛々《たけだけ》しい。外《そ》れる。脱線する」という意味があり、聖には「①賢明。②巫覡《ふげき》王。③日知《ひじ》り」の意味がある。

昔南解の遺言に従い、三代王には朴儒理が、四代王には昔脱解が就位して無事に治まったが、第五代の王位の継承について問題が生じた。

蔚山《うるさん》の鉄山の鉄礦石を用いて鉄製武器を量産した昔脱解は、次第に強盛になり蔚山から東萊《とんね》にまで勢力を伸張させ、斯盧国内において朴氏に対して優位に立った。

長男の逸聖は秀れた素質に恵まれ、長ずるに及んで祭祀や巫術において、また、武術の面においても、その才能を発揮するようになり、父の脱解を喜ばせた。脱解は初め逸聖を昔部族の司祭巫王《すさんくおう》にしたが、これに飽《あ》き足《た》らず、昔南解が定めた王位継承の不文律（朴・昔二姓の交互、年長者優先即位）を破って斯盧国《しろこく》の尹飡《いさん》（官階は王の伊伐飡に次ぐ二番目で、骨品は真骨。太子の地位にあたる）とした。ここまで来ると朴氏も黙って引き下がりはしない。

不文律違反、及び逸聖の不徳な行状を言いたてて猛反発した。事実、逸聖には時として奇矯《ききょう》な振舞いや凶暴な行動をする性癖《せいへき》があったのである。

反対運動の先頭に立つ朴婆娑《ばさ》は聖骨である金氏の女《むすめ》と結婚しており、逸聖よりも年長であったから、金氏も婆娑を支持するようになった。特に脱解の死後、その動きは激しさを増していった。

7　新羅から亡命

『三国史記』によれば、「初め脱解薨《こう》ずるや、臣僚儒理太子逸聖を立てんと欲《ほっ》す。或いは謂《い》う、逸聖は嫡嗣と雖《いえど》も、威明婆娑に及ばずと。遂に之を立つ。婆娑節倹省用して民を愛す。国人之《これ》を嘉《よみ》す」とある。

ただし、儒理太子とあるのは誤りであり、昔脱解の嫡嗣が正しい。

逸聖の出自に関しては、『三国史記』新羅本紀逸聖即位条の註に「或云曰知葛文王之子」と記され、また、『三国遺事』王暦には「父弩礼王之兄　或云祇磨王」とあるなど一定していない。

このように逸聖の出自に諸説が生じたのは、逸聖が昔部族の長兼《けん》司祭巫王ならびに斯盧国の尹飡《いさん》にはなったものの、金・朴・昔三部族の連盟体の長である斯盧国王（尼師今《にしきん》）に即位することができず、若くして亡命するという数奇な運命の持主であったことに起因していると思われる。

新羅国《しらぎのくに》（斯盧国の後身）の第五代の王位（尼師今）に婆娑が就いたとなると、一転して逸聖の身辺は危険にさらされることになり、新羅国外へ亡命せざるを得なくなっていったのである。このことは逸聖一人の身上にとどまらず、昔部族と漢祇部《かんぎぶ》に対する圧迫も強化され、逸聖の後を追って伽耶や日本列島に亡命する者が相ついだ。このことが後に日本国と新羅国との不仲の原因の一つとなったのである。

亡命を決意した逸聖の脳裏にまず浮かんだのは、父の昔脱解が辿ったコースを逆行して、多婆那国《たばなこく》の竜城国に落ち着くことであった。この時の逸聖は元服して尹飡になってから間もない頃であったから、数え年で十六、七歳位であったと思われる。

ここからは逸聖を須佐之男命《すさのお》（素戔嗚尊《すさのおのみこと》）として記述することにする。

『古事記』でのフルネームは「建速須佐之男命《たけはやすさのおのみこと》」である。この「建速《たけはや》」は逸聖の「逸」に相当する。須佐之男は司祭巫王《すさんくおう》のことであり、逸聖の「聖」にあたる。

また、『日本書紀』では素戔嗚尊の子を五十猛神《いそたける》としているが、これは「尹湌の猛」のことであり、逸聖の官職名を指すものであるが、和歌山県に流移した昔部族の長を五十猛と尊称したものであろう。

『日本書紀』では新羅国に天降って曾尸茂梨《そしもり》や熊成峯《くまなりのたけ》に居たと記している。しかし、倭（共和）国の高天原《たかまのはら》から新羅国に天降ったのではなく、新羅国から竜城国に亡命した後、樹種《こだね》を持って筑紫に渡り、最終的に原出雲国に到達したのである。因みに根国《ねのくに》というのは、嘉穂郡筑穂町大分《だいぶ》の茜《あかね》地方を指したものと思われる。福岡県豊前市求《く》菩提《ぼて》や築城町寒田《さわた》の人々が、茜色の夕日が地底に沈む大分《だいぶ》地方を赤根国と呼んだことが命名の由来であろう。大分には廃寺や古跡が多い。

熊成峯《くまなりのたけ》は任那《みまな》国下哆呼唎《たこり》県之《の》別邑とされている。この哆唎《たり》は垂、成と同じである。垂は「魏書倭人伝」の投馬《つま》国の副の官の弥弥那利《みみなり》の那利《なり》に相当し、霊山の麓の行政府または蘇塗のことである。熊成は熊川と表記されることもある。哆呼唎の別邑は蘇塗のことと思われる。

「そしもり」は鬼神を祭る小高い霊山を指す一般名詞であるが、『日本書紀』の「曾尸茂梨《そしもり》」は熊成峯と同一で竜城国の馬山《まさん》にある牛山《うさん》（別名、牛頭《ごず》山）を指していると思われる。「そ」は古代朝鮮語の「鳥《さ》」が転訛したものという説もあるが、本来蘇塗《そと》の蘇のことであり、その門柱には鳥の尾羽を飾っていたのである。「曾」には「高い」の意味がある。「尸《し》」は「屍」の原字であり、葬祭場または墓地を意味する。「茂梨《もり》」は「盛る」であり、小高く盛りあがった丘や古墳のことを指す。

『古事記』の「鳥髪《とりかみ》」や、『日本書紀』の「鳥上《とりかみ》」も、「そしもり」と同じものである。なお、「盛《もり》」、「牛《う》」、「頭《ず》」、

「髪《かみ》」、「上《かみ》」は、全て「小高い」という同意字である。また、「屋」は家の形に小高いという意味である。

須佐之男命が、多婆那国内では最大規模と目された曾尸茂梨（牛山《うさん》）の麓の蘇塗《そと》（別邑）に立寄って尋ね歩いたところ、竜城国王妃であった祖母は既に失くなっており、また頼りにする親類縁者もほとんど見当たらなかった。しかも、それだけではなく、多婆那国そのものが月牙国《たるあこく》に統合されて狗邪韓国になっていたのである。

元多婆那国の山河は夢に描いたとおり清く美しかったけれども、故国に住む人々はすっかり変ってしまっていて、須佐之男命にとって住み心地《ごこち》の良くない土地であった。そこで『日本書紀』に、「曾尸茂梨《そしもり》の処《ところ》に居《ま》します。乃《すなわ》ち興言《ことあげ》して曰《のたま》はく、『此《こ》の地《くに》は吾《われ》居《お》らまく欲《ほり》せじ（この国には私は住みたくない）』とのたまひて、遂に（中略）東に渡りて（中略）」とあるように、樹種《こだね》を持って筑紫（糟屋郡）に渡り植樹《うえき》したのである。著名な植樹箇所には今も植《うえ》（殖）木《き》の地名が残っている。

来日当時、糟屋郡や嘉穂郡などの祭祀を司っていたのは巫女王の伊耶那美命Bであった。訪問した須佐之男命に接した伊耶那美命Bは彼の素姓《すじょう》の良さや秀れた巫術《ふじゅつ》とを見込んで早速に養子とした。

亡命の時期は二〇〇年頃と推定しているが、その理由は次のとおりである。次の表10を参考にしながら読んでいただきたい。

韓国の古代の王のなかで壬寅年との関係について信用できるものが二つある。

その一つは、金官伽耶国首露王の建国が壬寅年（一六二）であったとする『三国史記』列伝金庾信条である。二つ目は、新羅国第五代王の婆娑尼師今の二十三年が壬寅年（二二二）であったとする『三国史記』新羅本紀婆娑尼師今二十三年条である。

婆娑尼師今二十三年（二二二）に行われた会議に関する『三国史記』の記事は次のとおりである。

（婆娑王二十三年）秋八月、音汁伐国と悉直谷国が彊（境）を争い、（婆娑）王に詣《いた》り決を請《こ》う。王これを難《かた》

表10　金官国・斯盧国王らの年表（推定）

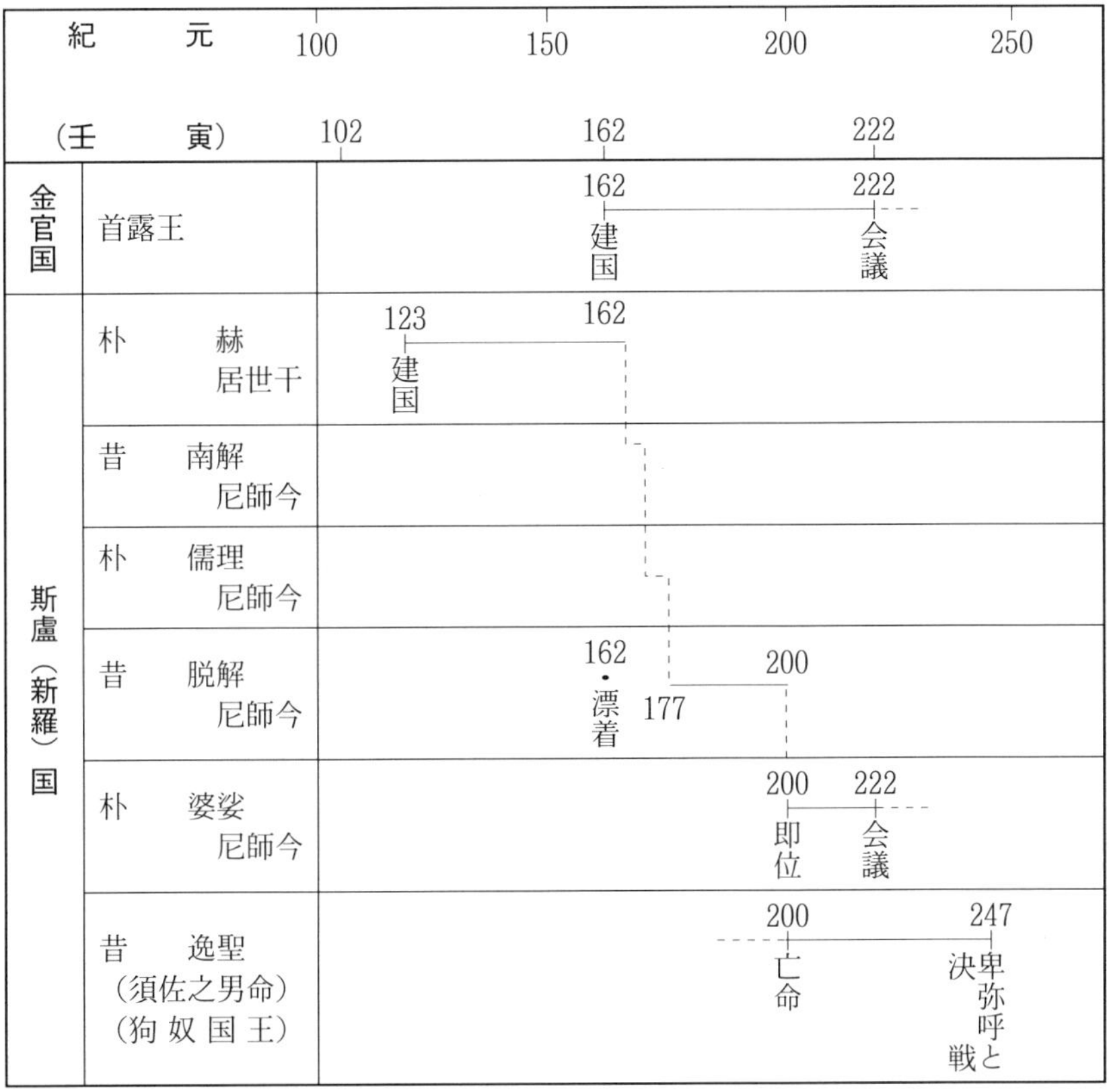

しとす。金官国首露王は年老《お》いて智識多しと請《い》う。召して之《これ》を問う。

首露議《ぎ》を立て、以て争う所の地、音汁伐国に属せしむ。是《ここ》に王六部《ろくぶ》に命じて首露王に会饗せしむ。五部《ごぶ》皆伊飡《いさん》を以て主と為《な》す。唯《ただ》、漢祇部《かんぎぶ》のみは位卑《いや》しき者を以て之《これ》を主とす。首露怒り、奴《やつこ》の耽下里に命じて漢祇部《かんぎぶ》主の保斉を殺さしめて帰る。奴逃げて音汁伐主の陀鄒干家に依《よ》る。王人を使《し》て其の奴を索《もと》むるも、陀鄒送らず。王怒り、兵を以て音汁伐国を伐《う》つ。其の主と衆は自ら降る。悉直、押督の二国王も来り降る。

この事件は慶尚北道の東海岸の音汁伐国と悉直谷国との境界争いに端

を発するものである。

漢祇部主保斉と昔部族の悉直谷国とは仲がよく、音汁伐国王と金官国首露王とは友好関係にあったと思われる。首露王が音汁伐国に依怙贔屓《えこひいき》して有利な裁決をしたため、さらに大きな問題に発展したのである。

月牙国の天領地（蘇塗）という身分から脱して独立した金官《きんかん》国は、その名が示すとおり新羅国の聖骨の家柄である金氏の官（役人）を自称する国であり、朴氏の婆娑《ばさ》王とも親しかったので、二国の境界争いの仲裁を頼まれたのであろう。あるいは、婆娑王が慶尚北道東南部の昔《すく》部族を迫害するために、老獪な首露王と仕組んだ芝居だったのかも知れない。

ともかく、この説話は首露王と婆娑王が同時代の人物であったことを明示している。

婆娑王の在位二十三年が二二二年の壬寅年であることにもとづいて逆算すれば、婆娑王は二〇〇年に即位したことになる。したがって、須佐之男命が亡命した年も二〇〇年頃ということになるわけである。

8　一木戦争（第一次）

第3章で述べたとおり、福岡県甘木市を中心とする地域に一木《ひとつぎ》国（仮称）があった。出土した桃氏剣《とうしけん》や丹塗《にぬ》り磨《ま》研《けん》土器からみて、遅くとも三世紀初頭には栄えていた老大国である。

一世紀に筑紫野市を経て南下した強力なウシどんも、さすがに一木国には手を出せなかった。

二〇〇年頃、須佐之男命を養子とした伊耶那美命Bは、伊耶那岐命Bに相談もせず、単独で一木国を攻撃するという愚挙に出て敗死した。この事件が第一次一木戦争（仮称）である。そして伊耶那岐命Bが、その報復という名目で行った侵略戦争が第二次一木戦争である。

この二次にわたる筑紫の中乱に関する『古事記』の記事は次のとおりである。

（伊耶那岐命Bと伊耶那美命Bは、これまでに多くの国や神を生んできた。）

次に火之夜芸速男神《ひのやぎはやおのかみ》を生《う》みましき。亦《また》の名は火之炫毘古神《ひのかがびこのかみ》と謂《い》う。亦《また》の名は火之迦具土神《ひのかぐつちのかみ》と謂《い》う。此《こ》の子を生みまししに因《よ》りて、美蕃登《みほと》炙《や》か見而《えて》、病《や》み臥《こや》して在《あ》り。多具理邇《たぐりに》成《な》りませる神の名は、金山毘古神《かなやまびこのかみ》。次に金山毘売神《かなやまびめのかみ》。次に、屎《くそ》於《に》成《な》りませる神の名は、波邇夜須毘古神《はにやすびこのかみ》。次に、波邇夜須毘売神《はにやすびめのかみ》。次に、尿於《ゆまりに》成《な》りませる神の名は、弥都波能売神《みつはのめのかみ》。次に、和久産巣日神《わくむすひのかみ》。此《こ》の神之子《かみのこ》は、豊宇気毘売神《とようけびめのかみ》と謂《い》う。故《かれ》、伊耶那美神者《は》、火の神を生みまししに因《よ》りて、遂《つい》に神避《かむさ》り坐《ま》しき。

凡《おほよ》そ伊耶那岐・伊耶那美の二はしらの神、共に所生《う》みませる嶋壱拾肆《しまとおあまりよつ》。又《また》、嶋・神、参拾伍《みそぢあまりいつ》はしらの神。

（是《こ》は伊耶那美神の、未《いま》だ神避《かむさ》りまさぬ以前《さき》に所生《う》みませり。唯《ただし》、意能碁呂嶋《おのごろしま》のみ者《は》、所生みませるに非《あら》ず。

亦《また》、蛭子《ひるこ》と淡嶋与《あはしまと》も、子之例《このかず》に入《い》ら不《ず》。）

故爾《かれしか》して、伊耶那岐命詔之《の》らさく、「愛《うつく》しき我《わ》が那邇妹命乎《なにものみことや》、子之一木《このひとつき》に易《か》えむと謂《おも》え乎《や》。」とのらして、乃《すなわ》ち御枕方《みまくらへ》に匍《は》匐ひ、御足方《みあとへ》に匍《は》匐ひ而《て》、哭《な》きます時《とき》、御涙於《みなみたに》所成《な》りませる神の、香山之畝尾木本《かぐやまのうねおのきのもと》に坐《いま》す。名は泣沢女神《なきさわめのかみ》。故《かれ》、其《そ》の、所神避《かむさ》りましし伊耶那美神者《は》、出雲国《いずものくに》と伯伎国与《はきのくにと》の堺の比婆《ひば》の山に葬《はぶ》りまつりき。

於是《ここに》、伊耶那岐命、所御佩《は》かせる十拳剣《とつかつるぎ》を抜きて、其《そ》の子迦具土神之頸《かぐつちのかみのくび》を斬《き》りましき。爾《しか》して、其の御刀《みはかし》の前《さき》に著《つ》ける血、湯津石村《ゆついわむら》に走り就《つ》きて、所成《な》りませる神の名は、石拆神《いわさくのかみ》。次に、根拆神《ねさくのかみ》。次に、石箇之男神《いわつつのおのかみ》。次に、御刀《みはかし》の本《もと》に著《つ》ける血亦《ちも》、湯津石村に走り就《つ》きて、所成《な》りませる神の名は、甕速日神《みかはやひのかみ》。次に、樋速日神《ひはやひのかみ》。次に、建御雷之男神《たけみかづちのおのかみ》。亦《また》の名は建布都神《たけふつのかみ》。亦《また》の名は豊布都神《とよふつのかみ》。次に、御刀之手上《みはかしのたかみ》に集まれる血、手俣《たなまた》自《よ》り漏《く》き出《い》でて、所成《な》りませる神の名は、闇淤加美神《くらおかみのかみ》。次に闇御津羽神《くらみつはのかみ》。

上《かみ》の件《くだり》の石拆神《いわさくのかみ》自《よ》り以下《しも》、闇御津羽神《くらみつはのかみ》より以前《さき》、幷《あは》せて八《や》はしらの神者《は》、御刀《みはかし》に因《よ》りて所生《な》りませる神《かみ》者也《ぞ》。殺さ所《え》ましし迦具土神之頭於《かぐつちのかみのかしらに》所成《な》りませる神《かみ》の名は、正鹿山津見神《まさかやまつみのかみ》。次に胸於《に》所成《な》りませる神の名は、淤縢山津見神《おどやまつみのかみ》。次に、腹於《に》所成《な》りませる神の名は奥山津見神《おくやまつみのかみ》。次に、陰於《ほとに》所成《な》りませる神の名は、闇山津見神《くらやまつみのかみ》。

次に、左の手於所《に》成《な》りませる神の名は、志芸山津見神《しぎやまつみのかみ》。次に、右の手於所《に》成《な》りませる神の名は、羽山津見神《はやまつみのかみ》。
次に、左の足於所《に》成《な》りませる神の名は、原山津見神《はらやまつみのかみ》。次に、右の足於所《に》成《な》りませる神の名は、戸山津見神《とやまつみのかみ》。故《かれ》、
所斬《き》りませる刀《たち》の名は、天之尾羽張《あめのおはばる》と謂《い》う。亦《また》の名は、伊都之尾羽張《いつのおはばる》と謂《と》う。（以上、前段）

於是《ここに》、天照大御神詔《の》らさく、「亦曷《またいず》れの神を遣さ者《ば》吉《え》けむ。」とのらす。爾《しか》して、思金神《おもいかねのかみ》と諸神《もろかみ》及《と》白之《まお》さく、『天安河《あめのやすのかわ》の河上《かわかみ》之天石屋《のあめのいわや》に坐《いま》す。名は伊都之尾羽張神《いつのおはばるのかみ》、是《これ》、遣す可《べ》し。若《も》し亦此《またこ》の神に非《あら》ず者《ば》、其《そ》の神之子《のこ》、建御雷之男神《たけみかづちのおのかみ》。此《これ》遣す応《べ》し。且其《またそ》の天之尾羽張神《あめのおはばるのかみ》者《は》、逆《さかしま》に天安河之水《あめのやすのかわのみず》を塞《せ》き上《あ》げ而《て》、道を塞《さ》へ居《お》る故《ゆえ》に、他神《あたしかみ》は行き得不《えじ》。故《かれ》、別《こと》に天迦久神《あめのかくのかみ》を遣して問う可《べ》し。』とまおす。故爾《かれしか》して、天迦久神《あめのかくのかみ》を使《つか》はして天尾《あめのお》羽張神《はばるのかみ》を問《と》わす時、答えて白《まお》さく、『恐之《かしこ》し。仕《つか》へ奉《まつ》らむ。然《しか》あれども、此《こ》の道於者《には》、僕《あ》が子、建御雷神《たけみかづちのかみ》遣す可《べ》し。』とまおして、乃《すなわ》ち貢進《たてまつ》りき、爾《しか》して天鳥船神《あめのとりふねのかみ》を建御雷神《たけみかづちのかみ》に副《そ》へ而《て》遣しましき。（以上、後段）

以下、この『古事記』の記事にもとづいて忠実に復元してみよう。

一木国は今の行政区画で言えば、福岡県の甘木市と三井郡大刀洗町東部と朝倉郡三輪町の一部とを併せた地域である。地勢的に言えば小石原川（弥生時代は天安河《あめのやすのかわ》）と佐田川の流域であり、北部丘陵地帯の秋月と南部の甘木平野とが主体である。朝倉郡小石原村を源とする小石原川は、江川ダムまでの流れを江川ともいう。弥生時代前期には、中国の隠士が好んだという清流の潁水《えいすい》に因んで「潁川《えかわ》」と呼ばれていたのではあるまいか。昭和四十七年に江川ダムが建設されるとともに道路も開通したが、以前は人も魚も途絶える断崖の滝だったのである。

前述した『古事記』の記事（後段）の「天安河《あめのやすのかわ》の河上《かわかみ》之天石屋《のあめのいわや》に坐《いま》す。……天之尾羽張神《あめのおはばるのかみ》者《は》、逆《さかしま》に天安河之《あめのやすのかわの》水を塞《せ》き上《あ》げ而《て》、道を塞《さ》へ居《お》る故《ゆえ》に、他神《あたしかみ》は行き得不《えじ》」のなかの「逆《さかしま》に塞《せ》き上《あ》げた」所がこの滝である。

江川ダムの湖底に沈んだのは、鮎帰高野河内、馬場野、大河内、尾払の四つの集落、七十五戸である。天之尾羽《あめのおは》

張神《ばるのかみ》は尾払《おばらい》に住んでいたと思われる。神名には「天《あめ》」を冠しているので徐州や安徽省から渡来した神と思われる。

尾払の集落には尾畑《おばた》姓が多かった。尾《お》（山裾）の畑《はた》を少しでも幅広くしようとして、周辺の竹や草を刈り払ったことに因んで尾払と呼んだのが地名の由来であろう。羽張《はばる》は「幅刈《はばか》る」や「払《はら》う」と同義の言葉である。天尾羽張神は武道の達人であった。江川《えかわ》の水中の魚を突き刺す早業《はやわざ》の持主であり、神道《しんとう》伊都《いつ》水流《すいりゅう》の開祖である。

この流儀は後世、秋月藩士の莞牟田正人に伝えられ、さらに角枝の別府重志が引き継ぎ、真道《しんとう》一睡流《いっすいりゅう》と改名された。天尾羽張神には三人の男子があった。甕速日神《みかはやひのかみ》、樋速日神《ひはやひのかみ》、建御雷之男神《たけみかづちのおのかみ》である。この三神は秋月の北部にある古処山麓《こしょさんろく》の野鳥《のとり》から三輪町の三箇山《さんこやま》（古くは「みか山《やま》」）にかけての山地に住んでいた。

父の血筋をひいて三神ともに武芸に秀でていた。ここは落雷の多い地域であるから、雷神の早業に譬《たと》えて命名したものであろう。「甕」は「雷《みかづち》（稲妻《いなづま》）」を、「速」は「迅速」を、「日」は「閃光《せんこう》または火」を、「樋」は「落雷による火災」を指していると思われるが、「御雷《みかづち》」は「三箇《みか》（山）の（埴）土《つち》」を用いて作った祭祀用の甕《かめ》（丹塗《にぬ》り磨研《まけん》土器）のことをも意味しているかも知れない。

因みに三箇山に連なる夜須《やす》高原ゴルフ場は落雷が多いため、各ホールごとに避雷小屋が設けられている。三箇山には五玉《いつたま》神社がある。この神話の時代には建御雷之男神《たけみかづちのおのかみ》らが父神の「伊都《いつ》の（尾羽張神《おはばるのかみ》の）魂《みたま》」を祭っていたのであるが、時代がくだって、その真意が不明となり、何時しか五玉《いつたま》に置き換えられ、熊野早玉、大国主、事代主、伊佐奈岐、天忍穂根の五神が祭られている。

佐田川は、「曾尸茂梨」の一つと目される鳥屋山（六四五メートル）を源とする川である。今は寺内ダムを経て甘木市の東部を貫流している。古くは狭田《さた》川と呼ばれたものと思われる。

寺内ダムの北岸の矢野竹の角枝バス停の南側は公園になっているが、この神話の時代には天尾羽張神の親友である天迦久神《あめのかくのかみ》が住んでいた。園内には天迦久神を祭っていたと思われる神社があり、その傍に子孫である別府重志という人物の記念碑が建っている。碑文によれば、別府重志は一睡流《いっすいりゅう》を継いで明治のはじめに撃剣、居合、組撃ち

〈上〉三輪町の五玉神社の祠
〈下〉甘木市矢野竹角枝の天迦久神を祭る神社

などの武芸では天下無双の達人となったのである。

弥生時代においては、江川の尾払の集落に行くのには、角枝から十石山（五一三メートル）の獣道を越えて行くしか方法がなかった。このことを『古事記』（後段）は「他《あたし》神《かみ》は行き得不《えじ》。故《かれ》、別《こと》に天迦久神《あめのかくのかみ》を遣わして問《と》う可《べ》し」と記しているのである。

以上が一木国の北辺において、縄文時代の生活様式を守りつつも、一木国の農民と物々交換を行い、二世紀末まで辛うじて友好関係を維持してきた部族である。一木国にとっては北方の防衛の役目を果してもらっていたのである。

一木国の北半の秋月は「阿岐津城《あきつき》」である。「阿」には「曲った丘。くま。坂。麓」などの意味があり、「岐」には「わかれ道。高い。険しい」などの意味がある。また、「津城」は「奥津城」のことで「墓地または霊場」のことである。丘陵地帯で古蹟の多い秋月は今でも古都と呼ばれている。

江川の滝で斎戒沐浴《さいかいもくよく》して祖霊を祭っていたことであろう。古代の筑紫では、「洗い清める」ことを「ゆすぐ」と言う。身を清めた後、祭祀用具の鋳型に溶融した銅（湯）を注ぐ「ゆつぐ」が転訛、転用したものである。祭祀を行った土地には今も「ゆす」という地名が残っている。秋月は「ゆす」の川原（津）という意味で、『古事記』において「湯津《ゆつ》」と呼ばれたのであろう。また、滝より下流の秋月を流れる小石原川は、その名のとおり小石が多い。

さらに日向石《ひなたいし》、女男石《めおといわ》という地名が残っているところをみると、弥生時代には石村《いわむら》と呼ばれていたのであろう。
一木国王の別名の火之炫毘古神《ひのかがびこのかみ》というのは、秋月の霊場において、夜、篝火《かがりび》を焚いて祭祀を行う司祭王を意味する称号である。

南部の甘木平野は、やや小高い平野（邪馬《やま》）であり、弥生時代では最高の農地であったから、中国から渡来した「筑紫の先住者」が占拠したのは当然である。一木国王の別名の火之迦具土神《ひのかぐつちのかみ》というのは、この「香《か》ぐ（わしい）土《つち》（地）」を領有する国王を意味する称号である。

一木国の都は一木《ひとつぎ》から小田《おだ》、小隈《おくま》にかけての低丘陵で、小田・一木遺跡と呼ばれる地域である。

この台地を邪馬台《やまたい》国に比定する学者もいる。耳族の王が住んだ邪馬《やま》の台地という意味では首肯できるが、伊耶那岐命Bによって二世紀初頭に滅ぼされた地域であって、「魏書倭人伝」に言う倭（共和）国のなかの邪馬壹《やまいち》国ではない。倭（共和）国の行政府（本庁）が置かれたのは、この西南の低地の平塚であり、八百万《やおよろず》神《のかみ》の議場となった天《あめの》安河《やすのかわ》之《の》河原《かわはら》は平塚川添である。

一木国王の本名の火之夜芸速男神《ひのやぎはやおのかみ》の「火之夜芸」は「夜陰密《やいんひそ》かに忍びより火を放つ焼討《やきうち》の戦法」を得意としたことに由来する名であり、この故に「火の神」と呼ばれたのである。「夜芸」は「夜の技《わざ》」と「焼き」の両方にかかる言葉であり、「速」は「火炎《かえん》の速いこと」を指しているのである。

『古事記』で神を「生《う》む」、または神が「成《な》る」というのは、①天地万物や自然現象に宿《やど》る精霊《せいれい》を神と認識して祭ること、②親族や部下を新たに侵略（または入植）した土地の首長に任ずることを指す。頭、手、足などの人体の各部に擬《ぎ》して神が生まれる（成《な》る）場合は後者のケースにあてはまるのである。

ただし、伊耶那美命Bが火の神を生んだために焼死したのは、侵略に失敗して生み損ったということである。

伊耶那岐命Bと伊耶那美命Bは筑前大乱において委奴国を滅ぼし国々を生んだが、さらに周辺諸国を侵略し強大な国家を建設しようと目論《もくろ》んでいた。その侵略目標の第一が一木国であり、第二は原出雲国であり、第三は大国《おおくに》の葦原国《あしはらのくに》（遠賀川下流域）であり、第四は大国の中津国《なかつのくに》（豊前の周防灘沿岸）であった。

伊耶那美命Bは伊耶那岐命Bとの結婚に際して、主導権を夫に委ねたまま長い年月、下位に甘んじてきた。このあたりで目ざましい手柄をたてて主導権を握りたいと思った。これが焦りとなって、一木国王の能力（特技）や防衛態勢などの情報収集を行うことなく、また伊耶那岐命Bに相談もせずに、一木国を攻撃するという軽率な行動に出た。

二〇〇〇年頃の或《あ》る年、稲刈も済んだ晩秋から初冬にかけての時期であった。

伊耶那美命Bは筑紫野市を経て宝満川沿いに南下し、草場川を渡って、城山《じょんやま》の北麓の焼《やき》の峠の北、朝倉郡夜須町屋形原《やかたばる》に野営した。ここから小石原川西岸の馬田《また》までは約五キロメートル、馬田から一木《ひとつぎ》までは約一・五キロメートルである。翌朝は一木国の虚をついて首都の一木を襲う計画であった。

筑紫では古く、稲の藁を束ねて、家や塔の形に積みあげて保存する習慣があった。これを「稲積《とうしやく》」、または「穂《ほ》塔《とう》」と呼んだ。夜は冷え込むのでこの穂塔を崩して、藁束を四周に積み重ねて急造の稲城《いなき》とした。参戦した須佐之男命は、おそらく初陣であったろう。一行は風を避けながら熟睡した。

夜もふけて風が強くなった頃、密かに忍びよった火之夜芸速男神《ひのやぎはやおのかみ》は稲城に火を放った。不意をつかれた伊耶那美命Bは必死になって稲城から脱出したが、衣服についた火は消えず全身を火傷《やけど》した。このとき美蕃登《みほと》（女陰）まで火傷したのである。『古事記』の記事（前段）に「此《こ》の子（火の神）を生まししによりて、美蕃登《みほと》炙《や》かえて病み臥《こや》して在《あ》り」とあるのは、この事件のことである。「蕃登《ほと》」は「女陰《ほと》」と「穂塔《ほとう》」の両方にかかる言葉である。

伊耶那美命Bの軽挙を聞いた伊耶那岐命Bは慌てて駆けつけたが間に合わなかった。辛うじて重傷の妻を収容し、要塞の杷木町志波（高山《かぐやま》の麓の桑の本）まで運びこむことができた。あらゆる治療を施したが、伊耶那美命Bは無惨にも反吐《へど》をはき、大小便を洩らし苦しみながら死んだ。

このとき成った神は次のとおりである。

①金山毘古神《かなやまびこのかみ》、金山毘売神《かなやまびめのかみ》：多具理《たぐり》（反吐）が鉄滓《てつさい》に似ているところから、二神が成ったと表現したものである。志波の高山は金山であったが、製鉄も行われていたのであろう。なお、高山は古くは「香山」と書かれ「かぐ山」と呼ばれたが、後に高山《こうやま》となった。

②波邇夜須毘古神《はにやすびこのかみ》、波邇夜須毘売神《はにやすびめのかみ》：屎《くそ》（糞）は埴土《はに》（粘土）に似ているところから、二神が成ったと表現したものである。高山の埴土で祭祀用土器を作っていたのであろう。

③弥都波能売神《みつはのめのかみ》：尿《ゆまり》は水に近いので弥都波能売神が成ったと表現したものである。弥都波は水際《みずぎわ》の略である。この女神は水神《すいじん》である。

④和久産巣日神《わくむすひのかみ》、豊宇気毘売神《とようけひめのかみ》：和久《わく》は水（尿）が湧《わ》くという意味であるが、雅《わか》または若《わか》にも通じる。この神は蚕桑と五穀の神と言われている。豊宇気毘売神は伊勢外宮の祭神と同一で食物（宇気《うけ》）を掌る神である。

以上の七神の出現は語呂《ごろ》合せに近い。

伊耶那岐命Bは伊耶那美命Bの枕辺や足元に這《は》いまわって泣き狂い、「愛《いと》しい私の妻の命よ。お前の生命と、わずか一人の子にすぎない火の神の国（一木国）と引き換えにしてよいものか」と叫んで報復を誓った。伊耶那岐命Bとしては妻の伊耶那美命Bと二人で、もっと多くの国々を侵略したかったのである。ましてや筑紫平野の一等地を占拠する一木国は絶対に侵略せずにはおかないと決意したのである。泣沢女神《なきさわめのかみ》は貴人の死に際して「哀号《あいごう》」と叫び上手に涙を流して哀悼《あいとう》の意を示し、葬儀を盛大に導く役目の老婆である。

伊耶那美命Bを仮埋葬した場所は志波の麻底良山であることは前述のとおりである。

9　一木戦争（第二次）

第一次一木戦争に敗れて死んだ伊耶那美命Bに報復を誓った伊耶那岐命Bは、その敗因を分析するとともに、一木国の弱点は何かないかと探った。

一木国が長年月にわたって独立と繁栄を維持するうえで、重要な役割を果してきた人々は一木国民だけではなく、一木国の北方の山岳地帯に居住する先住の縄文人（正確に言えば縄文時代の生活様式を守り続ける弥生時代人）があったのである。この先住山岳民と協調して団結を保持することが、結果的に一木国の後背部の守りを形成してきていたのである。

昔、山岳地の住民と一木国の農民とは仲が良く、鳥獣の肉・毛皮や山菜と、鉄刀・鉄鎌とを物々交換して互いに補完しあう生活をしてきた。ところが、農民の穀物の蓄えができて裕福になると、山岳地の人々を蔑視する風潮が生まれた。

一方、山岳地の人々は質素な生活を甘受して、大自然の中で土地の私有権もない大らかな暮らしをしており、特に自尊心を傷つけられると激しく怒る。また、文明は常に自然を汚す。このため、山岳地の生活環境は次第に侵蝕破壊された。このために、両部族の間には不満と不和が累積されつつあった。

伊耶那岐命Bは、この間隙を狙って山岳民に接近し、その不和を助長させ、また、有利な条件を示して味方に引き込む策に出た。最有力者である江川渓谷に住む天之尾羽張《あめのおはばる》（後には伊都之尾羽張《いつのおはばる》）が平素、一木国王が彼の能力を評価しないことに不満を抱いていることを知り、彼に対しては、その武勇を絶讃して矜恃《きょうじ》を擽《くすぐ》るとともに、成功報酬として志波要塞の近衛隊司令《このえたいしれい》という高い地位と高禄を約束して、協力をとりつけた。

この結果、三箇山連山に住む建御雷之男神《たけみかづちのおのかみ》ら三人の子神達をも味方につけることができたことは、百万の大軍を得たに等しいものであった。

十分な準備を終えた伊耶那岐命Bは遂に一木国への侵略を開始し、第二次一木戦争が始まった。

戦闘は、伊耶那岐命Bの側の一方的な優勢で始まった。

首都の一木を奇襲された一木国王は傷つきながらも秋月の霊場へ逃げ走った。近侍の兵士は国王を庇《かば》ってよく防ぎ戦った。

しかし、急追した先鋒隊の石析神《いわさくのかみ》、根析神《ねさくのかみ》の鉄剣の切れ味は鋭く、骨を断った余勢で岩や根までも切りさき、刀についた血は秋月の山野に飛び散った。『古事記』の記事（前段）の「其《そ》の御刀《みはかし》の前《さき》に著《つ》ける血、湯津石村《ゆついわむら》に走り就きて……」はこの状景を描いたものである。「御刀の前」は先鋒のことであり「湯津石村」は秋月を指す。

石筒之男神《いわつつのおのかみ》は得意の投弾で攻撃した。何処からともなく飛来する石や土製の弾丸に当った一木軍の兵士は、次々に傷つき斃《たお》れた。

投弾は紐の中央部の幅広くなった部分に、石や土製の弾丸を挟み、紐の両端を片手で握って振りまわし、遠心力をつけて一端を放し、弾丸を投擲《とうてき》する武器である。上達すれば三〇〇メートル近く飛び、的によくあたる。この道具は縄文時代に、モンゴルから中国東北地方にかけての遊牧民族が家畜の制御に用いたと言われているが、弥生時代には兵器としても利用され、高御産巣日神（伊耶那岐命Bの祖先）の部族が常用するようになった。この当時も、筑前、肥前、壱岐などで多用されている。

秋月に向った後続の一木軍も、三箇山から走り下った甕速日神《みかはやひのかみ》、樋速日神《ひはやひのかみ》、建御雷之男神《たけみかづちのおのかみ》の雷神の如き早業の鉄剣によって斬り斃《たお》され、血が秋月の山野に飛び散った。『古事記』の記事（前段）の「御刀《みはかし》の本《もと》」は、伊耶那岐命Bの本隊となった三箇山の三神を指している。

なお、建御雷之男神の別名の建布都神《たけふつのかみ》や豊布都神《とよふつのかみ》は、大国主神との国譲り交渉の使者として同行した経津主神《ふつぬしのかみ》と混同され、後世に付会されたものと思われる。

一木国王（火の神）は敵の急追を振りきり、一旦、秋月の丘陵に逃れて山岳民に救援を求め、再起を図ろうとしたが、友軍と信じていた山岳の神に裏切られ、日向石《ひなたいし》の永谷から首渕《つぶろふち》に逃げこんだものの、追い来った天之尾羽《あめのおは》張《ばる》に首を切られ討死した。『古事記』の記事（前段）の「故《かれ》、斬《き》りませる刀《たち》の名は、天之尾羽張《あめのおはばる》と謂《い》う」は、このことを述べたものである。

甘木市日向石永谷の崇光山崇霊崗（琴平神社）

甘木市の倉吉方面に駐屯していた一木軍も、溜池の堤や小川の岸で討滅された。『古事記』の記事（前段）の「御刀之手上《みはかしのたかみ》」は田《た》の上（田園地帯）の伊耶那岐命Bの軍を指す。神名に冠する「闇《くら》」は「倉吉《くらよし》」のことである。「淤加美《おかみ》」は「丘の水《おかみず》」で堤のことであり、「御津羽《みつは》」は「水際《みずぎわ》」のことである。

かくして、第二次一木戦争は、あっけなく終息した。この戦闘で流された血は一木国の山河を朱に染めて、敗者の悲惨さを見せつけた。この後、秋月地方には落雷による大火災が相ついで起きた。村人は怨《うら》みを呑んで死んでいった火の神の祟りではないかと恐れて、首渕の入口の永谷の丘に鎮魂の社を建てた。現在の崇光山崇霊崗がこれである。

また、首渕の南一キロメートルの下渕園田には、赤岩神社がある。逃げまどう一木の一族が斬殺され、その血で赤く染まった岩は年月が経ってもその赤色が褪《あ》せず、これを見た村人は一族の祟りを恐れて赤岩神社を建て、その霊を祭った。

この度の戦功により天尾羽張神は、杷木町志波の要塞（後の邪馬壹国《やまいち》）の防衛責任者に任ぜられ、志波の入口を扼する宮原（現在の志波宝満宮）に駐屯した。天尾羽張の神名に冠せられた「天《あめ》」は、志波が邪馬壹国になった時点から「伊都《いつ》（壹）」に変ったのである。

建御雷之男神ら三箇山の三神は、代々、秋月を治めることになった。

侵略した南部の甘木平野に配置して治めさせた八人の神々は次のとおりである。なお、神名の「山津見」の「山」は、「やや小高い波状平野」を意味する邪馬《やま》のことである。「津《つ》」は本来は「川の港（渡船場）」のことであるが、ここでは助詞の「の」であろう。「見《み》」は「見張《みは》る」であり監督者、首長を意味する。したがって、「山津見神」は「邪馬《やま》の邑落の首長」のことを指す。

①正鹿山津見神（頭）

頭《かしら》に成《な》った神である。「正鹿《まさか》」は「馬《ま》（または真《ま》）の狭河《さか》」である。「狭河」は筑後川や小石原川に比して狭《せま》い河（佐田川）という意味である。また、「鹿」には「①鹿。②帝王の位。③四角い米倉《こめぐら》。④麓」などの意味がある。「正鹿《まさか》」は「佐田川に近くて、やや小高い穀倉地帯」のことである。

佐田川の北岸を少し登った所に柿原神社がある。この辺りが迦具土神《かぐつちのかみ》の頭部に相応する。柿原神社の裏には横穴式古墳があり、太陽を拝む天壇《てんだん》もある。また、古墳の傍に高木神社の石塔が残っている。高木神は伊耶那岐命Bの子の月読命《つきよみのみこと》の娘婿である。

なお、甘木市大字柿原字野田の柿原野田遺跡は縄文時代から歴史時代にかけての大規模な複合遺跡であり、縄文時代の円形土壙から前期の曽畑《そばた》式と轟《とどろき》式の土器が出土し、炭化種子も発見されている。柿原は一木国の主要な集落の一つであったし、その後も栄えた穀倉地帯であったと思われる。

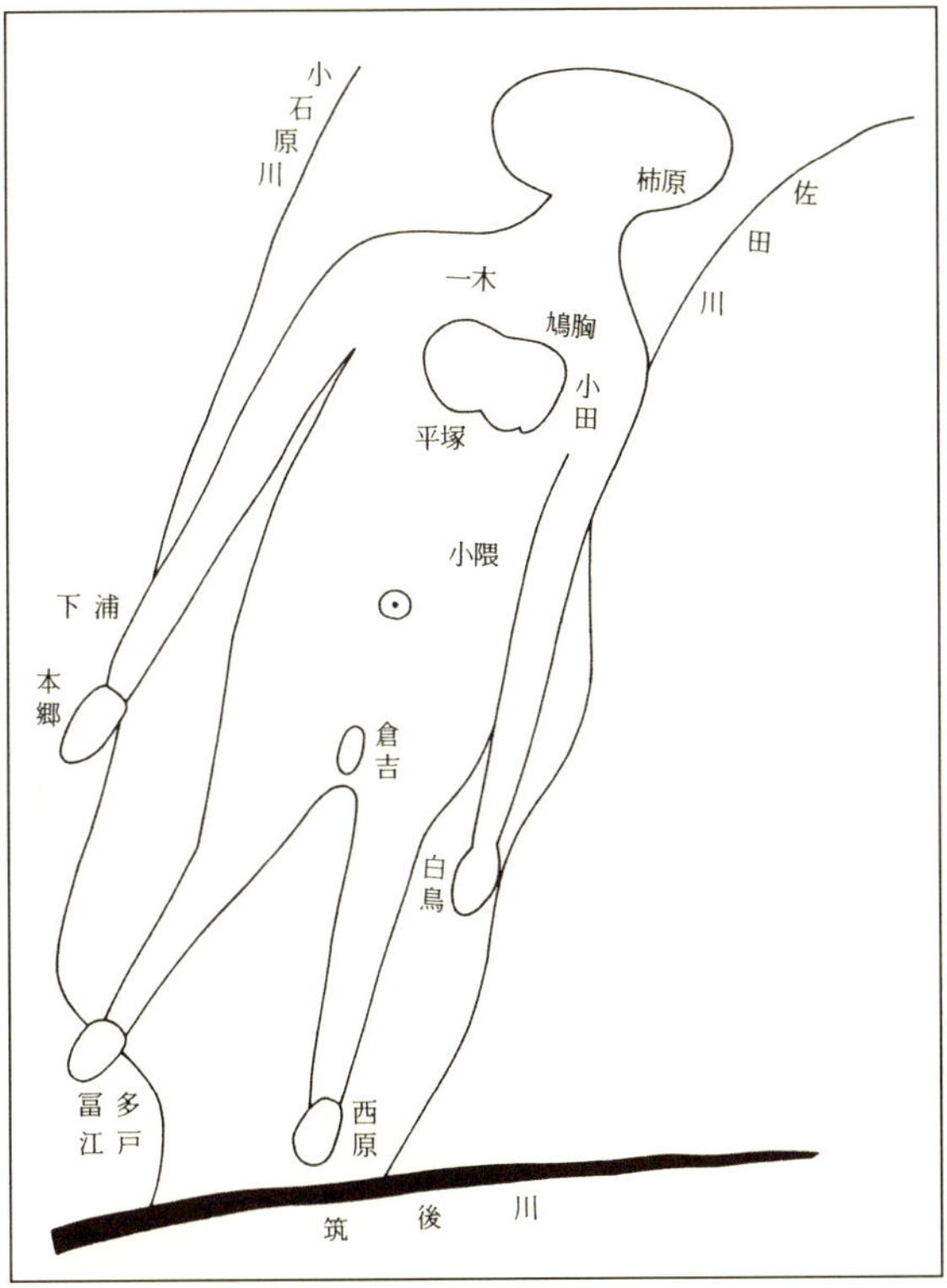

図6　火之迦具土神の擬人図

②淤縢山津見神《おどやまつみのかみ》（胸）

甘木市柿原・柿原神社裏の天壇

「おど」は胸の下部の「みぞおち」のことである。甘木市の一木と小田との中間の鳩胸が淤縢《おど》にあたる。「おど」と小田《おだ》は音が似ているから、小田寄りの緩い凹地（現在はブリヂストン工場）が淤縢であろう。

「淤《お》」には、「①泥。②水の底に沈澱したおり。③とどこおる。④ふさがる」などの意味があり、「縢（とう。どう）」には、「①しばる。②とじる。③なわ。④袋。⑤むかばき」などの意味がある。淤縢は「低湿地の環濠集落」である。

六重の環濠で有名になった平塚川添遺跡は鳩胸の西南の低地にある。行政府の中心が、次第に水田に近い平塚川添に移ったのであろう。

③奥山津見神《おくやまつみのかみ》（腹）

小田の南方の「小隈《おくま》」は当時、「奥馬《おくま》」だったのではあるまいか。

小隈の福田（原田と呼ばれた時代もある）には原田八幡宮がある。原《はら》は腹《はら》に通じることから、祭神は安産の神としても有名である。奥山津見神が腹に成《な》ったことに因んだものであろう。

この神社がある台地は、戦国時代に秋月種時・種実が砦《とりで》を設け、鎮守の社《やしろ》とした所である。境内には、田神社、大行事神社、地蔵堂がある。この大行事神社は、以前は高木神社であった。田川郡添田町の英彦山神宮が隆盛を極めた頃、天忍穂耳命《あめのおしほみみのみこと》を祭る英彦山神宮が、その義父の高御産巣日神《たかみむすひのかみ》を祭る高木神社を吸収したとき、大行事神社となったのである。

④闇山津見神《くらやまつみのかみ》（陰《ほと》）

「闇《くら》」は倉である。甘木市倉吉地区が闇山にあたる。また、闇《くら》は谷を意味するところから「女陰《ほと》」に通じるので、闇山津見神が陰《ほと》に成《な》ったと記したのである。

⑤志芸山津見神《しぎやまつみのかみ》（左手）

「志芸」は白鳥という地域である。この地域は甘木市白鳥地区と大刀洗町の高食《こうじき》地区に跨《また》がっている。「しぎ」は鴫《しぎ》であり、白鳥に通じる。高食《こうじき》の「じき」も「しぎ」に似ている。高《こう》は風葬にもとづく霊鳥信仰をもつ扶余《ふよ》族の王家の姓であり、中国東北部から南下して九州に渡来した高御産巣日神系の一族である。また、高《こう》は神《こう》にも通じる。高食の若宮八幡宮の横に高食農業研修所がある。篤農家が育てた米を神に供えたので、「神食《こうじき》」とも言ったのであろう。

⑥羽山津見神《はやまつみのかみ》（右手）

羽山は、大刀洗町本郷周辺ではなかろうか。この地域には、本郷、山、汐井川の村落がある。地名からみて「山」がこれに相当すると思われる。

この地域には神社が少ない。汐井川の公民館の立派なゲートボール場の片隅《かたすみ》に、天満宮がひっそりと残っている。残念ながら、羽山津見神の決定的な証拠は発見できない。

北方の上浦《かみうら》は神《かみ》の浦《うら》でもあろうが、立派な王子神社がある。祭神の名から推理すると、安羅伽耶《あらかや》から筑紫野市周辺に渡来し、この地に再入植した神々の社と思われる。

⑦原山津見神《はらやまつみのかみ》（左足）

小石原川と佐田川とのデルタ地帯の西部である大刀洗町西原地区が原山にあたる。

西原の南部の川端の東側と西側は新たに干拓された地区である。当時は川端の一部も湿地であったかも知れない。現在、川端には天満・八幡神社があり、境内には苔むした小さな石祠が並んでいる。

⑧戸山津見神《とやまつみのかみ》（右足）

大刀洗町冨多江戸の大堰

大刀洗町冨多江戸《えど》が戸山にあたる。ここには大堰《おおぜき》神社があり、近くに水門が設けられている。「戸」は水門すなわち「江《え》(河)の戸《と》」のことである。

天安河《あめのやすのかわ》の度重なる洪水で幾多の人命と水田を失った「江戸」の人々は、水門の設置によって長年の水害から解放され、また新田も増えた。大堰神社には被災者の霊が祭られるとともに、大堰完成の喜びを示す記念碑が建っている。

以上が第二次一木戦争の戦記である。

この戦争によって一木国の王家は悉《ことごと》く切り殺された。生き残った誇り高き耳族の多くは、奴隷の身分となって生き延びることを潔しとせず、涙を呑んで土地を捨て、熊本県の菊池川流域に亡命した。

10 黄泉国に大敗

須佐之男命は沢山の樹種《こだね》を携えて、狗邪韓国《くやかんこく》の曾尸茂梨《そしもり》から糟屋郡に渡来し、伊耶那美命Bに見出され養子になったため、席を暖める間もなく第一次一木戦争に参陣した。

初めて実戦に参加して武功を夢見た夜、密かに忍びよった火の神の火襲をうけ、首領であり義母である伊耶那美命Bが大火傷《やけど》を負い遂に死亡するという大敗北を喫してしまった。

義母の葬儀を終えた須佐之男命は筑紫に入植して植樹し、枯山《かれやま》を青山に変えようと汗を流した。また、『日本書紀』に「遂に埴土《はに》を以て舟に作りて、乗りて東に渡りて、出雲国の……」と記されているように、祭祀用土器の製作技師でもあった彼は、糟屋郡須恵町、筑紫野市杉塚埴安《はにやす》、大野城市牛頸《うしくび》などでも技術協力を行うなど産業の育成にも努めていた。

第二次一木戦争に勝利して意気あがる伊耶那岐命Bは、勢いに乗って第二番目の侵略目標である原出雲国（嘉穂郡）を征服することを企図して、須佐之男命に参戦を求めた。しかし、原出雲国は義母が永眠する国であり、また、将来、自分も住みたいと願っている国であるので、須佐之男命は参戦を固く拒んだ。

原出雲国は強大な国である。一挙に征服してしまうことは難しい。このため、伊耶那岐命Bは当面の攻撃目標を黄泉国《よもつくに》（嘉穂郡桂川町土師）とした。葬られた伊耶那美命Bを訪ねるという大義名分をもって、しばしば偵察を行い、遂に夜襲したが、案に相違して事前に企図を見抜き待ち構えていた原出雲国の八人の雷神によって包囲反撃され、生命からがら志波《しば》の要塞に逃げ帰ったことは、第3章で述べたとおりである。

この戦争は、ほぼ一昼夜で勝敗が決った短期戦であるから、「筑豊小乱」と仮称するのが相応《ふさわ》しい。

11　論功行賞

伊耶那岐命Bは、この大敗北に懲《こ》りて侵略行為を中止し、筑紫日向之橘《つくしのひむかのたちばなの》 小門之阿波岐原《おどのあはきはら》（杷木町志波）で禊祓《みそぎ》して、国内の態勢を整備することに方針を変更した。

そして、筑前大乱、筑紫中乱、筑豊小乱を通じた論功行賞を行い、倭（共和）国を建国したのである。

このときに成った主要な三神は次のとおりである。

①天照大御神

『古事記』によれば、「左の御目《みめ》を洗ひます時、所成《な》りませる神の名は、天照大御神」、「『汝命《いましみこと》者、高天原《たかまのはら》矣《を》所知《し》らせ』と、事依《ことよ》さし而賜《てたま》ひき」とある。左眼《さがん》を洗った時に成ったというのは、（筑後川の）左岸《さがん》を食国《おすくに》としたという意味である。この神は高天原《たかまのはら》（女王国）において、倭（共和）国全体の祭祀を行うとともに、国の代表者（象徴）に共立されたのである。

②月読命《つきよみのみこと》

〈上〉朝倉町恵蘇宿の水神社から望む阿波岐原。左方の淵は禊祓をした「下瀬」
〈下〉恵蘇宿の関跡。志波の南面の筑後川を望遠する

『古事記』によれば、「右の御目《みめ》を洗ひます時、所成《な》りませる神の名は、月読命」、『汝命者《いましみことは》、夜《よる》之《の》食国《おすくに》矣《を》所知《し》らせ。』と事依《ことよ》さしき」とある。右眼《うがん》を洗った時に成ったというのは、（筑後川の）右岸《うがん》を食国《おすくに》としたことを指す。この神は、「月《つき》と読《よみ》の国」を食国《おすくに》とし、行政王に任命されたのである。

③建速《たけはや》須《す》佐《さ》之《の》男命《おのみこと》

『古事記』によれば、「御鼻《みはな》を洗ひます時、所成《な》りませる神の名は、建速須佐之男命」、『汝命者《いましみことは》、海原《うなはら》矣《を》所知《し》らせ。』と事依《ことよ》さしき」とある。両眼（両岸）の中央に位置する鼻は、（筑後川の）河口にあたる。その先は有明海である。鼻を洗った時に成《な》った神であるから、有明海で家舟《えぶね》に乗り水上生活者になるか、または、離島の天草に住むよう命じられたのである。

須佐之男命に対してのみ冷たい処過をしたのは何故であろうか。その理由としては次のことが推定される。

①もともと須佐之男命は血のつながった子ではないうえに、彼の義母である伊耶那美命Bが死亡した今となっては利用価値が少ない。

②黄泉国《よもつくに》への攻撃に際しては、あれほど慎重に準備して奇襲したにもかかわらず、先方が待ち構えていたのは、誰かが原出雲国に内通したためであろう。おそらく参戦を拒否した須佐之男命が犯人に違いないと疑われた。

濡衣《ぬれぎぬ》を着せられた須佐之男命は、この命令に対して、とうてい従うことはできない。このため、同志を糾合《きゅうごう》して筑紫野市の丘に立てこもり、反抗した。この反抗を「筑紫の擾乱《じょうらん》」と仮称しよう。倭（共和）国は建国早々、大きな問題を内包してしまったのである。

12　荒ぶる神

筑紫の擾乱に関する『古事記』及び『筑紫風土記』の記事は、次のとおりである。

故《かれ》、各《おのもおのも》依《よ》さし賜《たま》ひし命《みこと》の随《まにま》に、所知看《しらしめ》す中《なか》に、速《はや》須佐之男命、所命《よさ》しし国を治《しら》さ不《ず》而《て》、八拳須《やつかひげ》心前《こころさき》に至るまで、啼《な》き伊佐知伎《いさちき》。其《そ》の泣く状《さま》は、青山は枯山《かれやま》如《な》す泣き枯らし、河海者《かわうみは》悉《ことごと》泣き乾《ほ》しき。是《ここ》を以ちて、悪《あ》しき神之音《のおと》なひは、狭蝿《さばえ》如《な》す皆満《み》ち、万《よろづ》の物之妖《のわざわい》悉《ことごと》発《おこ》りき。故《かれ》、伊耶那岐大御神《おおみかみ》、速《はや》須佐之男命に詔《の》らさく、「何の由《ゆえ》にか、汝《いまし》は所事依《ことよ》さしし国を治《しら》さ不《ず》而《て》、哭《な》き伊佐知流《いさちる》。」とのらす。爾《しか》して、答えて白さく、「僕《あ》者《は》妣《はは》の国根之堅州国《ねのかたすくに》に罷《まか》らむと欲《おも》ふが故《ゆえ》に、哭《な》く。」とまおす。爾《しか》して、伊耶那岐大御神大《いた》く忿怒《いか》りて詔《の》らさく、「然《しか》あら者《ば》、汝《な》は此の国に住む可《べ》くあら不《ず》。」とのらす乃《すなわ》ち、神夜良比爾夜良比賜《かむやらひにやらひたま》ひき。

（『古事記』）

昔此《こ》の堺《さかい》の上に麁猛《あらぶる》神あり。往来之人《おうらいのひと》半生半死なり。其の数《かず》極めて多し。因《よ》りて人の命尽《つく》す神と曰《い》う。干時《ときに》筑紫《つくしの》君肥君《きみひのきみ》等之《これ》を占《うらな》う。今の筑紫君等之《の》祖甕依姫《おやみかよりひめ》、祝《はふり》と為《な》りて之《これ》を祭る。爾自《これよ》り以降《のち》、行路之人《こうろのひと》神害を被《こうむ》ら不《ず》。是《ここ》を以《も》って筑紫神《つくしのかみ》と曰《い》う。

（『筑紫風土記』）

飯塚市宮町の須佐宮

須佐之男命は逸聖と呼ばれた少年の頃から、時として凶暴《きょうぼう》になる奇癖《きへき》があった。今回が第二回目の発作《ほっさ》であった。

その行状は、

①青山を枯山《かれやま》にした。折角《せっかく》自ら植樹して育てた筑紫の森を切り倒し、焼き払って枯山にした。

②河海《かわうみ》を乾《ほ》した。河と湖沼《こしょう》の堤防を切り崩《くず》し渇水《かっすい》にした。

③万《よろず》の妖《わざわい》が悉《ことごと》く起きた。ありとあらゆる罪を犯した。

④筑紫を通る旅人の半分に及ぶ多数を殺した。

しかも、これは髭《ひげ》が心前《こころさき》（みぞおち）に伸びるまでの長年月にわたったのである。健康な青年の髭が一か月に一センチメートル伸びると仮定すると、約二年間となる。

伊耶那岐命Bが暴行の理由を尋ねたところ、「亡母（伊耶那美命B）の国の根《ね》之堅州国《のかたすくに》に移住したいから」と答えたため「原出雲国に内通したのは、やはりお前だったのか」と激怒し、須佐之男命を筑紫から追放した。

根国《ねのくに》は原出雲国の別名である。堅州国《かたすのくに》は遠浅の有明海のような湿泥の海でない堅《かた》い陸地を指すが、須佐之男命が終《つい》の住処《すみか》とした原出雲国のなかの飯塚市片島《かたしま》の宮原の須佐《すさ》宮にも鎮座しているところをみると、片島である可能性は大である。

「祝」には「①神主。②祝う。③祈る。④織る。⑤断ち切る。⑥告げる。⑦呪う」などの意味があるから、単に祈っただけではなく、武力を背景として、退散するように説得したのであろう。

「今の筑紫君等之祖《つくしのきみらのおや》」の「今」は、「県風土記《あがたふどき》」と呼ばれる『筑紫風土記』が編集された時（遅くとも七世紀以前）を指すので、その祖先は三世紀頃の人物であろう。

祝《はふり》となった甕依《みかより》姫は「甕棺に憑依《ひょうい》する巫子《みこ》」であり、筑紫君の祖先である卑弥呼《ひみこ》（霊甕《ひみか》）であろう。

須佐之男命が根拠地とした場所は、現在の筑紫野市の城山の東麓の丘陵である。ちくし台団地の西方から福岡南女子高校の東にかけての広い地域にある以来尺《いらいじゃく》遺跡である。この西南約二〇〇メートルの所に筑紫神社がある。

筑紫には、JR、私鉄、国道、県道、高速道路、有料道路などが輻輳《ふくそう》しているが、電車や自動車がない弥生時代も、筑前、筑後、肥前の間を往来する旅人は筑紫を通ったのである。

交通の要衝である筑紫の辻は以来尺の眼下にあるから、街道を監視していた。この要衝を押さえて暴れられたので、倭（共和）国の公安は著しく害されたのである。

須佐之男命の一党が追放され筑紫の治安が回復したので、再び暴れ出すことがないように、尽《つくし》の神として祭った。当初は「城山大明神守護」の石碑が立っている城山の丘（ちくし台団地の西方）に社《やしろ》が設けられた。

筑紫神社は五十猛命、白日別命（須佐之男命の子）を祭っており、境内には須佐神社がある。境内の説明板によれば、「昔、城山にあったものを現在地に遷座した」のである。

筑紫野市筑紫の以来尺遺跡の「城山大明神守護」の碑

追放された須佐之男命の一党は、熊本県の菊池川流域に移住した。先に亡命した一木国の耳族と合わせて、菊池川流域は亡命者の国となった観がある。この耳族と熊野族（須佐之男命）が合体して狗奴《くな》国を作り、二四七年頃に反攻するまでの間、倭（共和）国は安泰であった。なお、「狗《く》」は子熊《こぐま》のことで熊野族を意味し、「奴《な》」は下男下女、下僕を指す。したがって、狗奴国とは狗邪韓《くやかん》国の蘇塗の流れを汲む熊野族を中心とする国のことである。

第八章

倭（共和）国の官と人物

1　「魏書倭人伝」（抄本）

「魏書倭人伝」のうち、国名、里程、戸数、官、登場人物、事件などを説明するうえで関係の深い個所を次に抄記する。

これは二か所を除いて、「南宋紹熙刊本《なんそうしょうきかんぽん》」（十二世紀末）の用字などを忠実に守ったうえでの書下《かきおろ》し文である。ただし、ふり仮名は私の試案である。なお、改変個所は後述する。

倭人傳

倭人《わじん》は帯方《たいほう》の東南大海之《の》中に在《あ》り、山島《さんとう》に依《よ》りて國邑《こくゆう》を爲《な》す。舊《ふる》くは百餘《よ》國なり。漢の時朝見する者有り。今、使譯《しやく》通ずる所三十國なり。

郡從《よ》り倭に至るには、海岸に循《したが》いて水行《すいこう》し、韓國を歴《へ》て、乍《たちま》ち南し乍《たちま》ち東す。其の北岸狗邪韓國《くやかんこく》に到《いた》る七千餘里なり。

始めて一海千餘里を度《わた》り對馬國《つしまこく》に至る。其の大官を卑狗《ひく》と曰《い》い、副を卑奴母離《ひなもり》と曰《い》う。居《お》る所は絶島《ぜっとう》、方《ほう》四百餘里可《ばか》り。土地は山險《さんけん》にして深林多く、道路は禽鹿《きんろく》の徑《こみち》の如し。千餘戸有《あ》り。良田無く、海物《かいぶつ》を食《くら》いて自活《じかつ》す。船に乗り南北に市糴《してき》す。又《また》、南一海千餘里を渡る。名づけて瀚海《かんかい》と曰《い》う。一大國《いちだいこく》に至る。官を亦《また》卑狗《ひく》と曰《い》い、副を卑奴母離《ひなもり》と曰《い》う。方三百里可《ばか》り。竹木叢林《そうりん》多く、三千許《ばか》りの家有《あ》り。差《やや》田地《でんち》有《あ》り。田を耕すも猶《なお》食《くら》うに足らず。亦《また》南北に市糴《してき》す。又、一海千餘里を渡り末盧國《まつろこく》に至る。四千餘戸有《あ》り。山海に濵《そ》ひて居る。草木茂《も》盛《せい》し、行くに前人《ぜんじん》を見ず。魚鰒《ぎょふく》を捕うを好み、水深淺《しんせん》と無く皆沉没《ちんぼつ》して之《これ》を取る。東南陸行五百里、伊都國《いとこく》に到《いた》る。官を爾支《にき》と曰《い》い、副を泄謨觚《せもこ》、柄渠觚《へごこ》と曰《い》う。千餘戸有《あ》り。世《よよ》王有《あ》り皆女王國を統屬《とうぞく》す。郡使往來するに常に駐《とど》まる所なり。東南奴國《なこく》に至るには百里。官を兕馬觚《しまこ》と曰《い》い、副を卑奴母離《ひなもり》と曰《い》う。二萬餘戸有《あ》り。東行不彌國《ふみこく》に至るには百里。官を多模《たも》と曰《い》い、副を卑奴母離《ひなもり》と曰《い》う。千餘家有《あ》り。南投馬國《づまこく》に至るには水行二十日。官を彌彌《みみ》と曰《い》い、副を彌彌那利《みみなり》と曰《い》う。五萬餘戸可《ばか》り。南邪馬壹國《やまいちこく》に至る。女王之《の》都する所なり。水行十日陸行一月。官に伊支馬《いきま》有《あ》り。次を彌馬升《みまし》と曰《い》い、次を彌馬獲支《みまわき》と曰《い》い、次を奴佳鞮《なかて》と曰《い》う。七萬餘戸可《ばか》り。

女王國自《よ》り以北、其の戸數《こすう》、道里《どうり》は略載《りゃくさい》を得可《うべ》きも、其の餘《よ》の旁國《ぼうこく》は遠絶《えんぜつ》にして詳《しょう》を得可《うべ》から不《ず》。次に、斯馬國《しまこく》有《あ》り。次に巳百支國《しはきこく》有《あ》り。次に伊邪國《いやこく》有り。次に都支國《つきこく》有り。次に彌奴國《みなこく》有り。次に好古都國《こうことこく》有り。次に不呼國《ふここく》有り。次に姐奴國《せなこく》有り。次に對蘇國《ついそこく》有り。次に蘇奴國《そなこく》有り。次に呼邑國《こおこく》有り。次に華奴蘇奴國《かなそなこく》有り。次に鬼國《きこく》有り。次に爲吾國《いごこく》有り。次に鬼奴國《きなこく》有り。次に邪馬國《やまこく》有り。次に躬臣國《くじんこく》有り。次に巴利國《はりこく》有り。次に支惟國《きいこく》有り。次に烏奴國《うなこく》有り。次に奴國《ぬこく》有り。此《こ》れ女王の境界の盡《つ》くる所なり。其の南に狗奴國《くなこく》有り。男子を王と爲す。其の官に狗古智卑狗《くこちひく》有り。女王に屬《ぞく》さず。

郡自《よ》り女王國に至る萬二千餘里なり。（中略）

古《いにしえ》自《よ》り以來、其の使中國に詣《いた》るに皆自ら大夫《たいふ》と稱す。（中略）其の道里《どうり》を計《はか》るに當《まさ》に會稽《かいけい》の東治之《の》東に在《あ》るべし。（中略）

其の人は壽考《じゅこう》、或《あるい》は百年、或《あるい》は八、九十年。（中略）租賦《そふ》を收《おさ》むるに邸閣《ていかく》有《あ》り。國國に市《いち》有《あ》りて有無《うむ》を交易す。大倭《だいわ》を使《つか》わして之《これ》を監せしむ。女王國自《よ》り以北には特に一大率《いちだいそつ》を置きて諸國を檢察《けんさつ》せしむ。諸國之《これ》を畏憚《いたん》す。常に伊都國《いとこく》に治《じ》す。國中於《に》刺史《しし》の如きところ有り。王、使を遣わして京都《けいと》、帶方《たいほう》郡、諸韓国に詣《いた》り、郡使の倭國に及ぶや、皆津に臨みて、傳送《でんそう》文書、賜遺《しい》之《の》物を搜露《そうろ》し、女王に詣《いた》るに差錯《ささく》あるを得ざらしむ。（中略）

其の國、本亦《もとまた》男子を以て王と爲《な》す。住《とど》まること七、八十年にして、倭國亂《みだ》れ、相攻伐《こうばつ》して年を歴《ふ》。乃《すなわ》ち共に一女子を立てて王と爲《な》し、名づけて卑彌呼《ひみこ》と曰《い》う。鬼道《きどう》を事《こと》とし能《よ》く衆を惑《まど》わす。年已《すで》に長大なるも夫壻《ふせい》無し。男弟有りて佐《たす》けて國を治《おさ》む。王と爲《な》りて自《よ》り以來、見ること有る者少なし。婢《ひ》千人を以て自ら侍《じ》せしむ。唯《ただ》男

子一人有りて飲食を給し、辭《じ》を傳《つた》えて出入す。居處《きよしよ》は宮室、樓觀《ろうかん》、城柵《じようさく》嚴《おごそ》かに設け、常に人有りて兵《へい》を持《じ》して守衛《しゆえい》す。（中略）

倭地《わち》を參問《さんもん》するに、海中洲嶼《しゆうとう》之《の》上に絶在し、或は絶え或は連《つら》なり、周旋《しゆうせん》五千餘里可《ばか》り。

景初二年六月、倭の女王、大夫難升米《たいふなしめ》等を遣わして郡に詣《いた》り、天子に詣《いた》りて朝獻《ちようけん》せんことを求む。太守《たいしゆ》劉《りゆう》夏吏《かり》を遣わし、將《ひき》い送りて京都《けいと》に詣《いた》らしむ。其の年十二月、詔書《しようしよ》して倭の女王に報《むく》いて曰《いわ》く、「親魏倭王卑彌《しんぎわおうひみ》呼《こ》に制詔《せいしよう》す。帶方太守劉夏《りゆうか》、吏《り》を遣わして汝《なんじ》の大夫難升米《たいふなしめ》、次使都市牛利《としごり》を送り、汝獻《けん》ずる所の男生口《せいこう》四人、女生口六人、班布《はんぷ》二匹二丈を奉じ以て到《いた》る。汝在《なんじあ》る所踰《はる》かに遠きも、乃《すなわ》ち、使を遣わし貢獻《こうけん》す。是《こ》れ汝之《なんじの》忠孝、我甚《われはなは》だ汝《なんじ》を哀《あわ》れむ。今、汝《なんじ》を以て親魏倭王と爲《な》し、金印紫綬《しじゆ》を假《か》す。裝封《そうふう》して帶方大守に付《ふ》し假授《かじゆ》せしむ。汝其《なんじそ》れ種人《しゆじん》を綏撫《すいぶ》し勉《つと》めて孝順《こうじゆん》を爲《な》せ。汝《なんじ》の來使難升米《なしめ》、牛利《ごり》、遠き道路を渉《わた》り勤勞《きんろう》す。今、難升米《なしめ》を以て率善中郎將《そつぜんちゆうろうしよう》と爲《な》し、牛利《ごり》を率善校尉《そつぜんこうい》と爲《な》し、銀印青綬《せいじゆ》を假《か》し、引見《いんけん》して勞賜遣還《ろうしけんかん》す。（中略）銅鏡百枚、真珠鉛丹 各《えんたんおのおの》五十斤《きん》を賜う。皆裝封して難升米《なしめ》、牛利《ごり》に付《ふ》す。還《かえ》り到《いた》らば録受《ろくじゆ》し、悉《ことごと》く以て汝《なんじ》の國中の人に示し、國家汝《なんじ》を哀《あわ》れむを知ら使《し》む可《べ》し。故《ゆえ》に鄭重《ていちよう》に汝《なんじ》の好物を賜うなり。」と。

正始元年、太守弓遵《きゆうじゆん》、建中校尉《けんちゆうこうい》梯儁《ていしゆん》等を遣わし、詔書、印綬《いんじゆ》を奉じて倭國に詣《いた》り、倭王に拜假《はいが》す。（中略）

其の四年、倭王、復《ま》た使の大夫伊聲耆《たいふいせぎ》、掖邪狗《えきやく》等八人を遣わし、生口《せいこう》、倭錦、絳青の縑、緜衣、帛布、丹、木拊の短弓、矢を上獻《じようけん》す。掖邪狗《えきやく》等、率善中郎將の印綬を壹拜《いはい》す。

其の六年、詔《しよう》して、倭の難升米に黃幢《こうどう》を賜い、郡に付して假授《かじゆ》せしむ。

其の八年、太守王頎官《おうきかん》に到《いた》る。倭女王卑彌呼、狗奴國《くなこく》男王卑弓彌呼《ひくみこ》與素《ともと》より和《わ》せ不《ず》。倭の載斯烏越《てしうえつ》等を遣わして郡に詣《いた》り、相攻擊する狀《さま》を說《と》く。塞曹掾史張 政《さいそうえんしちようせい》等を遣わし、因《よ》りて詔書、黃幢《こうどう》を齎《もた》らし、難升米に拜假《はいが》し、檄《げき》を爲《な》し、之《これ》を告喩《こくゆ》せしむ。

卑彌呼以て死す。大いに冢《ちよう》を作る。徑《けい》百餘步。葬《そう》に徇《じゆん》ずる者、奴婢《ぬひ》百餘人。更に男王を立てしも國中服《ふく》さ不《ず》。

更《さら》に相誅殺《ちゅうさつ》す。時に當《あた》りて千餘人を殺す。復《ま》た卑彌呼の宗女《そうじょ》の壹與《いよ》年十三なるを立てて王と爲《な》し、國中遂《つい》に定まる。政《せい》等、檄《げき》を以て壹與《いよ》を告喩《こくゆ》す。壹與《いよ》、倭の大夫《たいふ》率善中郎将掖邪狗《えきやく》等二十人を遣わし、政等の還《かえ》るを送らしむ。因《よ》りて臺《たい》に詣《いた》り、男女生口《せいこう》三十人を獻上《けんじょう》し、白珠五千孔、青大句珠二枚、異文の雜錦二十匹を貢《こう》す。

2　陳寿と張華

「魏書倭人伝」に倭の邪馬壹国《やまいちこく》と女王卑弥呼に関する記事があるところから、わが国の古代ロマンを秘《ひ》めた国として脚光を浴び、近年にわかに邪馬台《やまたい》（壹《いち》）国《こく》論争が華《はな》やかに展開されるようになった。

そこで、「魏書倭人伝」を正しく理解するために、まず編修者である陳寿《ちんじゅ》（二三三―二九七年）の「人となり」と、その恩人の張華《ちょうか》（二三二―三〇〇年）との人間関係についてみておこう。

陳寿は魏の敵国であった蜀の四川省に生まれ、蜀朝に仕えて官職についた。しかし、父の服喪中に病気になって病臥《びょうが》中に、女中が薬を持って病室に立ち入ったという理由で失職してしまった。泰始五年（二六九）、巴《は》の西部において中正という晋朝の地方官職に就いた。泰始十年（二七四）、『蜀相諸葛亮集《しょくしょうしょかつりょう》』（二十四編）を著わした。

これを読んだ張華は、この書が名将諸葛孔明《こうめい》の秀れた戦術を称えながらも、対戦した司馬懿《しばい》の天下の大勢を見通す戦略眼の素晴らしさを称賛《しょうさん》している点を高く評価した。

陳寿には蜀時代の悪評がつきまとっていたが、張華の推薦のおかげで晋の中央政庁の著作佐郎《ちょさくさろう》に抜擢された。その後、著作郎《ちょさくろう》（歴史編纂官）に昇進し、『三国志』を編集した。さらに治書侍御史となったが、母が死に、その遺言に従って母を洛陽に葬ったため、母を郷里に葬らない不孝者と非難されて再び失職した（中国では女性の屍《しかばね》は実家の墓地に埋葬するという習俗があったらしい）。

このときも政界に復活した張華の世話で太子中庶子（東宮侍従）に返り咲くことに内定したが、元康七年（二九七）に六十五歳で病死した。

死後まもなく『三国志』公認の請願が出されたときも、張華のおかげで勅命が下り、正史としての地位が確定した。死後に至ってもなお、張華は恩人だったのである。

張華は河北省固安県に生まれ羊飼いをしていたが、同郷人で魏の明帝の首席秘書官であり、かつ司馬懿《しばい》派の劉《りゅう》放《ほう》の娘と結婚した。その縁故で司馬懿の次男の司馬昭の私設秘書官になった。司馬昭の息子の司馬炎《えん》が晋の武帝に即位したとき次席秘書官に任命された。

しかし、首席秘書官の荀勗《じゅんきょく》に疎《うと》まれて、北京の東北方面軍総司令官に転勤（二八二―二八七年）した。北京在任時に朝鮮半島の経略《けいりゃく》に努め、馬韓の二十余国を新たに朝貢させるなど大いに業績をあげた。これが、かえって危険視されて中央に召還され、太常博士（国立大学長）の閑職に就かされたが、まもなく失職した。

二九一年、晋の恵帝の賈皇后に見出され、首席秘書官に返り咲いた。二九六年に司空（副総理）にまで昇進したが、三〇〇年にクーデターが起り、賈皇后とともに殺された。

3　魏朝内部の派閥抗争

三国時代における魏は、対外的には西方の蜀、東南の呉、東北の公孫氏《こうそんし》、高句麗《こうくり》との戦争に明け暮れたように見えるが、創始者の曹操《そうそう》亡き後の魏朝内部は二派に分れて権力抗争に終始した感がある。

表11を参照していただきたい。

二一六年に魏王を称した曹操は、はやくも二二〇年に死亡した。

長男の丕《ひ》が魏の初代皇帝に即位し文帝と称した。魏朝のなかでは唯一の皇帝らしい皇帝だったと言えるが、二二六年、長男の叡《えい》（第二代明帝）の後見を司馬懿《しばい》、曹真《そうしん》ら四人の重臣に託して死んだ。

第二代明帝は賢明な皇帝ではあったが、重臣の補佐に頼りながら社稷《しゃしょく》を辛うじて保ったにすぎず、二三九年、長男の芳《ほう》の後見を司馬懿と曹爽《そうそう》に託しつつ死んだ。

表11　魏晋年代表

曹一族派		朝代		紀元	帝王	司馬派	
大月氏国王、僧支讖を派遣 (147)		後漢	後漢	〜	献帝		
夏侯淵、漢中に駐屯す (215) 曹真、西北方面を防衛す (219) 曹操死す (220)	夏侯淵	後漢	実質魏	216	魏王（曹操）	懿	懿、河南省に駐屯し、呉と対峙す 屯田制を提案し、富国強兵を図る
曹真、西域諸国を朝貢させる (222〜227) 曹真、明帝を後見す(226) 大月氏国王、遣使朝貢 (229)	曹真	三国時代	魏	220	文帝（曹丕）	懿	明帝を後見す (226)
曹爽、曹芳を後見す(239)	曹爽	三国時代	魏	230	明帝（曹叡）	懿	西安に移駐し、孔明と対戦す (231) 孔明、五丈原にて病没 (234) 母丘倹、遼東の公孫氏を攻む (237) 公孫淵を討滅す (238) 倭国女王遣使朝貢、金印授与 (238) 懿、曹芳を後見す (239)
曹爽、大兵を率い征西す (244)	曹爽	三国時代	魏	240	斉王（曹芳）	懿	母丘倹、東方諸国を征す (244〜246) 難升米、黄幢を授与さる (245) 卑弥呼死す、壹与を共立 (247) 懿、クーデターを起し、曹爽を殺し全権を握る (249)
		三国時代	魏（実質は晋）	250 260	廃帝（晋の諸侯）	師・昭	
		三国時代	晋	265	武帝	炎	炎、元帝を廃す、晋書限断 陳寿『三国志』を編集す

第三代皇帝の芳《ほう》は、十六歳のとき同年輩《ねんぱい》の仲間を集め遊びほうけていた。二四九年正月の明帝の命日に、墓参りのため曹爽《そうそう》らと洛陽城を出た留守に司馬懿がクーデターを起し、帝位を廃され、晋の邵陵厲公となった。以降の曹家は晋の諸侯として命脈を保ったにすぎない。したがって、魏王朝は実質的には、曹操が魏王となった二一六年から曹芳が廃された二四九年までの三十三年間という短命な王朝だったのである。魏王朝を支えた一派は、曹操の親族である曹真《そうしん》、曹爽《そうそう》の父子を中心とするものであり、他の一派は、曹操の時代から右腕として仕えた重鎮《じゅうちん》の司馬懿の一族である。

そこで両派の主な業績をみてみよう。

曹真は曹操の盟友の遺児であるが、曹操の養子となり、曹丕《ひ》と一緒に育てられた。

二一九年、漢中《かんちゅう》を守備していた夏侯淵《かこうえん》が蜀軍に敗れ戦死したため、曹真は西安に駐屯して西北方面の防衛に任じた。このとき、曹真は曹操に対する恩義と曹丕の友情に報いるため、西域諸国との外交を積極的に展開して魏朝への朝貢を推進し、即位して間もない文帝の威徳を内外に宣揚することに貢献した。

民主国家の権力者は国民の支持を取りつけることに熱心である。最近はテレビ、新聞、街宣《がいせん》などの演出を通して支持率の向上に苦心している。

古代の中国は民主国家ではないが、歴史の古い多民族の社会として成熟しており、特に黄巾《こうきん》の乱以降は国民の評価が王朝の盛衰に大きな影響を及ぼすようになり、この点では既に現代の民主国家の標準に近い段階に達していたのである。このため、辺郡の太守《たいしゅ》や方面軍の将軍らは域外諸国を朝貢させることに熱心であった。

外国の朝貢は国民に対し皇帝の威徳を宣揚するとともに、窓口となる役人の評価を高めることに繋がるからである。

二二〇年には焉耆《えんぎ》王、于闐《うてん》王が、二二二年には、鄯善《ぜんぜん》王、亀茲《きゅうじ》王、于闐《うてん》王らが相ついで遣使朝貢した。二二六年、曹真は文帝の死に際して長男の曹叡《そうえい》の後見を託された。その信頼に応えて、二二七年には焉耆王の王子を留学させることに成功している。なかでも特筆大書すべき功績は、二二九年の大月氏国王波調（ヴァースデーヴァ）の遣使朝見であった。

大月氏国は二世紀中葉に、カニシュカ大王が東西トルキスタン、アフガニスタン、パキスタン、北インドにまたがる大帝国として建てた国であり、ガンダーラ仏教文化を開花させた。一四七年にカニシュカ王は僧の支讖《ししん》を後漢に派遣し朝見させている。おそらく、このときに仏教の経典を持参したものと思われる。

後漢の西域長史であった班勇の報告書（『後漢書』の西域伝）によれば、大月氏国の都は「藍氏城」と呼ばれ、「洛陽を去ること万六千三百七十里、戸《こ》十万、口《こう》四十万、勝兵十余万」と記され、「遠くて、大きくて、壮麗な宮城の国」なのである。このような仏教の大帝国の使者の表敬訪問であるから、内外に与える宣伝効果は絶大なものがあったろう。魏の明帝が大歓迎し、「親魏大月氏王」の称号を贈ったのは当然である。また、この窓口を担当した曹真の名声が格段に高まったことも当然である。

二三一年、曹真の死によって西方の防衛に生じた隙を見すかした蜀の諸葛亮孔明が陝西省に侵入してきた。この時期が魏にとって最大の危機であった。曹真の子の曹爽は、まだ若くて未熟である。この非常事態に対処し得る者は司馬懿をおいて他にいなかった。司馬懿は河南省から西安に移駐し防衛にあたった。

孔明は二三四年にも大軍を率いて再び侵入し決戦を求めて挑発したが、司馬懿はその手に乗らず、慎重に持久戦略をとり、蜀軍の疲弊を待った。この策が的中し、まもなく孔明は五丈原で病没し、もはや蜀は魏の脅威ではなくなった。

私は司馬懿という人物は、どことなく徳川家康に似ていると感じることがある。豊臣秀吉との正面衝突は極力避けて、専ら東国の守りを固め、秀吉の死を待って天下を取るという戦略は、司馬懿と同じ発想にもとづくものと思えるのである。

明帝は二三九年、死に臨んで司馬懿と曹爽に長男の曹芳の後見を託した。当時、魏朝においては司馬懿の実力は抜群に強大で比肩《ひけん》し得る者はいなかった。しかし若い曹爽は対抗心をもやし、実権を手中に収めようと画策した。

司馬懿を最高顧問（太傅《たいふ》）に祭りあげるとともに、父曹真の地盤であった西北方面を司馬懿の手中から奪回しようとした。従兄弟《いとこ》の夏侯玄《げん》を征西将軍に任命し、蜀の掃討作戦を行うと称して大軍を率いて西安に赴《おもむ》いた。しかし始めから蜀軍と交戦する意志は全くなく、まもなく引き返した。これによって西安方面の司馬懿系の武将を排除して、曹爽の息のかかった者に置きかえてしまった。

『魏書』をみる限り曹一族派の功業は、大月氏国王の使者を表敬訪問させるなど西域諸国の経略に貢献した一事につきるのである。

司馬懿は曹操の時代からの重臣である。曹丕が皇帝に即位した頃には河南省許昌に駐屯して、武漢の呉王孫権《そんけん》と対峙していた。このとき、屯田制《とんでんせい》を提言し、魏の富国強兵に貢献した。

二三一年から二三四年にかけて蜀の諸葛亮孔明と対戦したことは前述のとおりである。

二三七年、司馬懿は部下の毌丘倹《ぶきゅうけん》に遼東の公孫淵《こうそんえん》を攻めさせたが成功しなかった。

二三八年、自ら大軍を率いて公孫淵を攻め、これを討滅した。同年十二月、病が篤くなった明帝は最高実力者の司馬懿を、長男の曹芳の後見を託すために洛陽に呼び戻した。このとき、偶然にも倭（共和）国女王卑弥呼の使者の難升米《なしめ》らが朝貢した場面に出合った。そして、曹芳の臨時の後見人となっていた燕《えん》王曹宇《そう》も居あわせるという偶然が重なった。

曹宇は曹操の子であり、その妻は五斗米道《ごとめどう》の張魯《ちょうろ》の娘である。しかも、曹の一族のなかではただ一人の司馬懿派の人物である。このような偶然も幸いしたが、蜀の諸葛亮孔明に勝利し、公孫氏を討滅し、呉の勢力を押えこんだ事実上の天下人とも言うべき司馬懿の、東北担当官としての面子《めんつ》を立てねばならなかったのである。

このため、倭（共和）国女王を大月氏国王と同等もしくは、それ以上のものとして取扱い、「親魏倭王」の金印を授与し、持ち切れないほどの宝物を下賜するという明帝の詔勅まで発せられることになったのである。このとき、倭（共和）国は、「大月氏国よりも遠くて、人口が多い国であり、女王の宮城は広壮華麗なもの」としなければならないように運命づけられたのである。

二四四年から二四六年にかけて、毌丘倹に命じて高句麗をはじめ東方諸国を遠征させた。この遠征は曹爽の西方への出兵に対抗するという意図もあったらしいが、司馬懿の行動は曹爽のような見せかけの軽薄な軍事行動とは異なり、常に最終的な勝利を重視する重厚なものであった。この東征によって中国における魏の覇権《はけん》が固まったと同時に、司馬懿の東北における地盤が決定的に強固なものとなり、天下人としての箔《はく》をさらに重ねることになったのである。

毌丘倹の東征では三韓をも服属させたが、二四五年に難升米《なしめ》に黄幢《こうどう》（軍旗）を授与している。これは倭（共和）国が実質的には司馬懿の軍旗の下に服属し、二心《にしん》なく忠誠を尽すことを誓約したことを意味するものである。このことからみて、女王の都する国や卑弥呼の後継の女王の命名について、司馬懿（壹《いち》）の姓名が大きな影響を与え、邪馬壹国《やまいち》や壹与《いよ》と呼ばれるようになったと思われる。

二四九年、司馬懿はクーデターを起して、曹芳を廃し、曹爽一族をことごとく誅殺《ちゅうさつ》し、魏朝の全権を掌握した。このとき、魏王朝は実質的に消滅した。

明帝から曹芳の後見を託されたにもかかわらず魏朝を倒して天下人となった点も徳川家康に似ている。家康は秀吉から秀頼の後見を頼まれたにもかかわらず、豊臣家を乗っ取った手口が同じである。このクーデターによる宮城の占拠と大坂城の陥落が二重写しになって見える。

晋の武帝のときに、「晋書限断」（晋書は何時から始めるべきか）の論議が行われたとき、二四九年に曹芳が帝位を廃された時点から晋代は始まったという意見もあったのである。

このように、曹操亡き後の魏の歴史の大半は、司馬懿派の歴史なのである。

4 『魏書』の外国列伝の目的

外国列伝を設ける目的は、『魏書』の第三十巻の烏丸《うがん》・鮮卑伝《せんぴでん》の序において次のように述べられている。「烏丸《うがん》、鮮卑《せんぴ》は即《すなわ》ち古《いにしえ》の所謂《いわゆる》東胡《とうこ》なり。その習俗、前事《ぜんじ》は漢記《かんき》を撰《えら》ぶ者已《すで》に録《ろく》して之《これ》を載《の》せたり。故《ゆえ》に、ただ漢末、魏初以来を挙《あ》げ以《もっ》て四夷《しい》の変《へん》に備《そな》えん」

これからみると域外の諸族が中国にとって再び外患《がいかん》となった場合に備えて、諸国の都城の位置、広さ、人口（戸数）、軍旅の里程（日数）、道路の険易、先人の戦術・戦略や戦訓などを記述しておいて、皇帝の取るべき政戦略の資に供しようとするものである。

本来、「四夷の変」に備えることを目的としているはずなのに、『三国志』全六十五巻を通してみても、烏丸、鮮卑及び七種族（夫余《ふよ》、高句麗《こうくり》、挹婁《ゆうろ》、沃沮《よくそ》、濊貊《わいばく》、三韓、倭）の東夷のみで、北方、西方、南方の諸族の列伝は皆無である。

陳寿はその理由（言い訳）を、『魏書』の第三十巻の巻末において次のように記している。「史《し》、漢《かん》は朝鮮、両越《えつ》を著《あらわ》し、東京は西羌を撰録《せんろく》す。魏の世に匈奴は遂に衰うも、更に烏丸、鮮卑あり。爰《ここ》に、東夷に及びて使訳時に通ず。記述の事に随うこと、あに常ならざらんや」

これによれば、「南方と東方の越のことは、『史記』と『漢書』に記されている。『東観漢記』では西羌のことを述べている。北方の匈奴は衰えたから心配はない。しかし、烏丸、鮮卑、東夷は将来、外患となるおそれがあるから、列伝を設けて変に備える」ということになる。

晋の武帝の時代に、現役の著作郎の陳寿が、皇帝の祖父や父に深い関係がある魏の歴史を編集するのであるから、東北方面における司馬懿派の功績を大々的に取りあげるのは当然である。ましてや、弱い立場の陳寿は司馬懿派の恩人である張華に迷惑がかかるようなことは絶対に書けるわけがない。

司馬懿の政敵であった曹真の時代に、多くの西域諸国が朝貢し、特に大月氏国の使者が朝見するという大きな功績があった西域伝を立てることは、政敵の曹真、曹爽一派を顕彰することに繋がり、ひいては司馬懿の評価を相対的に低下させることになる。したがって、西域伝を設けなかったというのが本音である。

5　捏造された里程の算出

帯方郡から邪馬壹国《やまいち》に至る里程などが余りにも現実離れしていることが指摘され、陳寿は三韓と倭地の地理を熟知していたかどうか疑問視されているが、私は十分に承知していたと思っている。

陳寿の恩人の張華は安北将軍として北京に駐在したとき、多くの馬韓諸国を新たに朝貢させた実績を有している。また、自身の報告をもとにした『晋書』「張華列伝」では、「幽州（北京）から馬韓までは四千余里」と記していて、三韓の状況を知悉していた。したがって、陳寿が頼めば喜んで教示したであろう。

狗邪韓国以南については、帯方郡の建忠校尉梯儁《ていしゅん》と塞曹掾史張政《ちょうせい》の報告書（日誌型式か）によって情報を得ることができたと思われる。特に梯儁は将校である。「四夷の変」に備えて所要のデータを記録し報告した可能性は大きい。

陳寿は具体的にはどのようにして里程などを算出したのであろうか。

洛陽から馬韓までは約六千里というのは魏晋代の常識である。計測の基礎となるのは、魏の正始弩尺《せいしどしゃく》（約二四・二センチメートル）と晋の永寧骨尺《えいねいこつじゃく》（約二四・三センチメートル）である。これにもとづけば一里は約四三五メートルとなる。

しかし、実際に歩く道路は屈曲、迂回しているから、地図上の直線距離とはかなり異なる。

魏代では度々、東北地方や朝鮮に遠征しているので、所要日数から逆算した里程は半ば公認されていた。軍旅の費用や転勤する役人の路銀の計算の基礎となっていたから、陳寿も今更、ごまかしようもない。帯方郡（京城）から朝鮮半島の南西端までは、実際には千余里というのが妥当であるが、陳寿は東夷伝において、この間を（方）四千里としている。また、南西端から狗邪韓国までを三千余里と過大に計算している。この里程は明らかに水増しされているが、おそらく、張華以外で三韓の地理に通じた中央官僚はいなかったのであろう。

狗邪韓国以南については、梯儁、張政が亡き後は知悉《ちしつ》する役人はいなかったし、また、幸いにも両名の報告書は日誌型式であり、里程は日数によって計算するしかなかったから安心して作為することができたと思われる。

あとは両名の報告書を参考としつつも、狗邪韓国から邪馬壹国《やまいちこく》までの間の里程や日数を適宜に当てはめる粗雑な作業であったろう。

重要なことは、「郡自《よ》り女王国に至るには万二千余里」と記すことであった。そうすれば、洛陽から邪馬壹国までは万八千余里となり、明らかに洛陽から大月氏国の藍氏城までの万六千三百七十里を上まわることになるのである。

このような経緯で捏造《ねつぞう》された事情を知らないで、地図に定規をあてて、南に何里、東に何里などと計測して女王国を探してみても、徒労に帰すことは明らかである。また、短里説を持ち出して論争するのは不毛というほかはない。

6　倭(共和)国を比定する

「魏書倭人伝」の始めの部分に出てくる国々についてみてみると、（狗邪韓国は別にして）対馬《つしま》は一島で対馬国《ついまこく》に、壱岐《いき》も一島で一大国《いちだいこく》に相当しているようである。また、末盧国《まつろこく》は延喜の制の松浦郡《まつうらのこおり》と、伊都国《いとこく》は怡土郡《いとのこおり》と、斯馬《しま》国《こく》は志麻郡《しまのこおり》とに、それぞれ相当しているように見受けられる。奴《な》国は二万余戸もある大きな国であるが、那珂郡《なかのこおり》と席田郡《むしろだのこおり》とから成《な》っているように思われる。

このようにみてくると、案外、倭（共和）国を構成する各国は、延喜の制の郡《こおり》に近い規模の国だったのではあるまいか。

「魏書倭人伝」の里程や方角に拘泥しない素直な発想に立てば、狗邪韓国と離島を除く二十七か国は、末盧国《まつろこく》、伊都国《いとこく》、奴国《なこく》などに近い地域である福岡県の西半分と佐賀県、長崎県のいわゆる九州西北部のなかに収まるのではないか。

狗邪韓国を除く二十九か国は、『続日本紀』の西海道のうち、対馬・壱岐の二島及び筑前（十五郡。ただし、遠賀川流域を除く）、筑後（十郡）、肥前（十二郡）の範囲内に収まるように思われる。

倭（共和）国の三十か国を丁度パズルをはめこむように並べるうちに、表12のような試案を得た。根拠らしいものは殆どない条件下の試案であって、絶対に正しいなどと主張するつもりは毛頭ない。私としては、今後、読者も参加した推理ゲームによって、一歩でも真実に近づくことができれば幸甚と思っている。

①狗邪韓国

「魏書倭人伝」では「郡従《よ》り倭に至るには、海岸に循《したが》いて水行し、韓国を歴《へ》て乍《たちま》ち南し、乍《たちま》ち東す。其の北岸狗《く》邪韓国《やかんこく》に到《いた》る。七千余里なり」と記されている。

この里程は無視するとして、「帯方郡治（京城）の西の仁川港から、韓半島の西岸に沿って、海上をほぼ一直線に南下し、西南端からはほぼ一直線に東行して、倭（共和）国の北岸にあたる狗邪韓国（馬山港）に到着した」ということである。

このコースは帯方郡の役人が常用した最も安全、かつ便利な航路だったのであろう。

「其の」は倭（共和）国を指していることは明らかである。「北岸」は対馬のような離島ではないことも明白である。従って、狗邪韓国は洛東江支流の南江の南岸に位置する国であり、三韓とは別の韓地の国である。

そして、少なくとも二三八年から二五〇年頃の間は倭（共和）国を構成する一か国であったことはまちがいない。

表12　247年における倭（共和）国の諸国と延喜の制の郡との対比表

国　名	延喜の制の郡など
①　狗　邪　韓	南江南岸の地域（金海郡を除く）
②　対　　馬	対馬
③　一　　大	壱岐
④　末　　盧	松浦
⑤　伊　　都	怡土
⑥　斯　　馬	志麻
⑦　巳　百　支	怡土東北部、早良北西部
⑧　伊　　邪	早良
⑨　　奴	那珂、席田
⑩　不　　彌	糟屋
⑪　都　　支	御笠
⑫　彌　　奴	夜須
⑬　好　古　都	下座北部（甘木市秋月）
⑭　不　　呼	養父
⑮　呼　　邑	御原
⑯　蘇　　奴	上座
⑰　投　　馬	御井、三潴、上妻、下妻、竹野、山本、山門、三毛
⑱　邪　馬　壹	上座（杷木町志波）
⑲　華奴蘇奴	下座
⑳　対　　蘇	生葉
㉑　　鬼	基肆
㉒　姐　　奴	三根
㉓　鬼　　奴	神埼
㉔　為　　吾	佐賀
㉕　邪　　馬	小城
㉖　躬　　臣	藤津、杵島
㉗　支　　惟	彼杵
㉘　巴　　利	高来
㉙　烏　　奴	周賀
㉚　奴（末尾の）	宗像西部

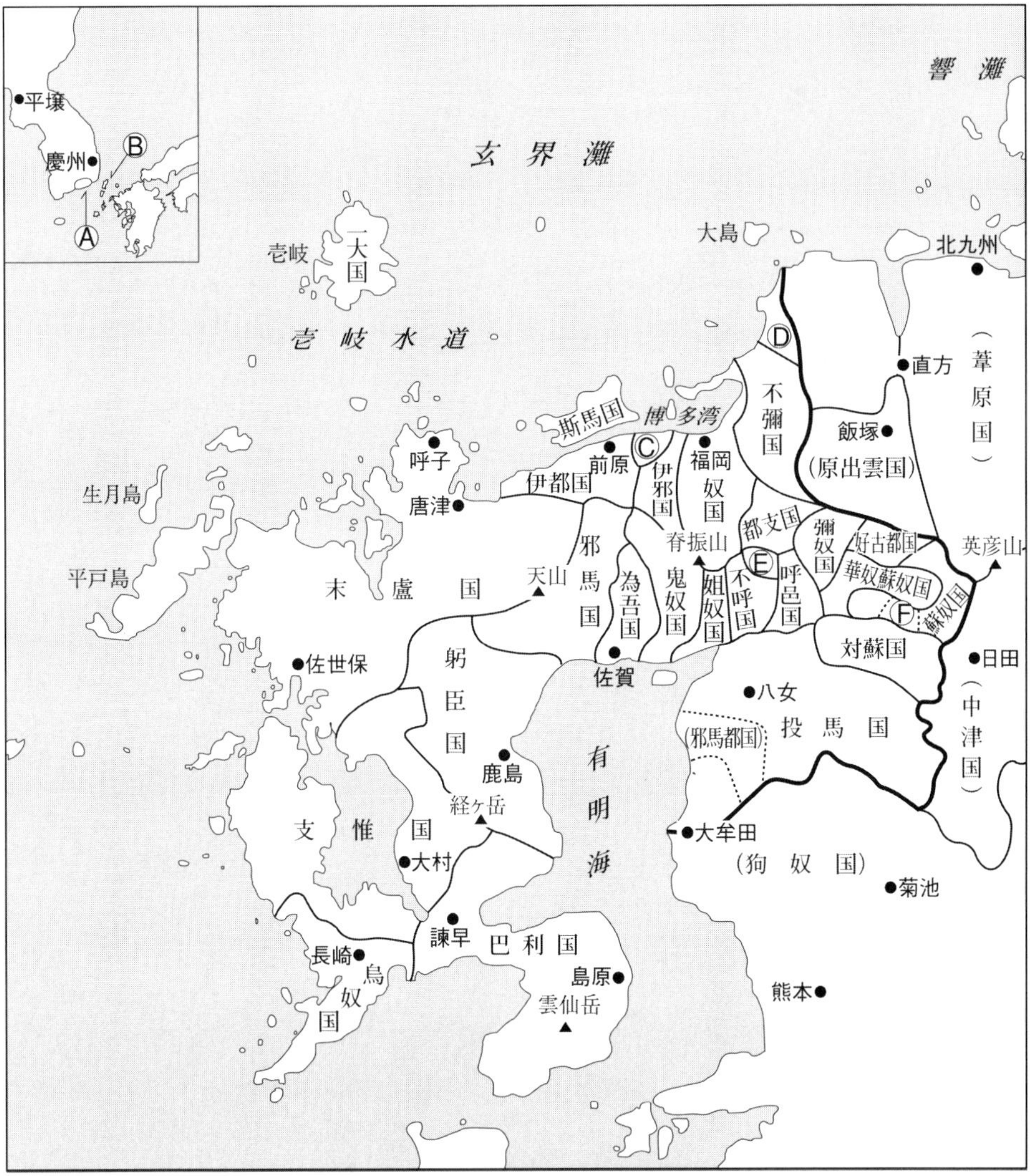

図7　倭（共和）国の推定復元図

注１：この図は、壹与が女王に就位したとき（247年頃）の倭（共和）国の状況を推定復元したものである。
注２：Ⓐは狗邪韓国、Ⓑは対馬国、Ⓒは巳百支国、Ⓓは末尾の奴国、Ⓔは鬼国、Ⓕは邪馬壹国である。
注３：卑彌呼が都した国である邪馬都国(仮称)は、投馬国のうちの破線で囲んだ部分(福岡県山門郡)である。
注４：壹与が都した邪馬壹国は、蘇奴国（福岡県朝倉郡＝延喜の制の上座郡）のうちの破線で囲んだ部分（杷木町志波）である。

元来、狗邪韓国の前身の月牙国《たるあこく》は、伊都国の本家筋にあたる国であった。総本家の月氏国の三韓に対する統治力が弛緩したのに伴って、一二三年には斯盧国《しろこく》が独立し、次いで一六二年には金官伽耶国《きんかんかやこく》が独立して、狗邪韓国の東部国境を侵犯するようになった。

狗邪韓国は、これに対抗して社稷《しゃしょく》を保つために止むを得ず倭（共和）国に参加したのであろう。

倭（共和）国にとっては大陸の足場として極めて重要な位置を占めているにもかかわらず、狗邪韓国には官《かん》が置かれていない。

国力が相対的に衰えたとは言え、「腐っても鯛」である。この当時、華奴蘇奴国《かなそなこく》（行政府は甘木市の平塚川添）に治した卑弥呼の弟（月読命《つきよみのみこと》）によって直轄統治されるまでには至っていなかったことを証明している。

②対馬国

「南宋紹熙《しょうき》刊本」では「対海国」と書かれている。この島は瀚海《かんかい》（対馬海峡）と朝鮮海峡とに面しているので、「対海国《ついはいこく》」と呼ばれた可能性を完全否定することはできないが、現在の対馬であることは疑う余地はないので、申し訳ないが「対馬国《ついまこく》」に改めさせていただいた。

「つしま」の名は、「津島《つしま》（良港の多い島）」に由来するものである。また、「対馬」の文字は佐須奈《さすな》港と狗邪韓国の馬山《まさん》港とが対面しているところから付けられた当字である。この両港の間は対馬島民が市糴《してき》した北のルートだったのである。

この国の「卑狗《ひく》」という官のみに「大」の字が冠せられている。これは倭（共和）国の行政王である月読命の後継者となった高木神が、この大官に在職していたほどの重要な官職だったからである。なお、副の官の卑奴母離《ひなもり》は地方を防衛する駐屯軍の司令官である。

高木神は卑狗の大官を上対馬町比田勝に置いた。

天孫降臨した天津《あまつ》日高日子《ひたかひこ》番能邇々芸命《ほのににぎのみこと》は高木神の実子である。「天津《あまつ》」は対馬の港のことである（河北省天津《てんしん》市という説もある）。「日高日子《ひたかひこ》」は比田勝《ひたかつ》（日田の河津《ひたかつ》）の大官の卑狗《ひく》である。「番《ほ》」は「番《つが》う」であり、性交によって生まれた実子であることを強調したものである。「能」は古代韓国語の「訥《ぬ》」、「儒《ぬ》」と同じであり、王家の血筋が改まる（月読家から高木家に）ことを意味している。最初の「迩《に》」は埴土《はに》であり、祭祀用土器を指す。「迩《に》芸《ぎ》」は伊都国の爾支《にき》（和幣）の官に就位していたことがあることを示す。

高御産巣日神は弥生時代後期前半頃から、比田勝の西泊港北東部の丘陵上にある塔《とう》の首《くび》遺跡（上対馬町大字古里字所場）で、天壇《てんだん》を築き、奇《く》しき火（首《くび》）を焚《た》いて海上安全の祭祀を行ってきた。高木神はその系列の一人である。この遺跡から銅剣、銅矛、銅釧、ガラス玉、歯冠《しかん》、鉄斧、方格規矩鏡などが出土している。

黄巾《こうきん》の乱に際して後漢の霊帝から金象眼《きんぞうがん》の五尺刀を下賜されて、渤海と黄海の治安に任じた和珥氏は、三世紀初頭には上対馬町の鰐浦《わにうら》港、豊玉町の仁位《にい》港、厳原町の豆酘《つつ》港において、海軍として高御産巣日神に協力していた。四世紀に至って西晋が滅亡したのに伴い、倭（共和）国が衰退したのを機に、両者の勢力関係は逆転してしまった。

③一大国

一大国《いちだいこく》は壱岐《いき》の国であり、その建国の経緯と国名の由来は前述のとおりである。官の「卑狗《ひく》」は、芦辺《あしべ》町の幡鉾川南岸の低丘陵上の原《はる》の辻《つじ》遺跡に置かれた。副の官の卑奴母離《ひなもり》は対馬国と同様である。

一大国から伊都国に派遣された将軍が率いる部隊である一大率《いちだいそつ》が、倭（共和）国の諸国を検察し、諸国がこれを刺史《しし》のように畏憚《いたん》した事実を見逃すことはできない。現在でも福岡市西区には「生《いき》の松原」という地名が残っており、壹岐真根子命を祭る壹岐神社がある。

また、二四七年頃に狗奴国の男王卑弓弥呼《ひくみこ》（須佐之男命）が倭（共和）国に反攻したとき、その輩下《はいか》の五将軍の一人である活津日子根命《いきつひこねのみこと》は、「壱岐の津の彦」の一族の出身者であり、一時的にせよ筑後川河口の湿原を治めたのである。

このように大陸から次々に流移する人々を源泉とする壱岐の勢力は強大であり、弥生時代後期から五世紀にかけて、まだ人口の少なかった西日本各地に拡散して大きな影響を与えたのである。

特に須佐之男命の後裔である壱岐出身者の武内宿禰の活躍を抜きにして、応神王朝の覇権《はけん》を語ることはできないのである。

④末盧国

末盧国《まつろこく》は延喜の制の松浦郡《まつうらのこおり》である。現在は佐賀県の東松浦郡と西松浦郡及び長崎県の南松浦郡と北松浦郡とに分れている。

「末」には「すえ。はし。おわり」などの意味があり、長くて危険な船旅の終着駅（港）を意味している。その入口は呼子《よぶこ》港であり、奥は唐津《からつ》港である。

また「盧《ろ》」には「めしびつ。すびつ（炉）。火いれ。酒を売る店」などの意味がある。これらの港町には「暖炉《だんろ》のある宿や飯と酒を売る店」が並んでいたのであろう。旅人はこの港町で空腹を満たし、暖かい宿で休息したことであろう。

私が倭（共和）国の諸国の国名を分析するたびに感じるのは、「魏書倭人伝」の第一次資料を作成報告したと思われる塞曹掾《さいそうえん》史張政《しちょうせい》の博学《はくがく》（地域の歴史、地理及び文学に精通）と、倭人に接する暖かい思いやりとである。

末盧国は四千余戸という大きな国であり、また大陸への出入り口という意味でも重要な国であるにもかかわらず、官が置かれていない。おそらく同盟者である肥君《ひのきみ》の祖先が末盧国などを占有支配（うしはく）していて、高御産巣日神系の月読命や高木神は間接的に所有統治（しらす）していたことを暗示している。

このことからみて、倭（共和）国を構成する三十か国は、必ずしも一様並列ではなかったものと思われる。

⑤伊都国

伊都国《いとこく》は延喜の制の怡土郡《いとのこおり》に相当する。

現在は東北の一角を福岡市西区に併呑《へいどん》されているが、おおむね前原市と二丈町からなる。

「伊」は「人」と「尹」の合字であり、「尹」は「天下を治める人。宰相」を意味する。

「都《い》（と。または、つ）」は、人が多く集まる所の「みやこ」であり、「天子の宮城のある所」である。都は明らかに「奴」とは別字であって、「ど」、「な」、「ぬ」などとは読まない。

「魏書倭人伝」に「世々《よよ》王ありて、皆女王国を統属《とうぞく》す」とある王（天皇）の都する国である。

官の「爾支《にき》」の「爾」は「貴人（二人称）」を意味する。「支」は「支える」という意味である。したがって、爾《に》支《き》は倭（共和）国の祭祀組織を統属《とうぞく》する伊都国王の事務所であり、神社庁のようなものである。

伊都国には対外的な国家の機能（官署）が集約されている。

副の官の「柄渠觚《へごこ》」の「柄」には「権力。身分」などの意味があり、「渠」には「ほりわり。かしら」の意味がある。「觚」は官署のことである。

次に登場する斯馬国《しまこく》は現在は陸繋島《りくけいとう》であるが、三世紀では、伊都国との間には船が航行できる水路があった。今津港に流れ込む瑞梅寺《ずいばいじ》川の支流は、福岡市西区太郎丸付近では「盲川《めくら》」と呼ばれているが、往時は航路の一部だった。三世紀では、ここから志登神社を経由して雷山《らいざん》川に繋がる水路があったのである。

このことを志登神社の掲示板は次のように説明している。

「弥生時代は、この周辺は、入江が東西から割り込み、伊都国の港を形成していた。祭神は日本神話によれば海神国より帰って、この地に上陸されたという日向二代の妃『豊玉姫』であり、社殿は西方に向かって建ち、昔は海上から参拝するようになっていた」

豊玉姫のことはともかく、航行する者は海上（水路）から参拝していたのである。

したがって、柄渠觚《へごこ》は倭（共和）国の行政王（月読命や高木神）から対外的な全権を委任された出張所の長官の役所であり、水路に面する志登神社の位置にあったものと思われる。

副の官の「泄謨觚《せもこ》」の「泄」には「もれる。外部にしみ出る。秘密の露見《ろけん》」などの意味がある。「謨」には「企てる。いつわる」などの意味がある。したがって泄謨觚は、伝送《でんそう》の文書、賜遺《しい》の物を捜露《そうろ》し、女王に詣《いた》るに差錯《ささく》あるを得ざらしめるとともに、密貿易を取締る税関のような官署であり、周船寺付近の津に面していたと思われる。

以上のほか伊都国には帯方郡使が常駐する迎賓館《げいひんかん》が設けられ、また、諸国の市場の交易を監督する大倭《だいわ》という役人や諸国を検察する一大率《いちだいそつ》が置かれていた。

伊都国に卑奴母離《ひなもり》が置かれていないのは、一大率と巳百支国《しはきこく》の要塞が、その機能を兼ねていたからであろう。伊都国には、志登《しと》支石墓群、三雲《みくも》遺跡群、井原鑓溝《いはらやりみぞ》遺跡、平原《ひらばる》遺跡などの弥生時代の遺跡が多い。

なお、弥生時代の倭（共和）国では、中国と同様に女性の屍は実家の墓地に葬るという習俗があった可能性が大きい。卑弥呼の実家は「女王国を統属《とうぞく》した伊都国王家」であるから、卑弥呼の冢《ちょう》（墓）も伊都国内にあり、舟型（木）棺であると考えられるので、平原遺跡などを再調査する必要がある。

⑥斯馬国

斯馬国《しまこく》は延喜の制の志麻郡《しまのこおり》に相当する国である。

「斯」には「ひきさく」という意味がある。弥生時代には伊都国とは水路によって隔離されていたのである。「馬」には「うま。おおきい」という意味がある。「斯馬」は西方の姫島に比して大きな離島という意味である。

糸島富士《ふじ》と呼ばれる可也山《かやさん》は、伽耶から来島した人々が故国を偲んで命名したものである。

弥生時代の遺跡は、水路の北岸と引津《ひきつ》湾の沿岸に多い。

⑦巳百支国

巳百支国《しはきこく》は延喜の制の怡土郡の東北部と早良郡《さわらのこおり》の北西部とからなり、現福岡市西区の長垂《ながたれ》丘陵を中心とする狭い国である。

弥生時代には伊都国王家の聖骨の祭祀霊場であり、かつ委奴国方面に対する伊都国の要塞でもあった。

巳百支の「巳百」は、杷木町の志波《しば》と同様に、司馬懿《しばい》の「司馬」にあやかって命名したものと思われる。

⑧伊邪国

伊邪国《いやこく》は延喜の制の早良郡に相当する国である。代々の高御産巣日神が治めた国であり、伊耶那岐命はその系列の一人である。

この国の都は吉武高木遺跡付近であった。

国名の由来などは、第二章で述べたとおりである。

⑨奴国

奴国《なこく》の版図は委奴国《いなこく》と全く同じであり、延喜の制の那珂郡《なかのこおり》と席田郡《むしろだのこおり》とからなる二万余戸の大都市国家である。

席田郡の「席」は「莚《むしろ》」とも表記されるように、長方形の敷物の茣蓙《ござ》または畳表のことである。板付空港の形に似て板のように縦長くて広い水田地帯を指しており、代表的集落は雀居《ささい》遺跡である。

奴国には弥生遺跡が多いが、特に南部の春日丘陵には抜群に多い。

本来ならば多数の官署が置かれて当然であるが、筑前大乱において委奴国王家が滅亡し、以前にあった官署は伊都国に移されてしまった。

官の兕馬觚《しまこ》は志賀島に進駐した占領軍司令部のことである。副の卑奴母離《ひなもり》は奴国の軍政を司《つかさど》った難升米《なしめ》の直轄部隊であろう。

⑩不彌国

不彌国《ふみこく》は延喜の制の糟屋郡《かすやのこおり》に相当する国である。新宮町と古賀市は宗像郡に属した時期もあったらしい。「魏書倭人伝」には千余家《け》があったと記されているが、「家《け》」と「戸《こ》」との差異は正確にはわからない。

不彌国の「不」には「おおきい。鳥が天に飛び上って降りてこない」という意味がある。敗戦の責任をとらされ退位した升《しよう》が、天（面上国）に隠遁したことを暗示している。「彌」の原義は「久しきにわたること。弓の弦《げん》がゆるむこと」である。したがって、升の後継の王は、温厚な人物であり、委奴国にとって中立的な国とみなされたのであろう。

官の多模《たも》の「多」には「おおい。無限に重なりつづく」という意味があり、「模」には「かた。いがた。粘土の上にかぶせて陶器を作る木の枠」などの意味がある。したがって、「多模《たも》」は陶器（または土器）を大量製産した工房のことであり、須恵《すえ》町に置かれたと思われる。副の官の卑奴母離は地方を防衛する駐屯軍司令官である。

⑪都支国

都支国《つきこく》は延喜の制の御笠郡《みかさのこおり》に相当する国である。

都支国の「都」は伊都国のことであり、「支」は「分《わ》かれる」である。したがって、都支国は伊都国の分国を意味し、「月《つき》」、「筑《つき》」と表記されることがある。

「筑紫《つくし》」というのは「月支《つくし》」のことである。倭（共和）国の行政王として月読命が治した華奴蘇奴国《かなそなこく》並びに月読命の食国《おすくに》である彌奴国《みなこく》、都支国《つきこく》などの総称である。いずれの場合も高御産巣日神の部族（ウシどん及び伊耶那岐命）が侵略した国々である。

御笠川上流域の筑紫野市、太宰府市、大野城市が御笠郡に該当する。この郡名の由来は「神功皇后の御笠が風で飛んだ所」だからという説が有力である。

御笠川東岸の低丘陵には多数の甕棺墓が出土した金隈遺跡がある。おそらく雀居《ささい》集落の共同墓地の一つであったと思われる。古くは、この遺跡を「甕《みか》（の）州《す》（または祖《そ》）」と呼んでいたが、元明天皇の和銅六年に発せられた「畿内七道諸国郡郷名著好字」という官命にもとづいて、好字の「御笠」に改められたというのが真相ではあるまいか。

⑫彌奴国

彌奴国《みなこく》は延喜の制の夜須郡《やすのこおり》に相当する国である。

「彌」には「ひろい。みちる。ゆきわたる。ゆるむ」という意味がある。また、「須」には「ゆるくする。とどまる。やすむ」という意味がある。「夜須」は「安」、「泰《やす》」に通じ、水害が少ない安らかな国を意味することは前述のとおりである。

別名を「安《やす》の河《かわ》」とも呼ばれる宝満川水系の筑紫平野は、氾濫《はんらん》が少なく、かつ緩やかな水流が隅々《すみずみ》まで満ちわたっていたので、彌奴国と呼ばれたのであろう。「三輪」は「水輪」または「彌輪」であって、草場川の支流の三本の小川（水路）に囲まれて水が水田に満ちわたるという意味である。「久光」の地名も「久しく満ちわたる」であり、「彌」と同じである。

「よどみ＝淀《よど》む水」から黄泉《よみ》というイメージが生まれて夜須と当字《あてじ》したものであろう。

夜須の四三島《しそじま》は古くは「読島《よみしま》」と呼ばれ、月読命の食国《おすくに》（夜の国）の一つである彌奴国の都にあたる。

⑬好古都国《こうことこく》

好古都国は延喜の制の下座郡《しもつくらのこおり》の北部にあたる地域であり、甘木市の秋月を中心とする狭い国である。

「好《こう》」は「女」と「子」の合字であり、「美しい。良い」を意味する。

秋月の上流の江川は、元は潁川《えがわ》と呼ばれ、清く美しい河とされていた。

秋月は、前三世紀から約五百年間、甘木市を中心として栄えた一木国の火の神の霊場であるから、「古い都の奥《おく》津城《つき》」という意味で古都《こと》の字が当てられたものである。

⑭不呼国

不呼国《ふここく》と呼邑国《こおこく》とは対応する国である。不呼国が父に、呼邑国が子にあたる。宝満川の支流の秋光川を挟んで父と子が呼びあう様《さま》を表わして「呼」の字を当てたのであるが、「呼」は「子《こ》」の当字でもある。

不呼国は延喜の制の養父郡《やぶのこおり》に相当する国であり、おおむね現在の鳥栖市にあたる。

「不」には「あらず」と否定する意味もある。したがって、不呼は「子ではない。すなわち父である」ことになり、養父《やぶ》郡の父《ぶ》にあたるわけである。

不呼国の都は徐市の一族が住んだ鳥栖市布津原《ふつはら》町である。現在の鳥栖市役所は、そのすぐ東の宿町にある。

「不」には「鳥が天に飛び上って降りてこない」という意味もある。これは徐市が蓬莱島を目指して出航し、平原広沢の王となったまま帰らなかったことを暗示している。鳥栖の名は（天から降りてこない）鳥が住みついた所（平原広沢）と関係がある。

二三八年に難升米《なしめ》とともに魏への朝貢の使者に選ばれた都市牛利《としごり》は、鳥栖の出身者である。

「都」は布津原《ふつはら》のことである。「市」は徐市《じょふつ》の「市」であると同時に、鳥栖の市場の「市《し》」でもある。本来、「市《ふつ》」

と「市《し》」とは別字であるが、外形は同じであるため、同じ字として通用している。

「牛」は「牛のように大きい」という意味であり、「巨《ご》」に通じる。「利」には「するどい。いきおい。役に立つ。たくみ。便利。もうける。とみ」などの意味がある。「牛利《ごり》」は「巨里（大きな国）」にも通じる。利の「たくみ」は安永田や本行の百工による銅製品工房や姫方の製糸業を示し、「便利」は海運業を指していると思われ、不呼国は繁栄した豊かで大きな国であった。

徐市の直系の子孫の都市牛利は商売上手なだけでなく、役に立つ人物であったらしい。都市牛利を次使にして銀印を授与させたのは、筑前の難升米とのバランスを保ち、肥君《ひのきみ》の祖先にも倭（共和）国の運営について応分の協力を求める意図もあったのであろう。都市牛利と経津主命《ふつぬしのみこと》とは同一人物ではないにしても、極めて近い存在であったと思われる。

不呼国の弥生遺跡としては、柚比《ゆび》本村、安永田、本行などが有名である。

⑮呼邑国

呼邑《こお》国は延喜の制の御原郡《みはらのこおり》に相当する国であり、現在の小郡市がその中心である。

「呼」は「子《こ》」の当字である。「邑（いう。おう）」には「みやこ。むら。領地。うれえる」などの意味がある。小郡《おごおり》は「子《こ》の郡《こおり》」であり、秋光川を挟んで父の国（不呼国《ふここく》）のことを心配していたのである。

呼邑国は米作の農業国であり、宝満川東岸の干潟《ひがた》や西岸の大板井《おおいたい》などには広々とした水田がある。

二四七年、卑弓弥呼《ひくみこ》（須佐之男命）輩下《はいか》の五将軍の一人として、倭（共和）国に対して、一木国《ひとつぎのくに》の失地回復の戦争を挑《いど》んだ天之菩卑能命《あめのほひのみこと》（出雲国造の始祖）は、不呼国や呼邑国などを占領した。『古事記』によれば、右の御《み》美豆良《みづら》（耳面《みみづら》）になったとある。

しかし、徐市一行と同郷の出身者の子孫である天之菩卑能命は、不呼国を敵視することはできず、都市牛利《としごり》（または経津主命《ふつぬし》）に不呼国の自治権を保障して友好関係を保持したものと思われる。この命《みこと》は干潟《ひがた》地域を都としたので、『日本書紀』では天穂日命《あめのほひのみこと》と記されている。

「菩（ほ。ぼ。はい。ばい）」には、「ほとけぐさ。むしろ」のほか「梵語《ぼんご》の菩《ぼ》（薩《さつ》）の音訳字として、悟りを開いて衆生《しゅじょう》を救おうとする修行者。または仏に近い学徳を身につけた人」という意味がある。「卑」には「へりくだる」という意味があり、「能」には「あたう。うまくできる。才芸にすぐれている」などの意味がある。

以上からみて、『古事記』の編集者の太安万侶《おおのやすまろ》が、いかに天之菩卑能命を尊崇していたかを知ることができるし、また、太安万侶自身も天之御中主神（耳族）の子孫であることを証明するものでもある。

弥生時代の遺跡の古いものは宝満川の西岸に多い。

⑯蘇奴国

蘇奴国《そなこく》と華奴蘇奴国《かなそなこく》とは一まとまりの国である。両国は上下と姉弟の関係にある。この二か国に「対《たい》」するのが対蘇国《ついそこく》である。そして以上の三か国の共通項が「蘇」である。

蘇とは蘇塗のことである。蘇奴国には卑弥呼や壱与《いよ》が天神と鬼神の祭祀を行った高天原《たかまのはら》があり、その外邑の蘇塗が設けられた。

また、華奴蘇奴国は高御産巣日神が治した倭（共和）国の行政府（本庁）が置かれた月支国であり、当然、蘇塗もあったのである。

二四七年頃、対蘇国を占領した須佐之男命の輩下の五将軍の一人である天津日子根命《あまつひこねのみこと》は、前二か国ほどには蘇塗を重視したわけではないが、一応蘇塗の制度を維持していた。しかし、対蘇国名の「対《つい》」の本質は、前二か国の対岸に位置したほか、敵対関係にあったところにこそある。

蘇奴国は延喜の制の上座郡《かみつくらのこおり》に相当する国であり、現在の朝倉郡杷木町が中心にあたる。

杷木の「杷《は》」は「巴」と「木（城）」の合字である。これは竜蛇をトーテムとする巴族の国であることを意味するが、現在も蛇が多く生息している。また。巳百支《しはき》国と同様に多数の（百《は》）山裾の崎（支《き》）がある天然の要塞であり、その中心が志波《しば》（巳百《しは》）である。志波《しば》の名は、司馬懿《しばい》の司馬《しば》にあやかったものである点も巳百支国と同様である。

志波盆地は、曾尸茂梨《そしもり》の一つと目される北の鳥屋山（六四五メートル）、古くは香山《かぐやま》と呼ばれた東の高山《こうやま》（一九〇メートル）、天照大御神を祭る西の麻底良《までら》山（二九五メートル）及び筑紫日向之橘小門之阿波岐原《つくしのひむかのたちばなのおどのあはきはら》である南の筑後川に囲まれた天然の要塞である。

「座《くら》」は朝倉の「倉《くら》」のことであるが、穴蔵《あなぐら》のような地形の志波盆地に設けられた米穀倉庫に由来する名である。

蘇奴国の東部の豊前との国境には阿蘇神社があり、最前線の防衛拠点であった。そのすぐ北西には、杷木神籠石《こうごいし》の前身の関所が設けられた。そのすぐ北西の池田には杷木神社があって、当直将校が年中無休の態勢で原出雲国方面からの侵入者に備えていたのである。

また、志波盆地の四周には多数の高木神社という名の（後世に社名変更したものもある）防衛拠点が置かれていた。

志波の入口を扼する位置にある宮原（志波宝満宮）には、剣豪の伊都尾羽張《いつのおはばる》神の一族が駐屯していた。また、この一族は志波の道目木から秋月に通じる古道（山道）の防衛も担当していたと思われる。

さらに、麻底良山の山裾が筑後川に落ちこんだ橘（断鼻《たちはな》）の恵蘇《えそ》八幡宮と水神《すいじん》社には、水陸の関所が設けられた。

以上のとおり、倭（共和）国が志波の防衛をいかに重視していたかを知ることができる。

ただし、蘇奴国は倭（共和）国の東南に偏在しており、また、豊前との国境に近いため防衛上の縦深性《じゅうしんせい》に欠《か》けている。このため、高天原の祭都には適していたが、倭（共和）国の政都としては難点があるため、政都は華奴蘇奴国になったのである。

蘇奴国の主な蘇塗は、穂坂の阿蘇のほか、志波の東方の久喜宮《くぐのみや》及び西方の恵蘇宿である。

⑰投馬国　⑱邪馬壹国

蘇奴国と投馬国《づまこく》と邪馬壹国《やまいちこく》の三か国は、互いに複雑な関係があり、時期によって、統治者、国名、官職などが変遷しているので、投馬国と邪馬壹国については第9章において詳しく説明する。

⑲華奴蘇奴国

華奴蘇奴国《かなそなこく》は、延喜の制の下座郡《しもつくらのこおり》に相当する国である。現在の甘木市（秋月を除く）が中心にあたる。

前述のとおり、この国は三世紀初頭に伊耶那岐命が征服し、戦功のあった八王を各村邑の長に任じ治めさせた元の迦具土《かぐつち》（香《かぐ》わしい土地）の国であった。

倭（共和）国が成立してからは、高御産巣日神系の月読《つきよみ》命が初代の行政王に、高木神が第二代の行政王になり、甘木市の平塚川添遺跡に倭（共和）国の行政府（本庁）を置いた。

華奴蘇奴国は華奴と蘇奴とからなる国であるが、「華」は中国の「中華」を意味しており、倭（共和）国の行政府があったことは明らかである。なお、蘇奴は甘木市の中心街の北半にあたると推定している。

『古事記』、『日本書紀』においても、平塚川添の西を流れる天安河《あめのやすのかわ》（小石原川）の川原に八百万神《やおよろずのかみ》を集めて、倭（共和）国の議会が開かれ、重要議案が議決されたことが記されている。華奴は河那《かな》（河岸の平地）でもあったのである。

来倭した梯儁と張政の報告書には、この行政府についての説明が記されていたはずであるが、「魏書倭人伝」では触れられていない。

これは、倭（共和）国女王は大月氏国王にまさる大王でなければならないという無理な前提と、女王の都する邪《や》馬壹国《まいちこく》に行政府があるのが当然という陳寿の常識（実は非常識）とが災いして、報告書にあった行政府の記事を意図的に削除したばかりか、華奴蘇奴国そのものまでを「其《そ》の余《よ》の傍国《ぼうこく》」にしてしまったのである。このために、「魏書倭人伝」からは倭（共和）国内の行政府（本庁）に相当する官署が全て消去されてしまったのである。

⑳対蘇国

対蘇国《ついそこく》は延喜の制の生葉郡《いきはのこおり》に相当する国である。蘇奴国の対岸にあって向かいあっているのが国名の表面上の由来である。

二四七年頃、須佐之男命の輩下の五将軍の一人として参戦した天津日子根命《あまつひこねのみこと》が一時的にこの国を占領した。『古事記』によれば天津日子根命は「御縵《みかづら》（頭の上部）」になった神である。頭の上部は浮羽郡にあたる。

この国の弥生遺跡は多くはないが、須佐之男命に続く武内宿禰の子の葛城長《かつらぎのなが》江曾都毘古《えのそつひこ》の子孫である的臣《いくはのおみ》の一族の装飾古墳には目を見張らさせるものが多い。

浮羽町祇園の素盞嗚神社、吉井町の素戔嗚神社、田主丸町の素戔嗚神社、久留米市草野の須佐能袁神社や田主丸町の殖木《ふえき》の地名などに、今なお須佐之男命の影響が色濃く残っていることを知るのである。

吉井町の素戔嗚神社祇園社

㉑鬼国

鬼国《きこく》は延喜の制の基肄郡《きいのこおり》に相当する国である。現在の三養基《みやき》郡基山《きやま》町にあたる。

鳥栖市宿町の船底宮

「鬼」には「おに。死者の魂。亡霊。もののけ。ばけもの。いかめしい。不思議な力があると信じられているもの。人に害を加えるもの」などの意味がある。「基」は「鬼《き》」に通じる。また「肆」には「罪人を殺して屍をさらす」という意味がある。したがって「基肆」は処刑場だった可能性が大きい。

七世紀に大宰府を防衛するための基肆《きい》城が築かれたが、弥生時代に鬼神を祭った遺跡があると思われる。

ＪＲ基山駅前の千塔山遺跡は、弥生時代後期から終末期にかけての環濠集落と古墳時代、中世の複合遺跡である。

千塔山の元の名は「剪頭山《せんどうやま》」だったのではあるまいか。

基山町は位置的には福岡県筑紫野市に隣接しており、福岡市のベッドタウンになりつつあるが、行政区画では佐賀県の三養基郡に属している。基山町は古代では肥前との結びつきが強かったのである。

一世紀初頭に、ウシどんが筑紫野市を経て基養父《きやぶ》の峠を越えて鳥栖市（養父《やぶ》）の西方丘陵地帯を南下したことは前述のとおりである。

このウシどんの一族には、対馬比田勝町の出身者が多かった。彼らは米ができずに南北に市糴《してき》した故国の人々に五穀の仕送《しおく》りをしなければならなかった。このため、ウシどんは基山町や鳥栖市西方の養父でとれた五穀を集めて、鳥栖市の経津主命に海運を委託したのである。養父とは父祖の国を養うという意味であろう。

五穀はまず、鳥栖市の宿《すく》町の船底宮付近に集められ、轟川→宝満川→筑後川→有明海→諫早市本明《ほんみょう》川→小舟越→東大川→大村湾→呼子（唐津）→壱岐→対馬比田勝入口の轟島というルートで輸送された。轟は、「届《とど》（ける）禄《ろく》（米《まい》）」のことであろう。

船底宮境内の石碑文「爾来《じらい》、海外へ渡航の際は当社に参拝する者多し」が、対馬（底津）への渡航許可証を発行したときの名残りである。

時代はくだるが、基肆郡上郷・下郷及び養父郡の半分、並びに鳥栖市の田代町・瓜生野町の三郷両町が対馬藩の飛地であったのは、この因縁《いんねん》による。ここは併《あわ》せて一万三千石《ごく》余である。対馬藩は田代《たしろ》に代官を置いたが、田代の名もこれに由来する。

経津主命が島根県平田市に亡命した後は、高木神が比田勝町の大官の「卑狗《ひく》」の代官を鳥栖市轟町の日子《ひこ》神社及び諫早市の本明川沿いの旧高城《たかき》神社に駐在させて、五穀の集荷、輸送の業務を監督した。後に、このルートは伊都国の役人が常用するようになったと思われる。

㉒姐奴国

姐奴国《せなこく》は、延喜の制の三根郡《みねのこおり》に相当する国である。

縄文時代の海進期の海岸線は、JR長崎本線に近く、弥生時代の海岸線は国道二六四号線に近い。これより南方は、特に小高い地域を除き、湿泥地または海底であった。遠浅の有明海に面した佐賀県南部の歴史は干拓の歴史でもあったのである。

「姐（しゃ。しょ。せ。そ）」には「姉。はは。むすめ。おごる」などの意味がある。

「三根《みね》」は、「水の根（下部）。または、水の涅《ね》（水底にある黒土）」のことである。

千代田町の姉《あね》からは弥生時代の銅器の鋳型が出土している。なお、千代田町は現在は神埼郡に属しているが、古代では姉は三根町の一部であったと思われる。

上峰町は小高い三根町のことである。

中原町と北茂安町を流れる寒水（しょうず。または、そうずい）川の名は、耳族が祭祀を行った小川であることを示している。

㉓鬼奴国

鬼奴国《きなこく》は、延喜の制の神埼郡《かんざきのこおり》に相当する国であると思われる。

脊振《せぶり》山南麓の低丘陵上には弥生遺跡が多いが、なかでも三田川《みたがわ》町と神埼町にある吉野ケ里遺跡は有名である。これらの丘陵の突端《とったん》の台地（埼《さき》）で、鬼神の祭祀が盛行したので神埼と呼ばれたのであろう。

脊振山の西部には鬼原《きはら》山（四八七メートル）がある。城原《じようばる》川は古くは鬼《き》（城《き》）原《はら》川だったのであろう。この地方には目達《めた》（米田《めた》）原《ばる》という地名があり、「奇那《きな》（奇しき水田の国）」でもあったのである。

伊都国、斯馬国から脊振連山を越えて、熊《くま》の川《がわ》を下れば、為吾《いご》国の大和《やまと》町に出る。さらに東行すれば吉野ケ里に至る。この構図は、どことなく伊勢、志摩、大和、吉野の関係に似ている。このことから吉野ケ里＝邪馬台国説が生まれた。

　これは須佐之男命の実の長男で五将軍の一人である熊野久須毘《くまのくすひ》（奇霊《くすひ》）命が、二四七年頃にこの地方を一時的に占領したが、須佐之男命の追放に伴って和歌山県などに亡命したことと深い関係があると思われる。

『古事記』によれば、熊野久須毘命は右の御手（鬼奴国《きなこく》、為吾国《いごこく》、邪馬国《やまこく》にあたる）になった神である。

吉野ケ里の歴史は、このとき一時中断したが、遅くとも応神王朝の代には、日吉神社北方の地域で再開された。

㉔為吾国

為吾国《いごこく》は延喜の制の佐賀郡《さがのこおり》に相当する国である。

「為」は「猿が爪（手）を頭にやっている形にかたどる」字である。原義は「さる。よく人まねをすること。転じて作為」となった。「この状態をかの状態に変える。いつわる」などの意味がある。「吾」には「われ。おまえ。

言葉をかわす」などの意味があり、合言葉《あいことば》のことである。したがって、「為吾」は忍者の行為を示すものである。

佐賀市兵庫町若宮には「伊賀屋《いがや》」というJR長崎本線の駅がある。おそらく伊賀屋が伊賀流忍法の発祥《はっしょう》の地であろう。この忍法は、糟屋郡粕屋町若宮の伊賀出身の天若日子《あめのわかひこ》に仕えた天佐具売《あめのさぐめ》に伝えられ、天若日子の妃の下《した》照比売《てるひめ》が亡命した三重県の伊賀上野に伝わった。佐賀は伊賀屋の佐具女《さぐめ》（探女）の佐具が転じたものと思われる。

佐賀市北部の金立《きんりゅう》には徐福《じょふく》（市《ふつ》）の里がある。

㉕邪馬国

邪馬国《やまこく》は延喜の制の小城郡《おぎのこおり》に相当する国である。

「邪」には「傾斜。かたよる。わるもの」などの意味があり、「馬」には「うま。おおきい。わるい」などの意味がある。小城郡は起伏《きふく》の多い丘陵の間に小盆地が点在している国であり、有明海沿岸部を除けば広大な水田はない。すなわち邪馬と呼ぶのに相応しい地形の国である。

佐賀市兵庫町若宮の天満神社

小城の名の由来と思われる城塞《じょうさい》としては、小城町の清水観音霊場と千葉城址（現在は須賀神社）がある。弥生時代の遺跡としては三日月町の土生《はぶ》遺跡がある。三日月は「甕《みか》の（奥《おく》）津城《つき》」であろう。

㉖躬臣国

躬臣国《くじんこく》は、延喜の制の杵島郡《きしまのこおり》と藤津郡《ふじつのこおり》とからなる国である。

躬臣国は有明海に突出していた杵《きね》の先端のような形の室島の竜王崎によって、東側の杵島郡（有明町、大町町、北方町、江北町、福富町、山内町、白石町、武雄市）と西側の藤津郡（嬉野町、塩田町、

佐賀県嬉野町・不動山の川上丹生神社

太良町、鹿島市）とに分れている。

前三世紀末では国道二〇七号線付近が海岸線であったから、有明町や福富町はまだ湿泥地であったろう。遠浅の有明海の西奥では満潮時でないと船の出入（接岸）は容易ではない。三千人の童男丱女、百工、資材を乗せた徐市の船団は、白石町の室島に至ったが、接岸不能のため、止むを得ず筑後川河口の寺井津に回航したと言い伝えられている。

有明海の干拓の進展に伴って西側の藤津郡が次第に発展したが、弥生時代では杵島郡の方が、より強大で繁栄していた。特に、武雄市は武内宿禰の母方《ははかた》の祖先の地であり、武勇に秀れていた。

藤津郡は、鹿島市の小船津や塩田川河口に良港をもっていたが、この良港のほかには塩田川上流の嬉野町の丹生《にぶ》川で産出する丹《に》しか産業がなく、藤津郡としては、杵島郡と抗争することを避け、自ら進んで杵島郡の家臣《かしん》となったのである。

鹿島の良港を表現する言葉は、音では「奇津《くじん》」であり、訓では「奇《く》し津《つ》」である。後に、「奇津」には「躬臣」の文字が当字され、また、「奇し津」は好字の「藤津」に改字された。「躬《く》」には「からだ。おのれ。みずから」という意味があり、「臣」には、「けらい。たみ。仕《つか》える。大臣」などの意味がある。「躬臣」は「自ら進んで家臣《かしん》となる」ことを意味しているのである。このときから、当分の間、藤津郡は鹿島《かしま》（家臣の馬《ま》）と呼ばれるようになった。

杵島《きしま》郡と彼杵《そのき》郡とは対応する国である。杵島郡が父にあたり、彼杵郡は子に相当する。「杵」には「きね。つち。盾」などの意味があり、「彼」は「離れている人、所、物などの指示代名詞」として用いられている。「彼杵」とは、杵島郡から嬉野町を経由して彼杵郡に分村を作った人々が、盾となって守ってくれる父の国である杵島郡のことを偲んだという意味である。

㉗支惟国

支惟国《きいこく》は、延喜の制の彼杵郡《そのきのこおり》に相当する国である。現在は東彼杵郡と西彼杵郡とに分れている。

「支」には「わかれる。ささえる」などの意味があり、「惟」は「思う」という意味をもつ。

支惟とは躬臣国で述べたとおり、父の国の杵島郡を偲ぶという意味である。

㉘巴利国

巴利国《はりこく》は、延喜の制の高来郡《たかきのこおり》に相当する国である。現在は、北高来郡と南高来郡に分れている。

「巴利」は「墾《は》る（治《は》る）里」のことであり、原と同じである。

「巴」は「蛇がとぐろを巻いている形にかたどった」字である。「利」は「いきおい」である。勢いよく噴煙を吐く雲仙岳がある島原半島が、竜蛇の姿に見えたのであろう。

弥生時代の高来郡には水田に適した平野が少なかったため、丘陵を開墾して千枚田《せんまいだ》と呼ばれる棚田《たなだ》を作った。南高来郡北有馬町坂上下名の原山《はらやま》支石墓群は、縄文時代晩期に、島原半島の高原を開墾した人々の遺跡として有名である。

現在、諫早湾の干拓工事が環境破壊として社会問題になっているが、高来郡の人々としては、古代から農地に対する特別な希求心があるのであり、歴史の重みを感じさせる。

㉙烏奴国

烏奴国《うなこく》は、延喜の制の周賀郡《ちかのこおり》に相当する国であり、長崎市が中心である。

長崎とは「長い崎」である。東シナ海に突き出た野母半島が烏の嘴《くちばし》のように見えたのであろう。

現在、野母半島は西彼杵郡に属しているが、古代では周賀郡の一部であったと思われる。

「周（しゅう。ちか）」には「まわる。ゆきとどく。いたる。まこと。忠。公平。くま（曲）。礼の国の周《しゅう》」などの意味があり、「賀」には「祝う。ねぎらう。加える。荷《にな》う。財貨を賜《おく》って喜び祝う」などの意味がある。「周賀」は「はるばる廻《めぐ》り来て、九州の西端に辿《たど》りついた労苦をねぎらう」という意味である。

㉚奴国（末尾の）

末盧国から始まって、おおむね時計まわりに諸国を列挙してきて、烏奴国に至ったとき、もう一つ残っていたのが、「末尾《まつび》の奴《ぬ》国」である。

奴《ぬ》国《こく》は、延喜の制では宗像郡《むなかたのこおり》の西部に相当する国である。津屋崎町と福間町からなり、古賀市、新宮町を併呑《へいどん》した時期もあったらしい。

奴国の中心は津屋崎町の「奴山《ぬやま》」地方である。

奴国には安羅伽耶《あらかや》からの渡来人が多かった。この点では、久留米市の荒木《あらき》も安羅（荒）伽耶から壱岐を経由して渡来した人々の村（木＝城）で同類であり、荒木の水沼君《みぬまのきみ》と宗像氏とが同じ神を祭ったことや、三女神との縁故を主張するのも首肯《しゅこう》できる点がある。

第一章で述べたとおり、奴《ぬ》国は東の大国主神の国（大国《おおくに》の玄海町）と境を接し、津屋崎町勝浦浜の牟田《むた》池（当時は丸木舟のような小舟の港に適した潟湖《せきこ》であった）の占有権をめぐって、大国との間で争奪戦が繰り返されたのである。この牟田池が、現在、玄海町飛地となっているのはこれに由来する。

弥生時代の遺跡は古賀市、新宮町に多く、宗像氏の古墳は津屋崎町に集中している。

第九章
女王国の素顔

1　女王国の変遷

女王国の正体を知るには、「魏書倭人伝」の元となった第一次資料の梯儁《ていしゅん》の報告書と張政《ちょうせい》の報告書との間の差異について推測しなければならない。

何故かと言えば、二四七年に倭（共和）国と南の狗奴《くな》国との間で激しい戦争があって、女王卑弥呼が敗北し、まもなく死亡するという大きな異変が起きているからである。

陳寿《ちんじゅ》にとって、この異変は非常に具合が悪いことであった。何故かと言えば、「卑弥呼は大月氏《だいげつし》国王よりも偉大な女王であり、その都する女王国は常に安定して繁栄していなければならない」という無理な前提に立って「魏書倭人伝」が書かれているからである。したがって、陳寿は二人の報告書について、都合がよい記事のみを取りあげ、不都合な記事は削除して、なんとか辻褄《つじつま》を合わせざるを得なくなったのである。

そこで、「魏書倭人伝」と『古事記』、『日本書紀』を中心に、二四〇年以前と二四七年の状況を順を追って再現しつつ検討してみよう。図7「女王国の変遷」を参考にしながら読んでいただきたい。

第七章で述べたとおり、三世紀初頭に伊耶那岐命《いやなきのみこと》が福岡県甘木市を中心とする一木国《ひとつぎのくに》（仮称）を侵略した。このとき、先住者の耳族の多くが熊本県の菊池川流域に亡命した。この戦勝の勢いに乗って原出雲国を奇襲したが、意外にも事前に察知した大山津見神の八雷《はちらい》の女軍の包囲にあって惨敗し、生命からがら朝倉郡杷木町志波《しば》に逃げかえった。

そこで、国内の態勢固めに方針転換し、志波の南を流れる筑後川の「筑紫日向之橘小門之阿波岐原《つくしのひむかのたちばなのおどのあはきはら》」で禊祓《みそぎ》をすませたうえ、論功行賞を行い、神々の人事を決定した。この人事を、『古事記』は次のように記している。

ここに、（伊耶那岐命《いやなきのみこと》が）左の御目《みめ》を洗ひます時、なりませる神の名は、天照大御神《あまてらすおおみかみ》。次に、右の御目《みめ》を

図7　女王国の変遷

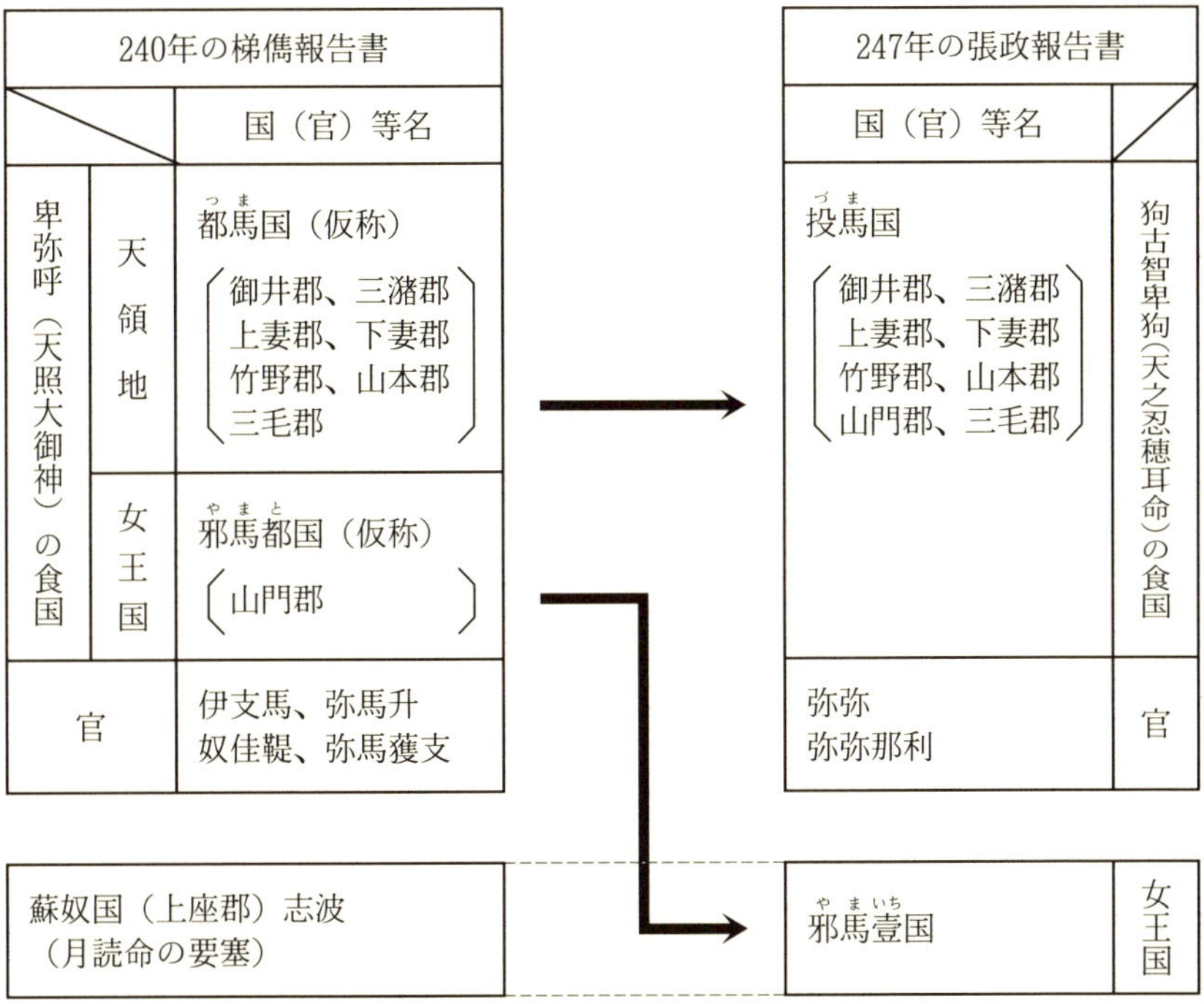

洗ひます時、なりませる神の名は、月読《つきよみの》命《みこと》。次に、御鼻《みはな》を洗ひます時、なりませる神の名は、建速須佐之男命《たけはやすさのおのみこと》。

この時、伊耶那岐命いたく喜びて天照大御神に詔《の》らさく、「汝命《いましみこと》は、高天原《たかまのはら》を知《し》らせ。」と事《こと》よさせたまひき。次に、月読命に詔《の》らさく、「汝命《いましみこと》は、夜の食国《おすくに》を知らせ。」と事よさしき。次に、建速須佐之男命に詔《の》らさく、「汝命《いましみこと》は、海原《うなはら》を知らせ。」と事よさしき。

これにより、筑後川の下流に向かって左岸《さがん》（左眼《さがん》）の大部分（浮羽郡を除く福岡県の各郡）が天照大御神の食国《おすくに》と決定され、そのなかの女王国の高天原《たかまのはら》で倭（共和）国全体の鬼神の祭祀を行うとともに、対外的には女王として公認されることになったのである。

これが、「魏書倭人伝」の「相攻伐《こうばつ》して年を歴《ふ》。乃《すなわ》ち一女子を立てて王と為し、名づけて卑《ひ》弥呼《みこ》と曰《い》う。鬼道《きどう》を事《こと》とし能《よ》く衆《しゅう》を惑《まど》わす」という記事に相応するものである。

伊耶那岐命《いやなきのみこと》の一方的な領有宣言によって、筑後川南岸は天照大御神の食国《おすくに》と決定されたが、この行為は先住者の耳族にとっては結果的に侵略なのである。

伊耶那岐命《いやなきのみこと》の圧倒的に優勢な大軍を相手に抗戦してみても全く勝算のない状況の下では、亡命するか、または、新領主のもとで奴隷《どれい》の身分に甘んじて生きるかしか方法はなかった。

誇り高い耳族の多くは涙を飲んで前者の道を選び、先祖の三島神《みしまのかみ》伝来の干拓水田を捨てて菊池川流域に亡命したと思われる。

このとき、筑後川の右岸《うがん》（右眼《うがん》）にあたる都支国《つきこく》（月国《つきこく》）と弥奴国《みなこく》（その都は読島《よみしま》＝四三島《よみしま》）を卑弥呼の弟にあたる月読命《つきよみのみこと》の食国《おすくに》と決定し、また、月読命を倭（共和）国の行政王として華奴蘇奴国《かなそなこく》の平塚川添《ひらつかかわぞえ》に行政府（本庁）を置いて卑弥呼の治政を助けさせたのである。

女王である天照大御神《あまてらすおおみかみ》と行政王である月読命との関係を、『日本書紀』は次のように示している。

天照大神、天上《あめ》に在《ま》しまして曰《のたま》はく、「葦原中国《あしはらなかつくに》に保食神《うけもちのかみ》有《あ》りと聞く。爾《いまし》、月夜見尊《つきよみのみこと》、就《ゆ》きて候《み》よ」とのたまふ。月夜見尊《つきよみのみこと》、勅《みことのり》を受けて降《くだ》ります。已《すで》に保食神《うけもちのかみ》の許《もと》に到《いた》りたまふ。保食神《うけもちのかみ》、乃《すなわ》ち首《こうべ》を廻《めぐら》して国に嚮《むか》ひしかば、口《くち》より飯《いひ》出《い》ず。又海に嚮《むか》ひしかば、鰭《はた》の広《ひろもの》、鰭《はた》の狭《さもの》、亦口より出ず。又山に嚮《むか》ひしかば、毛の麁《あらもの》、毛の柔《にこもの》、亦口より出ず。夫《そ》の品《くさぐさ》の物悉《ふつく》に備へて、百　机《ももとりのつくえ》に貯《あさ》へて饗《みあへ》たてまつる。是《こ》の時に、月夜見尊《つきよみのみこと》、忿然《いか》り作色《おもほてり》して曰《のたま》はく、「穢《けがらわ》しきかな、鄙《いや》しきかな、寧《いづくに》ぞ口《くち》より吐《たぐ》れる物を以て、敢《あ》へて我に養《あ》ふべけむ。」とのたまひて、廼《すなわ》ち剣を抜きて撃《う》ち殺しつ。然《しこう》して後に、復　命《かえりことまう》して、具《つぶさ》に其の事を言《まう》したまふ。時に、天照大神、怒《いか》りますこと甚《はなはだ》しくして曰《のたま》はく、「汝《いまし》は是悪《これあ》しき神なり。相見《あひみ》じ。」とのたまひて、乃《すなは》ち月夜見尊《つきよみのみこと》と、一《ひと》日《ひ》一《ひと》夜《よ》、隔《へだ》て離れて住みたまふ。是の後に、天照大神、復天熊人《またあまのくまひと》を遣《つかわ》して往《ゆ》きて看《み》しめたまふ。

この一文から推定すると次のことが考えられる。
①天照大御神（卑弥呼）は倭（共和）国の稲作や養蚕《ようざん》の技術改良という重要事案について、行政王の月読命に対して「勅命《ちょくめい》」を発している。
②月読命は「勅命」に対しては、表面的（建前上《たてまえ》）には拒否することは許されず、一応従っている。
③しかし、「勅命」の執行《しっこう》にあたっては忠実に行わず、極めて感情的（または恣意《しい》的）に行っている。
④月読命の勅命違反に近い行動によって所期の成果を収めることができないばかりか、月読命は保食神《うけもちのかみ》を殺してしまった。
このような違反に対して、天照大御神は激怒したが、刑罰は下されず、一日一夜の面会禁止の処分のみで終っている。
⑤天照大御神は、後に、月読命を通さずに直接、天熊人《あまのくまひと》を派遣して五穀の種子を取り寄せている。

以上のように、両者の関係には現今の法治国家のような明確な規定はなかったことが認められる。

伊耶那岐命《いやなきのみこと》は原出雲国に対する奇襲に先立って須佐之男命に参戦を求めたが、須佐之男命は「原出雲国は義母の伊耶那美命《いやなみのみこと》の実家の国である」という理由で拒否していた。

奇襲が失敗した原因は「須佐之男命が奇襲計画を大山津見神《おおやまつみのかみ》に密告したため」と疑った伊耶那岐命は、須佐之男命を冷遇し、「海原《うなはら》を知《し》らせ」と命じた。これは筑後川の河口（鼻《はな》）から有明海にかけての家船《えぶね》の民となるか、または、天草に住むように要求したことを意味するものである。

第七章で述べたとおり、これに反抗した須佐之男命（熊野族）は徒党《ととう》を集め荒《あら》ぶる神となって、筑紫の以来《いらい》尺《じゃく》遺跡付近にたてこもり街道の旅人に暴威をふるったが、卑弥呼に説き伏せられて菊池川流域に入植した。

これが、「倭の女王の卑弥呼と素《もと》より和せず」の狗奴《くな》国の男王卑弓弥呼《ひくみこ》である。「南宋紹熙刊本《なうそうしょうきかんぼん》」（十二世紀末）の原文は「卑弥弓呼《ひみくこ》」となっているが、これだと私の能力では説明不能であるので、申し訳ないが、「卑弓弥呼《ひくみこ》（彦巫子《ひこみこ》＝覡《げき》）」に変更させていただいた。

2　卑弥呼の食国《おすくに》

筑後川南岸の海岸線は、縄文海進《かいしん》時代ではJR鹿児島本線、または国道二〇九号線付近であり、弥生時代では西鉄大牟田線、または県道二三号線及び国道二〇八号線付近である。この線より西南方は一部の高地を除き湿泥地、または海底だったのである。

この地方の代名詞は「ずま」、または「つま」である。「ずま」は三潴《みづま》のような「水津馬《みづま》」、または、「水沼《みぬま》の津」を意味し、「水沼のなかの渡船場に適した小高い土地」のことである。「つま」は「津馬《つま》」である。

弥生時代では、①久留米市の水天宮付近、②三潴町高三潴《たかみづま》、③高田町徳島と大和町中島が代表的な津馬《つま》であり、筑後市津島と瀬高町船小屋《ふなこや》の「渡《わた》し」がこれに次ぐ。

下妻郡《しもつやめのこおり》の「妻《やめ》」の元は「津馬《つま》」であるが、この地方を卑弥呼の代官である女神が管理し補佐したことから「妻《つま》」と当字《あてじ》された。さらに、女王国の邪《や》（かたわら）にある馬《ま》（小高い土地）を管理する女神という意味で「邪女《やめ》」と呼ばれ、後に、「八女《やめ》」となった。

これらから推定すると、筑後川南岸の卑弥呼の食国《おすくに》のうちの天領地（代官の管理地）は「都馬《つま》国（仮称）」と呼ばれていたと思われる。

「魏書倭人伝」では女王の都《みやこ》する国に四個の官があると記されている。それらは全て代官として対等の地位にあるから、この国の官に限って正と副の区別がないのである。

「伊支馬《いきま》」は、久留米市荘島の篠山《ささやま》城跡や水天宮付近から高良山北麓の山川町にかけての地域を治めた代官のことであり、ここには伊都国経由の壱岐出身者が多い。延喜の制の御井郡《みいのこおり》に相当する。この地域は筑後川の河口に近く、その水流は活動的であったから、別名を活津《いきつ》とも呼ばれた。

「弥馬升《みまし》」は「三潴《みづま》の〝弥《み》〟」と「妻《つま》の〝馬《ま》〟」と「升《し》」の三地域を治めた代官のことであり、女神である。「升《し》」には「のぼる。たかい」の意味があり、矢部川や広川の上流の高原盆地を指している。延喜の制では、三潴は三潴郡《みづまのこおり》に、妻は上妻郡《かみつやめのこおり》、下妻郡《しもつやめのこおり》に、升は竹野郡《たかののこおり》と山本郡《やまもとのこおり》に、それぞれ相当する。

「弥馬獲支《みまわき》」は延喜の制の三毛郡《みけのこおり》を治めた女神の代官のことである。「獲《わ》」には「毛《け》ものを得る。下女」の意味があり、「支《き》」には「わかれる。ささえる」の意味がある。この地域も三潴郡に似て湿泥地が多い。三毛《みけ》は「三潴《みづま》別《わけ》＝弥馬獲支《みまわき》」の略称である。現在の三池郡と大牟田市がこれにあたる。

以上のとおり、天領地の都馬《つま》国の七か郡を三人の代官が管理していたのである。「魏書倭人伝」では五万余戸となっているが、実態は一割の五千余戸程度と思われる。

3　女王国と高天原《たかまのはら》

倭（共和）国女王卑弥呼が都した国は、延喜の制の山門郡《やまとのこおり》がこれに相当する。国名は「邪馬都《やまと》（仮称）」であったと思われる。

この国を管理する官を「奴佳鞮《なかて》」といい、大和町中島に置かれていた。『古事記』の「大気都比売神《おおげつひめのかみ》」がこれにあたる。「佳（か。け）」には「よい。美しい」の意味があり、「鞮（てい。たい）」には「皮靴。通訳」の意味がある。「奴佳《なか》」は「中《なか》（中央）」を意味する。「気《け》」は「食《け》」である。

食津《けつ》にあたる中島は当時の矢部川河口にあたり、多数の漁船が停留して市場を形成し繁栄していたが、現在も変りなく続いている。

中島の八剣神社では外来者の検問を行っていたと思われる。

大和町中島－徳島の浦島橋から矢部川を望む
（この辺りが弥生時代は河口だったと思われる）

これらからみて、奴佳鞮《なかて》には次のような職能があったと思われる。

①邪馬都《やまと》国の行政
②女王の生活（衣食）及び宮殿経営に対する財政支出
③高天原《たかまのはら》の鬼神祭祀への奉仕
④蘇塗の経営、管理
⑤外来者の検問
⑥外国要人来訪時の通訳

鬼神祭祀の霊場である高天原は、瀬高町大草の女山《ぞやま》であるが、後に神籠石《こうごいし》という山城が築かれたとき大きく変容してしまった。女山《ぞやま》の名の起源は「蘇《そ》（塗《と》）山《やま》、または、外山《そとやま》」であるが、女王の居所がある山であったので「女」の字が当字されたのである。

外邑《がいゆう》の蘇塗《そと》は、南東の峯の清水《きよみず》観音の所にあった。

女山神籠石の北端に日子《ひこ》神社がある。この日子（彦《ひこ》）は、伊声耆《いせぎ》と掖邪狗《えきやく》のことであろう。「伊《い》」は「女王」、「声《せい》」は「（女王の）言葉《ことば》」、「耆《ぎ》」は「おさ（長）」を意味する。したがって、「伊声耆」は「女王の言葉を伝える長官」のことである。「掖《えき》」は「宮門の両脇の小門」、「邪《や》」は「かたわら」、「狗《く》」は「犬や虎や熊の子。神社の狛犬《こまいぬ》」を意味する。したがって、「掖邪狗」は「城門の守衛」のことである。

これらからみて、伊声耆と掖邪狗には次のような職能があったと思われる。

①女王に対する伝奏《でんそう》、ならびに女王の命令の下達《かたつ》及び広報
②侍従としての給食や身のまわりの世話

③高天原《たかまのはら》の守衛

「魏書倭人伝」は、これらに関し次のように記している。

①婢《ひ》千人を以て侍《じ》せしむ。

②唯々《ただ》男子一人有《あ》りて飲食を給し、辞《じ》を伝えて出入す。

③居処は宮室、楼観《ろうかん》、城柵を厳《おごそ》かに設《もう》く。

④常に人有《あ》りて兵を持《じ》して守衛す。

もし楼観《ろうかん》があったとすれば、現在の清水観音の三重塔の場所に建っていたであろう。婢《ひ》千人は水増しであり、実態は約十人の巫女《みこ》が侍していた程度であろう。

女王が食する米を作る水田は、瀬高町を流れる矢部川に沿った、南岸の平田《ひらた》、長田《ながた》及び北岸の北長田《きたながた》などの良田であった。最初は赤米を作っていたが、後に、天熊人が葦原中国《あしはらなかつくに》から持ち帰ったジャポニカの種子を植えて豊かな実りを享受《きょうじゅ》した。耕作したのは天邑君《あめのむらぎみ》らである。

女王の水田のことを、『日本書紀』は、次のように記している。

「日神《ひのかみ》の田、三処《みところ》有り。号《なづ》けて天安田《あまのやすだ》、天平田《あまのひらた》、天邑幷田《あまのむらあわせだ》と曰《い》う。此《これ》皆良き田なり。霖旱《ながめひでり》に経《あ》ふと雖《いえど》も、損傷《そこな》わるること無し」

この両岸の渡《わた》し（渡船場）が、船小屋《ふなこや》である。北岸の津島に住んで船小屋を管理していたのが天児屋命《あめのこやのみこと》であり、藤原氏の始祖である。

天児屋命の一族に関連したと思われることに、後年、次のようなことがある。

瀬高町女山の日子神社

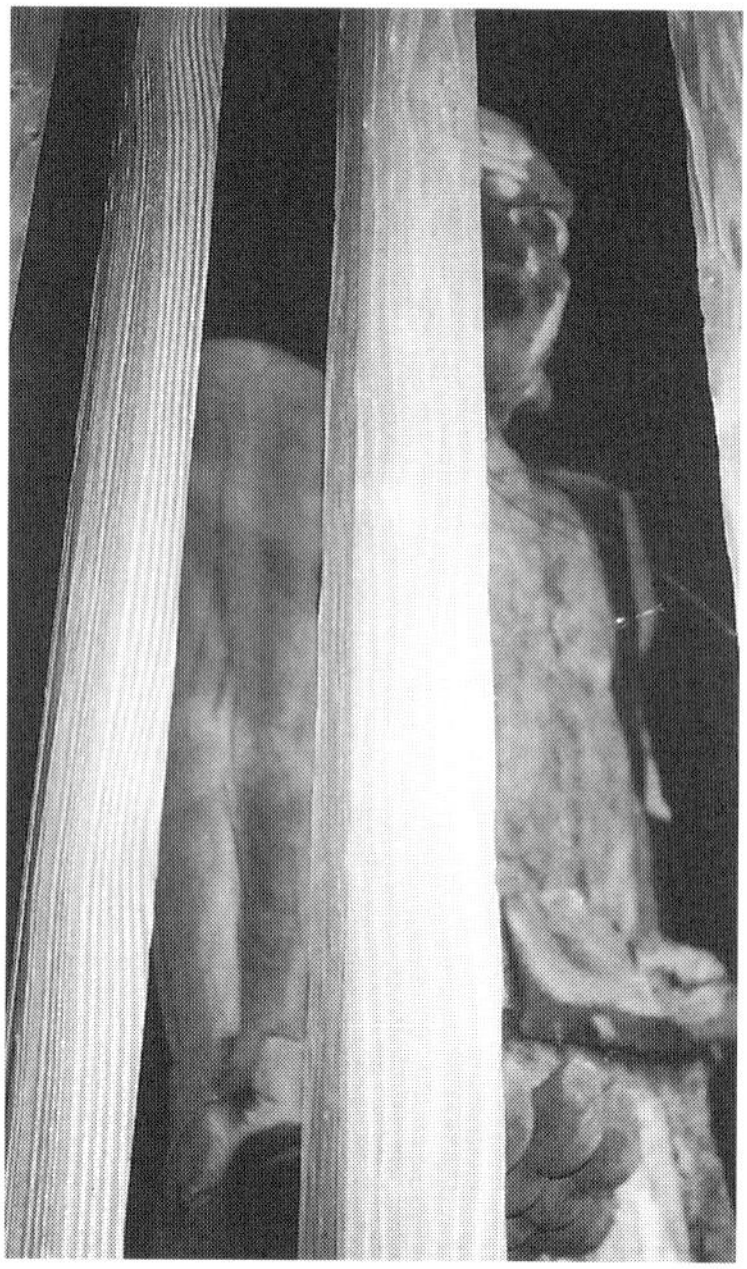

筑後市津島・老松神社の木像

筑後市の津島西にある叡興山《えいこうざん》光明寺は、聖武天皇の勅願により行基が開いた寺であり、平重盛が再築し、久留米藩主有馬頼永《ありまよりなが》の代に再建されている。また、津島の北方には九州における最後の源平決戦場となった一之塚《いちのつか》古戦場がある。平氏《へいし》の祖先は壱岐出身の伊支馬《いきま》と深い関係があり、有馬氏も伊支馬の篠山城主であったことを考えると、天児屋命は伊支馬とも縁故があったと思われる。天児屋命の一族のなかには、後年、津島から大和町大字鷹ノ尾《たかのお》字馬場の内の牛《うし》の宮《みや》に移住して分村を作り、松藤の姓を名乗った者もある。

なお、当時は入江であった津島西にある老松神社には、鎌倉期のものと思われる仁王像があるが、今や顧る人もなく朽ち果てようとしており惜しまれる。

倭（共和）国は建国当初から公孫氏《こうそんし》に朝貢していたものと思われるが、決して心服していたわけではない。五斗《ごと》米道《めどう》の張魯《ちょうろ》の親戚《しんせき》である燕《えん》王曹宇《そうう》を介して魏朝への朝貢の機を探っていた。二三八年に司馬懿《しばい》の軍が公孫氏討伐に向かったという情報を得たとき、卑弥呼の動物的な勘《かん》によって難升米《なしめ》らを遣使朝貢させたのである。

二四〇年、勅を奉じて来倭した梯儁《ていしゅん》は、都馬国《つまこく》と邪馬都国《やまとこく》の状況を前述のとおり報告していたものと思われる。

4　狗奴国《くなこく》との攻防

熊本県の菊池川流域に入植した卑弓弥呼《ひくみこ》（須佐之男命）の水田のことを、『日本書紀』は次のように記している。

「其《そ》の素戔嗚尊《すさのおのみこと》の田、亦三処有《またみところあ》り。号《なづ》けて天樴田《あまのくいだ》、天川依田《あまのかわよりだ》、天口鋭田《あまのくちとだ》と曰《い》う。此《これ》皆磽地《やせどころ》なり。雨《あめふ》れば流れぬ。旱《ひで》れば焦《や》けぬ。故《かれ》、素戔嗚尊、妬《ねた》みて姉《あねのみこと》の田《みた》を害《やぶ》る」

阿蘇山の噴火という天災も重なり、不作が続いたため、卑弥呼に説き伏せられて半強制的に移住させられたことに対する須佐之男命の不満が表面化してきた。

狗奴国《くなこく》の官の狗古智卑狗《くこちひく》は、先に菊池川流域に亡命していた耳族の統率者の菊池彦《きくちひこ》であり、『古事記』の正勝吾《まさかつあ》勝勝速日天之忍穂耳命《かつかつはやひあめのおしほみみのみこと》のことである。

「妣《はは》の国（義理の亡母である伊耶那美命《いやなみのみこと》の実家がある原出雲国）に移住する」ことを口実《こうじつ》とする須佐之男命（熊野族）と、失地回復を旗印とする天之忍穂耳命ら（耳族）の利害が一致し、須佐之男命を天皇とし、天之忍穂耳命を行政王とする熊野族と耳族の連合体を結成して、二四七年に倭（共和）国に対する攻撃を開始した。『古事記』に「乃《すなわ》ち天《あめ》に参上《まいのぼ》る時、山川悉《ことごと》動《とよ》み国土《くにつち》皆震《ゆ》りぬ」と表現されるほどの猛攻撃であった。

狗奴国に隣接する邪馬都国《やまとこく》や都馬国《つまこく》は女神を代官とする国であり、高天原《たかまのはら》を警備する掖邪狗《えきやく》以外には軍兵は少なく、到底、防衛することはできなかった。卑弥呼は魏の明帝から下賜された銅鏡などを携え、掖邪狗らに守られながら弟の月読命を頼って落ちのびた。その先は天然の要塞である杷木町志波《しば》であった。

このとき、邪馬都《やまと》国中島の食糧倉庫を守っていた奴佳鞮《なかて》（大気都比売《おおげつひめ》）は、須佐之男命に殺された。

弥馬升《みまし》と奴佳鞮《なかて》と弥馬獲支《みまわき》とが三女神の原型である。

月読命は載斯烏越《てしうえつ》を急使にたてて帯方郡に派遣し援助を要請した。「載《てい》」は「おしいただく。拝命する」、「斯《し》」は「しばらく。短期間」、「烏《う》」は「からす。黒い」、「越《えつ》」は「遠くへ行く」ことである。烏の飛ぶが如くに密かに速く海を越えて派遣された特命（臨時）の急使のことである。

帯方太守王頎《おうき》は、張政《ちょうせい》らを派遣し難升米《なしめ》に軍旗を授け檄励《げきれい》したが、これだけでは実効性に乏しい。おそらく、高木神《たかぎ》が伊都国駐屯の一大率《いちだいそつ》を率いて、はせ参じたと思われる。

5 講和条約

これによって戦線が膠着《こうちゃく》して停戦となり、天安河《あめのやすのかわ》をなかに置いて「宇気比《うけひ》」という講和条約を締結した。

この結果、天之忍穂耳命と月読命の娘（聖骨）の万幡豊秋津師《よろずはたとよあきつし》（馬《ま》）比売命《ひめのみこと》が結婚するとともに、須佐之男命に従軍した五人の将軍を次のとおり諸国の王に任命した。

①都馬国《つまこく》、邪馬都国《やまとこく》（左の御美豆良《みみづら》＝耳面《みみづら》）：正勝吾勝勝速日天之忍穂耳命《まさかつあかつかつはやひあめのおしほみみのみこと》＝狗古智卑狗《くこちひく》
②呼邑国《こおこく》、不呼国《ふここく》（右の御美豆良《みみづら》＝耳面《みみづら》）：天之菩卑能命《あめのほひのみこと》＝耳族
③対蘇国《ついそこく》（御縵《みかづら》）：天津日子根命《あまつひこねのみこと》
④姐奴国《せなこく》（左手）：活津日子根命《いきつひこねのみこと》
⑤鬼奴国《きなこく》、為吾国《いごこく》、邪馬国《やまこく》（右手）：熊野久須毘命《くまのくすひのみこと》（須佐之男命の実子）

この人事が天照大御神も承認ずみのものであることは、次の『古事記』の記事が示している。

「この（三女神の）後になりましし五柱《いつはしら》の男子は、物実《ものしろ》我が物に因《よ》りてなりませり。故《かれ》、自ら吾が子なり」

天之忍穂耳命の領国となった邪馬都国《やまとこく》と都馬国《つまこく》は、もとの天照大御神の食国《おすくに》（物実《ものしろ》）であり、忍穂耳命を子（月読命の後継の行政王＝月支国王の候補者）として正式に認知するという主旨である。

なお、多紀理毘売命《たきりひめのみこと》、市寸嶋比売命《いちきしまひめのみこと》、田寸津比売命《たきつひめのみこと》の三女神を胸形君《むなかたのきみ》が祀る三女神であるとする『古事記』の記事は後年の捏造《ねつぞう》である。

「投馬国《づまこく》」の「投《づ》」には「なげる。すてる。おくる。託する。つけこむ」などの意味があり、卑弥呼が放棄した物実《ものしろ》であることを示している。

官の「弥弥《みみ》」とは「耳」のことである。耳納《みのう》連山の西端にある（後年の）高良山神籠石《こうらさんこうごいし》で天神地祇《てんしんちぎ》を祭った天之

忍穂耳命のことである。副の官の「弥弥那利《みみなり》」は高良山麓の御井《みい》の高良下宮において、投馬国の行政を担当した「耳成《みみなり》（垂）」のことである。

天之忍穂耳命の「正勝《まさかつ》」は、「正当な中央の河津《かつ》、または小高く（馬《ま》）筑後川や矢部川に比して狭い広川（狭河《さか》）の渡し（津《つ》）のことであり、三潴町高三潴《たかみづま》がこれにあたる。「吾勝《あかつ》」は、「大きい隈《くま》（阿《あ》）の河津《かつ》」のことであり、当時の筑後川河口に近い久留米市の水天宮付近の渡船場がこれにあたる。「勝速日《かつはやひ》」は「干満の差が大きい（速干《はやひ》）の河津《かつ》」のことであり、当時の矢部川河口の中島と徳島の渡船場がこれにあたる。これらは筑後川南岸の三大渡津《としん》である。

「天《あめ》」は「天之御中主神《あめのみなかぬしのかみ》の耳族《みみ》」、「忍《おし》」は「食《お》す」、「穂《ほ》」は「稲穂」、「耳《みみ》」は投馬国の官の「弥弥《みみ》」のことである。

したがって、正勝吾勝勝速日天之忍穂耳命というのは、筑後川南岸の八か郡の全てを食国《おすくに》とする命であることを宣言する名前である。

二四七年の張政の報告書は以上の如きものであったと思われるが、「女王の都する国は最南端にある遠い国であり、常に安定した国」であらねばならないので、山門郡にそのまま残っているかの如く思わせるため、投馬国の南に邪馬壹国が存在しているように記したのである。

三潴町高三潴の塚崎貝塚・御廟塚古墳

6　卑弥呼死す

「魏書倭人伝」では「卑弥呼以て死す。……更に男王を立てしも国中服さず。更に相誅殺《ちゅうさつ》す。時に当りて千余人を殺す」と記して、女王の死に至る経緯を故意に削除しているように思われる。

卑弥呼は杷木町志波《しば》に逃れたが、『古事記』によれば須佐之男命は次のように暴行を行い、ために天照大御神は畏怖《いふ》のあまり心臓発作《しんぞうほっさ》で死亡したと思われる。

「（須佐之男命は）我勝《われか》ちぬと云ひて、勝《かち》さびに、天照大御神之営田《のつくりた》の阿離《あはな》ち、其《そ》の溝埋《みぞう》み、亦《また》、其《そ》の大嘗聞《おおにへきこ》しめす殿《との》に、屎《くそ》まり散《ちら》しつ。……天照大御神、忌服屋《いみはたや》に坐《いま》して、神御衣織《かむみそお》らしめます時、其《そ》の服屋《はたや》の頂《むね》を穿《うが》ち、天斑《あめのふち》馬《うま》を逆剝《さかはぎ》に剝《は》ぎて、堕《おと》し入るる時、天服織女《あめのはとりめ》見驚きて、梭《ひ》に陰上《ほと》を衝《つ》きて死にき」

天服織女《あめのはとりめ》は強姦《ごうかん》され殺されたのであろう。

須佐之男命は自ら天皇に即位したと宣言したが、国中が服さず、千余人が死亡するほどの大きな内乱の末、八百《やお》万《よろず》神《のかみ》の議決により、須佐之男命は刑罰を科され追放された。

そして、卑弥呼の宗女《そうじょ》の壹与《いよ》が次代の女王に共立されて国中が安定した。

第二代の女王の名前と女王の都する国の名を命名するにあたり、司馬懿《しばい》（壹《い》）の名にあやかって、国名を志波《しば》（司馬《しば》）の邪馬壹《やまいち》国とし、新女王の名を壹与《いよ》としたのである。

「壹（いち。いつ）」には「もっぱら、ひとえに。みな。すべて」という意味があり、「与《よ》」には「事を共にし物を与え合う。なかま。くみする。したがう。たすける」という意味がある。

したがって、壹与と命名したのは「司馬懿に、ひとえに従い、くみする」女王であることを表明し、その保護のもとで社稷《しゃしょく》を保つことを求めたのである。

壹与《いよ》の「壹《いち》」が「臺《たい》」ではない証拠としては、「南宋紹熙《しょうき》刊本」の「魏書倭人伝」の末尾の数行のなかに「壹《いち》」の字が三個も記されているのに全て「壹《いち》」である。さらに、この数行のなかには中国の天子の宮城を意味する「臺《たい》」が正しく「臺《たい》」と書かれていて、壹《いち》とは明確に使いわけられているのである。司馬懿にあやかって「壹与《いよ》」と命名するほどの女王が、中国の天子を示す「臺《たい》」を僭称《せんしょう》することなどあり得ないのである。邪馬壹《やまいち》国の「壹」についても同様である。

7　その後の邪馬壹国（志波周辺）

二四七年に倭（共和）国第二代の女王に共立された壹与《いよ》は、天然の要塞である杷木町志波を都城と定めた。それから間もなく天忍穂耳命は亡命し、月読命が死亡し、倭（共和）国第二代の行政王に高木《たかぎ》神が就位した。高木神は対馬国《ついまこく》、一大国《いちだいこく》、伊都国《いとこく》、伊邪国《いやこく》などを基盤とし、一大率《いちだいそつ》にも大きな影響力を有する人物である。その軍事力を背景として倭地に高木神時代とも言うべき一時代を画した。

高木神は、志波盆地の周辺に多数の高木神社を設けて、志波の外周の防衛網を構築している。その範囲は、北は小石原町、東は豊前との堺の阿蘇《あそ》山、南は筑後川南岸の浮羽町、吉井町、西は麻底良山西麓にまたがる広大なものであり、その後神社名を変更したものを除いても、高木神社の数は驚くほど多い。

一時期、高木村と呼ばれたこともある志波盆地とその周辺についてみてみよう。

杷木町志波笹尾の麻底良神社

1　志波盆地の西側の麻底良山の山頂に麻底良神社《まてらめしゃ》上宮があり、天照大御神を祀っている。ここには烽《とぶひ》があったと思われる。南麓の笹尾には下宮があり、その傍に左右良《さうら》城跡がある。

2　左右良城跡から少し下った政所には、普門院があり、その周辺は広い平地である。ここには壹与の宮室があったと思われる。後に、斉明天皇が筑紫の行宮とした橘《たちばな》の広庭《ひろにわ》はここであろう。橘は高山《かぐやま》と麻底良山が筑後川に落ちこんで通行不能の断鼻《たちはな》（橘）を形成しているため名づけられたものであり、志波を指している。

3　東側の高山《かぐやま》は古くは香山《かぐやま》と書かれた。金を産出したこともあると伝えられ、今でも金礦脈を経由した湧水はミネラルを含み、長寿の水と呼ばれている。

4　香山の北麓の塚原の志賀大明神付近には遺跡がある可能性が高い。

5　志波盆地の南側の入口を水陸から扼する宮原の志波宝満宮は、五世紀初頭に神功皇后に滅ぼされるまでは志波の鎮守の社であったと思われる。

この境内の日鷲神社には、伊都之尾羽張《いつのおはばる》の子孫の羽白熊鷲《はじろくまわし》を祀っていたと思われる。この氏族が志波を防衛していたのである。また、境内の古墳の主もこの氏族のものであろう。

杷木町政所の普門院（橘広庭）

6　北の入口には道目木の古社がある。侵入者を見張る神の詰所であった。この神社の大石（支石墓か）はすでに売却されてしまった（古老の話）。

7　志波盆地の東方の池田上町の杷木神社と上池田の早馬神社は、豊前や筑豊方面からの侵入者に備えた神社である。杷木神社の神は、神無月《かんなづき》に全国の神々が原出雲国に集った時でも、当直将校として神社を離れず、早馬神社の急報をうけ、志波への侵入を防いでいたのである（神社境内の掲示板より推定）。

8　麻底良山の東南麓には、恵蘇《えそ》神社、水神社、恵蘇宿《えそじゆく》（隠家《かくれが》の森）がある。恵蘇神社の奥には斉明天皇陵がある。水神社は筑後川の舟の関所であると同時に、古毛の三連《さんれん》水車への導水路入口の神の社でもあった。古毛の三連水車の水田は、後世に開拓されたものであるが、三世紀においても蘇塗や高天原の経営を賄うための水田を開拓するために、導水路を引いていたのである。斉明天皇の喪に服し恵蘇神社境内の木《こ》の丸《まる》殿に泊った天智天皇が水神社から、麻底良山より出る月を眺めたと言い伝えられている。

恵蘇宿は元は「頴《えい》（水《すい》の）蘇《そ》（塗《と》の）宿《すく》」であった。頴水《えいすい》は前述のとおり中国の隠者が好んだ清流である。この川で伊耶那岐《いやなき》命が禊祓《みそぎ》をしたのもこれに由来する。

この宿《すく》は鬼神の祭祀を行った蘇塗であった。

8　女王国の実相

もし、「女王国は何処にあったか」と問われたら、「どの女王の時か」と反問しなければならない。

もし、「卑弥呼が都した国は何処か」と問われたら、「福岡県山門郡の邪馬都国《やまとこく》である」と答えよう。

もし、「邪馬壹国《やまいちこく》は何処か」と問われたら、「杷木町志波である」と答えよう。

さらに、「邪馬臺《やまたい》（台）国《こく》は何処か」と問われたら、古代のロマンを追い求める方々には誠にお気の毒ながら、「倭（共和）国の女王国としての邪馬台国《やまたいこく》は存在しない」と答えるよりほかにない。これについては第十章で言及する。


明帝から下賜された鉛丹《えいたん》によって厚く施した化粧を洗い落した女王国の素顔は、想像したほど美しいものではなかった。

真実は厳しく悲しいものなのである。

杷木町宮原・志波宝満宮内の日鷲神社

第十章

邪馬臺（台）国を論ず

1　邪馬臺(台)国はなかった

私は三世紀のいわゆる女王国としての邪馬臺（台）国は存在していないという結論に達した。

しかし、最近はテレビや新聞などの報道を通じて、一般に「女王国は邪馬臺（台）国と呼ばれていた」ことが既成の事実であるかのように信じられているのが実情である。そこで、読者が強い関心を抱いているこの点について、私の考えを述べてみたい。

私は最近になって古田武彦氏（以下、古田と略称する）が、その著書である『「邪馬台国」はなかった』（朝日新聞社、昭和四十六年刊）において、すでに邪馬台国を否定していることを知った（注：私は未だこの書を読んではいないが、古田の次の著書である『失われた九州王朝』によって、その存在を知った）。

古田の先見の明に敬意を表するとともに、味方を得て意を強くするものである。

本書において古田の持論を大いに参考（引用）させていただくことにする。

とは言え、「邪馬台国」はなかったという結論は同一であっても、これに至る思考過程の論拠などには可成《かなり》の相違点があるので、当然ながら私の所見を記すものである。ただし、本書は弥生時代の事件を主な対象として編集している関係上、四世紀以降の事柄についてはヒントの提示にとどめ、詳細な検証は次の機会に譲ることとする。

2　邪馬臺国論争の開始

「神功紀」に次の記事がある。

①三十九年。是年《ことし》、太歳己未《つちのとひつじ》。（以下、注記）魏志に云わく、明帝の景初の三年の六月、倭の女王、大夫難斗米等を遣して、郡に詣《いた》りて、天子に詣らむことを求めて朝献《ちようけん》す。太守鄧夏、吏を遣わして将《い》て送りて、京都《けいと》に詣らしむ。

②四十年。（以下、注記）　魏志に云わく、正始の元年に、建忠校尉梯携等を遣わして、詔書、印綬《いんじゅ》を奉《たてまつ》りて、倭国に詣らしむ。
③四十三年。（以下、注記）　魏志に云わく、正始の四年。倭王、復使《またつかひ》大夫伊声者、掖耶約等八人を遣わして上献す。
④六十六年。（以下、注記）　是年《ことし》、晋《しん》の武帝の泰初の二年なり。晋の起居《ききょ》の注に云わく、武帝の泰初の二年の十月に、倭の女王、訳《やく》を重ねて貢献せしむという。

以上の四個の注記は、「魏書倭人伝」、または晋の起居注から引用したものであることは明白である。これからすれば、①の「倭の女王」と③の「倭王」は卑弥呼を指し、④の「倭の女王」は壹与を指していることはまちがいない。

「神功紀」の編集担当者は中国の史書に接していたことは確実であり、そのなかの卑弥呼や壹与が、倭国の女王と目される神功皇后に相当する可能性があると考えたのであろう。

しかし、同じ「神功紀」のなかに卑弥呼と壹与と目される二人の女王を記載している点からみて、絶対の自信を持っていたわけではないことがわかる。このために、編集担当者は注記としたのであろう。

以上の結果、『日本書紀』の読者に対して、神功皇后は卑弥呼または壹与にあたるという誤解を与えることになってしまった。

彼の誤りは、このことにとどまっていない。『三国志』の「魏書」を「魏志」にして、ありもしない中国史書名を創作したほか、「景初二年を景初三年に」、「難升米《なしめ》を難斗米に」、「劉夏を鄧夏に」、「梯儁《ていしゅん》を梯携に」、「伊声者を伊声者に」、「掖邪狗を掖耶約に」誤記するなど、極めてずさんな役人であったことを白日《はくじつ》のもとにさらしてしまった。

しかし、彼は八世紀初頭において、邪馬台国に関する論争の先鞭《せんべん》をつけたという点において高く評価されてよいであろう。以来、約一三〇〇年間の長きにわたり、邪馬台国論争は延々と続いてきたのである。

その論点は二つに大別できる。

その一つは、卑弥呼や壹与が都した女王国の所在に関する論争である。

郷土愛に根ざした我田引水《がでんいんすい》も加わって候補地は乱立しているが、そのなかの代表的な例は、奈良県（大和）、福岡県山門郡、福岡県甘木市、福岡県京都郡、佐賀県吉野ケ里遺跡、大分県宇佐市などである。

しかし、女王国の所在については第九章で詳述したので、重複説明は省略する。

二つめは、女王国の名称と字句、並びに女王壹与の名称と字句に関するものである。本章では、この点に関する考察を中心とする。

3　邪馬台国否定の論拠

三世紀における倭（共和）国の女王の卑弥呼や壹与が都した国としての邪馬臺（台）国は存在しないという私と古田の論拠（要旨）は次のとおりである。

1　三世紀の倭（共和）国と同時代を生きた陳寿（二三三―二九七年）が編集した「魏書倭人伝」は、女王国や女王について論ずる場合に最も依拠すべき原典である。もともと、倭（共和）国や女王国などが脚光を浴びるようになったのは、「魏書倭人伝」に関連の記事が記されていたからである。もしも、他の中国の史書との間に相違点がある場合には、「魏書倭人伝」を最優先させるべきであることは言うまでもないであろう。

その「魏書倭人伝」の原存する刊本のうち最も信頼できるのが「南宋紹熙刊本」（十二世紀末）である。この刊本に記されている邪馬壹国（一か所）、壹拝（一か所）及び壹与（三か所）は全て「壹」であり「臺」ではない。

2　「壹」字は天子に二心なく忠節をつくすという臣下の美徳を示す文字である。さらに「壹」字は、『書経』、『史記』、『漢書』を通じて、夷蛮の王者が中国の天子に朝貢の礼をとるときに使用された由緒深い文字である。

3　三世紀に編集された『三国志』に記された「臺」字についてみると、魏晋朝では明らかに、その一字で「天子とその直属官庁」を指す至高の文字として使用されている。「魏書倭人伝」の末尾の次の文章の「臺」も例外ではない。

「壹与、倭の大夫率善中郎将掖邪狗等二十人を遣わし、政等の還るを送らしむ。因りて臺に詣り、男女生口三十人を献上し、白珠五千孔、青大句珠二枚、異文の雑錦二十匹を貢す」

また、三世紀においては、夷蛮の王者が自らの都城を「臺《だい》」と称した例もなく、中国の天子の独占する文字だったのである。このような情勢下において、晋朝の役人であった陳寿が、倭（共和）国の女王の都する国について、「臺《だい》」字を用いて「邪馬臺《やまだい》国」と記すことなどはあり得ないのである。

〔注　以下は私の所見である〕

4　南の狗奴国から侵入し暴虐の限りをつくした須佐之男命を、ようやく追放して平和を取り戻した倭（共和）国としては、他国の侵略を予防し、社稷《しゃしょく》を保持するために、当時、中国の実質的な天下人であった司馬懿の威光を借りることにした。そして、司馬懿の名の「懿」のなかの「壹」を拝受して、女王国名と女王名を、それぞれ、「邪馬壹《やまいち》国」、「壹与《いちよ》」と命名した。

5　辞書の解字によれば「壹《いち》はもと壺に作る。原字は壺《こ》（つぼ）が意符」とある。福岡県朝倉郡杷木町志波は三方を山に囲まれた壺形の盆地であり、「壹」字を当てるのに相応《ふさわ》しい国である。

4　邪馬臺（台）国説の論拠と反証

前述のとおり、いずれの点からみても三世紀の倭（共和）国の女王が都した国は邪馬壹《やまいち》国であることは明白であるにもかかわらず、巷間に女王国＝邪馬臺《やまだい》（台）国説が横行するのは何故であろうか。その論拠（要旨）を挙げ、検証する。

なお、これらは全て奈良県（大和）を女王国に比定するための我田引水に起因するものである。

1

「臺」字と「壹」字は形が似ている。紹熙刊本の筆写の間に「臺」を「壹」と誤字したものであろう。

万人を納得させるのに必要にして十分な説明をすることもない誤字説は、正面《まとも》に取りあげて論ずるに値しないものである。

2

『後漢書』に「その大倭王は邪馬臺《やまだい》国に居す」と記されている。

『後漢書』の編集者である范曄（三九八－四四五年）は妄想に近い想像を逞《たくま》しくして、ありもしない歴史を創作する性癖を有する史家であり、先史の『漢書』に反する記述を行って、後世に汚点を残したことは序において述べたとおりである。しかしながら、三世紀の倭（共和）国との相関関係は皆無ではあるが、五世紀に「大倭王が邪馬臺国に住んでいる」という記事に限っては信ずるに足る客観情勢があったのである。

その「大倭王」というのは、『宋書』や『南史』に記されて、日本の歴史研究者の間で倭の五王と通称される倭国王の讃、珍、済、興、武らのことである。倭の五王は五世紀初頭から、しばしば使者を遣わして、中国の皇帝に朝貢した。

珍はみずから使持節・都督、倭・百済・新羅・任那・秦韓・慕韓六国諸軍事、安東大将軍、倭国王と称し、上表（文章を皇帝に奉る）して除正されるよう求めている。さらに、武は四七八年に、使持節・都督、倭・新羅・任那・伽羅・秦韓・慕韓六国諸軍事、安東大将軍、倭王に除されている。このことは、倭の五王は、百済を除く朝鮮半島南部と日本列島の大部分を支配する大王であったことを示している。そして、倭の五王は、現地音で「やまと」と呼ばれる国に臺《だい》（宮城）を設けて住んでいたのであろう。

この情報は倭の五王の使者によってもたらされ、同時代を生きた范曄の耳にも達していたものと思われる。そこで范曄は、大倭王が臺《だい》を設けて住んでいる「やまと」と呼ばれる国のことを、「邪馬臺《やまだい》国」として『後漢書』に記したのであろうとする推論は妥当なものと思われる〔注：古田説も、ややこれに近い〕。

なお、大倭王の「大倭《だいわ》」は「大和《だいわ》」のことであり、「大和《やまと》」とも読むから、五世紀の邪馬臺国は奈良県（大和）のことであろう。このことは、大阪平野を含めた巨大な古墳群や出土品によっても裏づけられている。

ただし、「邪馬臺国は、武帝が朝鮮を滅した前一〇八年から継続して存在していた」かのような虚妄の記事を『後漢書』に記したことが、「三世紀前半にも大和（奈良県）に邪馬臺国があった」という誤解を生んだのである。

3

橋本進吉は本居宣長の弟子石塚龍磨の研究の上に立ち、日本上古音の音韻について次のように発表した。『古事記』、『日本書紀』、『万葉集』といった七、八世紀の日本文献によると、母音は甲類と乙類の二つに分れている、と。橋本の掲げた表によれば、「臺」は乙類の清音の「と」である。したがって、「邪馬臺」は「やまと」と読まれ、奈良県（大和）のことである。

しかし、古田の研究によると、まず『日本書紀』のなかの十五個の「臺」は「と」の音表記に用いた形跡は全く存在しない。次に『古事記』と「祝詞」においては「臺」は全然出現しない。そして、『万葉集』には一例だけあるが、「臺＝と」という使用例を示していない。七、八世紀の日本文献の使用例に厳格に依拠すれば、「臺＝と」という読みを示す史料は一切ない。古田の研究が正確であるとすれば、橋本説は誤りとなる。

本来、「臺」と「台」とは別字であったが、後世、「台」は「臺」の俗字として用いられるようになった。そして、「台」を「と」と読むことがあったから、「臺」も「と」と読むことにしたというのが真相であろう。

『後漢書』中に出現する百二十二個の「臺」は、中国内部と夷蛮とを問わず、全て「だい」という音において使用されている。したがって、「邪馬臺」の「臺」も「だい」と読むほかはない（古田説）。

また、辞書においても「臺」は「だい」または「たい」と読まれる。

上古音の甲類と乙類の区分は、七、八世紀の近畿地方への渡来人（主に百済人）の訛が先住民と相違するところから、両者を識別するために生じたものであろう。五世紀以前の中国の史家が、倭人間の訛を斟酌《しんしゃく》して、「と」音のために「臺」字をわざわざ当てることなどはあり得ない。

5　「邪」「馬」「壹」と「臺」

(1)　邪について

ア　読み：じゃ。しゃ。や。

イ　意味：

A　よこしま。いつわる。わるもの。わたくし。風邪　（以上、卑字）

B　ななめ。かたよる（方角。距離）

C　耶＝疑問の助字

D　あまり＝余

ウ　解字：邪は、阝（邑、村）が意符。牙《け》（転音：や）が音符。もと、斉（山東省）の琅邪《ろうや》郡の地名。衺《じゃ》に通じて、よこしまの意に用いる。

エ　参考：牙（が。け）は、①歯。きば。②天子または将軍の旗（竿の上部に象牙《ぞうげ》の飾りがある）が立っている本営。

オ　用法：一般的には緩やかな起伏の地形（河岸段丘）に用いる。特殊な例としては「伊邪国」のように聖骨の伊都国王家の東方に位置する、室見川流域の吉武高木、都地などに都した行政王の伊耶那岐命の本営を示す。また、都から離れた分村の田舎を指す。

(2)　馬について

ア　読み：ば。め。うま。ま。

イ　意味：

　A　うま（高さ六尺のうま。小高い）

　B　月の精。

　C　大きい。

ウ　解字：象形。馬の頭とたてがみと尾と四足の形にかたどる。たてがみを持つ獣。すなわち馬の意。

エ　用法：一般的には、小高く大きい地形に用いる。特殊な例としては、馬韓の月支国を示す。

(3)　邪馬について

一般的には、緩やかな起伏が続く、やや大きな土地に用いる。大和《やまと》、山門《やまと》、山田《やまだ》のように、「やま」は弥生時代においては、一般名詞であった。

特殊な例としては、①京都《けいと》からみて東方の遠国、②新規に入植した分村、③天子または行政王の都する国、がある。なお、以上からみて、平野部が主体である博多湾岸は「邪馬」と呼ぶのは相応《ふさわ》しくない。

⑷　壹について

ア　読み：いち。いつ。

イ　意味：

A　もっぱら。専一。ひとえに。

B　ひとつ。一度。

C　みな。すべて。

D　ひとしい。

ウ　解字：壹はもと壺に作る。原字は壺《こ》（つぼ）が意符。吉《きつ》（転音：いつ）が音符で、また、いっぱいになる（噎《いつ》）意を表す。酒が発酵して壺の中にいっぱいになること。転じて、もっぱらの意。一の意に用いられるのは音通による。壱は略字。

〔注　壹《いち》＝倭《ゐ》とする古田説は強弁すぎて無理がある〕

⑸　臺（だい。たい）、台（だい。たい。い）

ア　意味：

A　うてな。ものみやぐら。たかどの。

B　物を載せておくだい。

C　高くて平らな土地。高台。台地。

D　つかさ。朝廷、中央の役所。御史台。
E　他人の尊称（貴台）
F　よろこぶ。
G　われ。
H　やしなう。
I　あたえる。
J　星の名。三台星。三公の位。

イ　解字：台は形声。口（ことば）が意符。己《い》（このムは己の古形。わたくしの意のム《し》とは別）が音符で音いは、きに通じ、よろこぶ（喜）の意をもつ。原義は恐らく、よろこんで言うこと。引いて、よろこぶ（怡《い》）の意。音が変化して、たい（星の名）となり、後世、臺の俗字として用いられるようになった。
臺は高い建物を表す「高」と、人が来りとどまる意を示す「至」とからなる会意文字。物見などに用いる高い建物。転じて、人工で築いた高い台地。さらに、物を載せるだいの意となる。

6　近畿王朝対九州・山口の豪族

卑弥呼が女王に共立されてから、狗奴国に攻撃されて退去するまでの間、都した国（福岡県山門《やまと》郡）を邪馬都《やまと》国としたのは、瀬高町の女山《ぞやま》周辺の地形が邪馬《やま》であり、門《と》にあてるには都《と》の字が最適であると考えてのことである。福岡県朝倉郡杷木町志波を邪馬壹国と命名した時期については確証はないが、おそらく壹与が女王に共立されたときとみるのが妥当であろう。

『後漢書』において「（五世紀に）邪馬臺国に住んだ大倭王」と記された「大倭《だいわ》」は、「小倭＝旧倭または本倭」と対比して使い分けられたものと思われる。五世紀の近畿王朝を大倭とすれば、九州・山口の豪族が（小）倭＝本家の倭にあたることになる。崇神天皇（推定即位年三六九頃）から応神天皇（推定即位年四二一頃）までの間における、近畿と九州・山口の両勢力の関係を以下概説する。これはいわゆる空白の四世紀と呼ばれる時代における倭地の王権の変転の歴史である。

崇神天皇の時代

疫病《えきびょう》もやみ、大物主神らの強請による騒動も終息して、治安を回復した崇神天皇は、次のように全国制覇の手段を着々と講じた。

①山城の椿井《つばい》大塚山の武埴安彦《たけはにやすひこ》を討滅し、神武王朝（神武天皇以降九代）の畿内勢力を一掃した。

②北陸道、東海道、西道（山陽道）、丹波に四将軍を派遣して、服従しない者達を征服した。これにより神武王朝の地方勢力も壊滅した。肥君等祖健緒組《ひのきみらがおやたけおぐみ》が、皇命をうけて、肥後国益城《ましき》郡の土蜘蛛《つちぐも》の打猴頸猴《うちざるくびざる》を討滅したのも、この軍事行動の一環である。

③王子の豊城《とよき》命を東国（毛野《けの》）に派遣して治めさせた。

④吉備の精兵を派遣して、出雲振根《いずもふるね》を急襲討伐させた。これにより、出雲国と筑紫国との軍事同盟は中断した。

この時代における九州・山口の豪族の動向はどのようなものであったろうか。

まず、倭（共和）国についてみてみよう。

二六六年、壹与は晋に遣使朝貢している（ただし、「魏書倭人伝」においては、故意に朝貢の時期を記していない）。この頃が、倭（共和）国の最盛の時代であったと思われる。分国の王として邇々芸《ににぎ》命を降臨させる際に、有能な若者を多数随行させたことが災いして衰退の道を辿《たど》りはじめた。さらに、三〇四年に、中国では五胡十六国の乱が起き、三一三年には、楽浪郡、帯方郡が高句麗に侵され、三一六年に西晋が滅亡するに及んで、急速に勢威を失い、辛うじて、筑前、筑紫、筑後の社稷を保つのみとなった。

四世紀中葉、山口県の穴門、福岡県の豊前を根拠地として熊鰐氏が興隆し、その勢威は倭（共和）国を凌駕するに至った。

狗邪韓国を支配下に置いた熊鰐氏の首長は、倭王と自称し、百済と高句麗の闘争に介入して百済を支援した。このときの倭王の名（中国風の一字名）は「旨《し》」と言い、百済王から七枝刀を贈《おく》られた人物である。

「垂仁紀」の注に次の記事がある。

「（崇神天皇の世に、意富《おお》伽羅国の王子が帰化しようとして）穴門《あなと》に到《いた》る時に、其の国に人有り。名は伊都都比古《いつつひこ》。臣に謂《かた》りて曰わく、『吾は是の国の王なり。吾を除《お》きて復《また》二《ふたり》の王無《あらず》。故《かれ》、他処《あたしところ》にな往《い》にそ』という」

この伊都都比古は、倭王旨の現地名（字《あざな》）であろう。

熊鰐氏は西道将軍の吉備津彦《きびつ》に対しては、恭順を装《よそお》い難を逃れたが、肥後にまで近畿王朝の武威が及んだことに対して、警戒の念を強くした。

〔注　当時、近畿王朝の勢威が及んだのは、一時的かつ点に対するものであって、全面的なものではなかった〕

垂仁天皇の時代

垂仁天皇（推定即位年三七九頃）の時代は、その名のとおり物部氏（垂）と和珥氏（仁）によって支えられた王朝である。

崇神天皇とは打って変って闘争を好まず、仁徳が篤《あつ》い、いかにも和珥氏の血筋らしい天皇であった。不幸にも狭穂彦《さほひこ》王の叛乱にあったが、平定後も変らず内政に意を用いた。

主な業績は次のとおりである。
①屯倉を設けた。

②多数の池や水路を作って農業を振興させた。
③出雲大神を敬い人心を慰撫《いぶ》した。また、伊勢神宮に天照大御神を祭った。
④石上《いそのかみ》神宮に刀剣類を集めて管理させた。
⑤埴輪を作って殉死を禁止した。

このため、九州・山口の豪族を刺激することはなかった。

景行天皇の時代

景行天皇（推定即位年三九〇頃）の名は、大足《おおたらし》（垂）彦忍代別《おしろわけ》である。景行、成務、仲哀の三代にわたる垂《たらし》王朝の初代天皇である。

この王朝を支えた豪族は物部氏のみであり、垂仁王朝を支えた和珥氏が脱落している。このことが熊鰐氏を刺激する要因の一つとなった。

『古事記』、『日本書紀』では纏向《まきむく》の日代宮において天下を治めたことになっている。

しかし、『播磨国風土記』では、播磨の印南《いなみ》の別嬢（稲日大郎姫《いなびのおおいらつめ》）に対する訪婚説話と、印南に長期滞留して、姫の死後も印南に住んでいたという伝承が中心であって、九州親征、巡狩の説話は皆無である。

忍代別は食国《おすくに》の分国王という意味であるから、『播磨国風土記』の方が正しく、景行天皇は播磨国より西には赴いていないと思われる。

前述したように、『日本書紀』において、九州を征討した景行天皇は、同時代に大君《おおきみ》を号した熊鰐氏の首長（伊都都彦の子、または孫）であろう。

景行天皇の主な業績は次のとおりである。

①七十余名の皇子を各地に派遣して別《わけ》などに封じ勢力を拡大した。主なものは、讃岐国造、播磨別、伊予御村別、

阿牟君（日向）、火国別、水沼別などである。

②日本武尊《やまとたける》に吉備の精兵を授け、東国を平定させた。

この頃、山口県穴門《あなと》から周芳の娑麼《さば》に本拠地を移していた熊鰐氏は、景行王朝の行動からみて、近い将来、近畿王朝が吉備の精兵を率いて西下するにちがいないと思った。

そこで、熊鰐氏は先手をうって、九州を平定統一して、迎撃態勢を強化することにした。これが『日本書紀』に誤って記された景行天皇の親征説話である。菟狭《うさ》（宇佐）の川上に住む同族の鼻《はな》（崎）垂《やまさきたらし》を、垂王朝が征討した説話は不自然すぎるのである。

熊鰐氏は、豊前から始めて、豊後→日向→大隅→肥後（八代）と征服、巡狩した後、宇土半島を経て、島原半島に至り、その一部は五島列島にまで及んでいる。これからみて、三九〇年代においては、肥前の諸国は倭（共和）国から脱退していたものと思われる。すなわち、倭（共和）国は、筑紫国（筑前、筑紫、筑後）に版図を縮小されていたようである。

熊鰐氏は、その後、肥前から肥後北部を経て、筑後の浮羽町に至って祝杯をあげた。

その後、朝倉郡（杷木町、小石原村）→田川郡（添田町、大任町、香春町）と進んで京都郡に帰着した。このように熊鰐氏が筑紫国の東南部を通行しているところからみて、熊鰐氏と筑紫君とは同盟関係にあり、かつ、熊鰐氏が主導権を握っていたことが察知できる。

成務天皇の時代

特記するほどの事件はない。

仲哀天皇の時代

景行天皇は多数の皇子を各地に派遣して別《わけ》などに封じて勢力を扶植《ふしょく》したが、熊鰐氏が九州を征服したため貢納が跡絶《とだ》えた。特に、垂族＝物部氏の始祖である邇芸速日《にぎはやひ》命の本貫の地であった福岡県京都郡の奪回は、垂王朝にとって至上命題であった。

「仲哀紀」に、「(二年) 三月、(中略) 是の時に当《あた》りて、熊襲、叛《そむ》きて朝貢《みつきたてまつ》らず。天皇、是に、熊襲国を討たむとす」とあるのは、この間の事情を指している。

仲哀天皇 (推定即位年四〇五頃) に率いられた吉備軍は鉄製兵器によって完全武装された精兵であり、熊鰐氏にとって難敵であった。そこで熊鰐氏は、息長帯姫《おきながたらし》 (神功皇后) を味方に引き入れたうえで、仲哀天皇を欺き謀殺した。詳細は第五章で述べたとおりである。

神功皇后の時代

仲哀天皇が崩《ほう》じて東方の脅威が去った。

熊鰐氏は狗邪韓国の後身である安羅及び任那加羅を中核とする韓地の倭軍を補強するとともに、本格的に進出するために神功皇后を盟主 (実体は広告塔) として、海北《かいほく》にあたる朝鮮半島へ出兵することにした。

そこで同盟者である筑紫君に対して協力を求めた。

さきに、仲哀天皇が筑紫へ出兵するにあたり、岡県主《おかのあがたぬし》の祖《おや》熊鰐は、鏡、剣、玉の三種の神器を立てて出迎えたが、筑紫君も伊覩県主《いとのあがたぬし》の祖《おや》五十迹《いと》手《で》をして出迎えさせている。

このときは、両者は領国の防衛 (安堵《あんど》) という共通の目的に向かい一致して行動した。

このたびの朝鮮出兵に関する熊鰐の申し入れについては、次のような条件が付されていたものと思われる。

①出兵軍の指揮権を一元化するために、神功皇后を棟梁《とうりょう》とすること。

夜須町松延の天満宮（神功皇后の本宮跡）

②新羅を正面の攻撃目標とすること。

筑紫君としては、武内宿禰が新羅を憎んでいたほどの悪感情を抱いていたわけではないが、②については一応了承した。しかし、つい最近までは倭（共和）国の女王であった誇り高き筑紫君としては、熊鰐の部下となることだけは受容できなかった。両者の感情は次第に縺《もつ》れはじめ、ついに武力対決に発展し、神功皇后の筑紫国征討が行われた。

この戦争に敗れた筑紫王朝は、五世紀初頭に一旦消滅し、ここに、倭（共和）国は名実ともに断絶した。

征討された筑紫国の主な将軍は次のとおりである。

①羽白熊鷲《はしろくまわし》

荷持田村《のとりたのふれ》（福岡県甘木市野鳥《のとり》）の古処山《こしょさん》に拠って抵抗した羽白熊鷲は、邪馬壹国（志波）の守備隊司令官であった伊都之尾羽張の子孫である。

夜須《やす》郡の神宮皇后の本宮の頭上を（悟られずに飛び越えたかのように）古処山から西方の伊都国に逃れたことから、「其の為人《ひととなり》、強く健《こわ》し、亦《また》身に翼有りて、能《よ》く飛びて高く翔《かげ》る」として恐れられた。その後、層増岐野《そそきの》（福岡県前原市の雷山神籠石《らいざんこうごいし》）において討伐された。

このとき、伊都国王家（聖骨）も同時に消滅した。「（伊都国の都については）五世紀前半の住居跡で顕著な遺構がなくなり、しかも最後の住居跡はみな焼けていて、劇的な終末が考えられる。おそらくこのころ、伊都国は完全に滅亡したのではないか」という考古学上の所見がある（『日本の古代遺跡　34　福岡県』保育社刊、参照）。

②田油津媛《たぶらつひめ》
山門県《やまとのあがた》の土蜘蛛《つちぐも》の田油津媛は、邪馬都国（仮称）の官の奴佳鞮一族の子孫であろう。
③裂田溝《さくたのうなで》（宇奈手）
『神功紀』に「迹驚岡《とどろきのおか》に及るに、大磐《おおいわ》塞がりて、溝を穿《とお》すこと得ず、皇后、武内宿禰を召して、剣《たち》鏡《かがみ》を捧げて神祇を禱祈《いのり》まさしめて、溝を通さむことを求む。則ち、当時《とき》に、雷電霹靂《かむとき》して、其の磐を蹴み裂きて、水を通さしむ。故《かれ》、時人《ときのひと》、其の溝を号《なつ》けて裂田溝と曰う」とある。

溝《うなで》というのは、作田の「宇奈手《うなで》＝宇（広大な）奈（国土を）手（干拓した土木工事技術者）」のことであって、福岡市の樋井川《ひいかわ》上流から那珂川中流（那珂川町安徳周辺）にかけての水田を領有していた人物であろう。この人物は、神功皇后の軍の伊都国への進軍を阻んで「通さなかった」のであろう。この地方では「昔、激しい戦闘があり、雷鳴《らいめい》轟く岡で軍馬がさかんに嘶《いな》いた」と言い伝えられている。宇奈手は伊邪国の高木神の分家の首長であったろう。

おそらく、宇奈手は振りかざした鉄剣に落雷（雷電霹靂）して戦死（磐を蹴み裂き）したものと思われる。

以上の三名の将軍は忠節を貫いて、よく戦い、倭（共和）国と最期を共にしたと思われる。

この後、六世紀になって、筑紫君を称する者（磐井）が出現したが、血統を異にしており、筑紫王朝は連続していない。神功皇后を奉じた熊鰐氏は朝鮮半島から帰国後、幼い王子（後の応神天皇）を守って近畿地方を東征し、垂王朝の残党を一掃して、奈良県（大和）に応神王朝の基礎を築いた。

応神天皇の時代

応神天皇（推定即位年四二一頃）は、長じて皇位に就いたとき、早速に倭王「讃」と名乗って、宋の武帝に遣使朝貢し、除授を賜わっている。以来、応神王朝は奈良県（大和）を都とした。

一方、本家の熊鰐氏に関する史料はないが、福岡県京都郡を都として栄えている。

京都郡苅田町与原《よばる》の御所山古墳（五世紀中葉の前方後円墳。副葬品は宮内庁が保管）、及び勝山町の御所ケ谷神籠石（表層の山城は七世紀のもの）などがあり、近畿の「大倭王」に対する「（元）倭王」としての痕跡《こんせき》をとどめている。

■主要参考文献

1 青木和夫他校注『古事記』岩波書店、一九八二年
2 坂本太郎他校注『日本書紀（上）』岩波書店、一九六七年
3 水野祐著『入門・古風土記（上・下）』雄山閣、一九八七年
4 上山春平他著『日本「神社」総覧』新人物往来社、一九九二年
5 臼田甚五郎監修『新・日本神社100選』秋田書店、一九九〇年
6 諸橋轍次他著『大修館・新漢和辞典（改訂版）』大修館書店、一九八〇年
7 福岡県高等学校歴史研究会編『福岡県の歴史散歩』山川出版社、一九八九年
8 佐賀県の歴史散歩編集委員会編『佐賀県の歴史散歩』山川出版社、一九九五年
9 熊本県高等学校社会科研究会編『熊本県の歴史散歩』山川出版社、一九九三年
10 森浩一他著『日本の古代遺跡（福岡県）』保育社、一九八七年
11 正林護著『日本の古代遺跡（長崎県）』保育社、一九八九年
12 金哲埈著『韓国古代社会研究』学生社、一九八一年
13 金元龍著『韓国考古学概説』六興出版、一九八四年
14 宮原誠也著『韓国の旅』昭文社、一九八六年
15 山尾幸久著『魏志倭人伝』講談社、一九七二年
16 岡田英弘著『倭国』中央公論社、一九七七年
17 古田武彦著『盗まれた神話』朝日新聞社、一九七五年
18 古田武彦著『失われた九州王朝』朝日新聞社、一九七三年
19 古田武彦著『よみがえる卑弥呼』駸々堂、一九八七年

20 安本美典著『卑弥呼の謎』講談社、一九七二年
21 安本美典著『卑弥呼と邪馬台国』ＰＨＰ研究所、一九八三年
22 朝日新聞西部本社著『古代史を行く』葦書房、一九八四年
23 王仲殊他著『三角縁神獣鏡と邪馬台国』梓書院、一九九七年
24 光岡雅彦著『韓国古地名の謎』学生社、一九八二年
25 原田大六著『悲劇の金印』学生社、一九九二年
26 徐朝龍著『長江文明の発見』角川書店、一九九八年
27 いき一郎著『徐福集団渡来と古代日本』三一書房、一九九六年
28 田中琢著『倭人争乱』集英社、一九九一年
29 国立歴史民族博物館編『銅鐸の美』毎日新聞社、一九九五年
30 東京国立博物館編『伽耶文化展』朝日新聞社、一九九二年
31 川添昭二監修『大宰府・太宰府天満宮文書展』太宰府天満宮文化研究所、一九八一年

あとがき

私は推理好きな一介の野人です。歴史学会や考古学会には一人の縁者も知人もいません。旧制中学二年生のときに『古事記』を読みましたが、ほとんど理解できませんでした。しかし、古代の幾多の謎について深い興味を覚えました。

私が古代史を本格的に調査研究して本を書こうと思いたったのは、還暦を過ぎてからのことです。

本書は倭地で起きた戦乱を中心にしていますが、私が日頃抱いていた多くの謎にも一応挑戦したつもりです。古代のことには確証と言えるものは少なく推理に頼らなければなりませんので、本書も状況証拠の積み重ねに終始した感は否めません。

野人の私にも一《ひと》つだけ強味がありました。それは私が福岡県に生れたことです。研究の結果解ったことですが、文献に見られるわが国の古代の重要な事件の多くは、幸いにも九州で起きていたのです。

私は天与の地の利をいかすために、九州の隅々まで歩いて土地勘を培ってきました。おかげで泥臭い半面かなり具体的に推理できたと思っています。少なくとも、問題の提起くらいにはなったと自負しています。

私は七十三年の馬齢を重ね、また、脳梗塞を患っていますので、将来に多くの期待は抱いていません。今後、本書が端緒となって研究が進展して、一歩でも真実に近づくことになれば幸甚と思っています。

本書の記述にあたっては、つとめて平易な表現をしたいと思いましたが、正確な表現をも重視すると、つい常用漢字でないものを用いることになってしまい申し訳なく思っています。

私は平成七年に『告白』という本を自費出版して、国立国会図書館や福岡県内の主要な図書館に寄贈させていただきました。その主な内容は、①一木国《ひとつぎこく》戦争、②須佐之男命、③大国主命、④天孫降臨と日向三代などです。もし、関心を抱かれた方は前記の図書館で閲読して下さい。

平成十二年十二月十日

高見　勝則

高見勝則（たかみ・かつのり）　昭和２年，福岡県田川市伊田に生まれる．昭和19年，福岡県立田川中学校卒業後，陸軍予科士官学校に入学．陸軍航空士官学校（60期）在学中に終戦．三菱鑛業勤務を経て，航空自衛隊において幕僚監部副監察官，第13飛行教育団副司令などを歴任．１等空佐．昭和53年に退職．平成３年，住友電気工業退社後，趣味の古代史研究に着手．脳梗塞を克服して現在に至る．著書に『古代史実　告白』（平成７年，私家版）がある．
現住所＝太宰府市観世音寺２－６－25

倭の女王国を推理する

■

2001年３月10日　第１刷発行

■

著者　高見勝則

発行者　西　俊明

発行所　有限会社海鳥社

〒810-0074 福岡市中央区大手門３丁目６番13号

電話 092(771)0132　FAX 092(771)2546

印刷・製本　株式会社西日本新聞印刷

ISBN4-87415-319-4

ホームページ　http://www.kaichosha-f.co.jp

［定価は表紙カバーに表示］